高等职业技术院校物流与贸易大类高素质紧缺型人才培养系列
对标1+X证书需求与体现产教融合特色教材
“扬华书苑”智慧教学服务与数字教材开放平台支持

港口起重机械

（新形态活页式）

主　编 / 龙有强　朱节宏　喻澜迪
副主编 / 叶其强　黄斌鸿　王艳红　梁思楠

西南交通大学出版社
·成 都·

图书在版编目（CIP）数据

港口起重机械 ：新形态活页式 / 龙有强，朱节宏，喻澜迪主编. -- 成都 ：西南交通大学出版社，2025. 1.
ISBN 978-7-5774-0046-4
Ⅰ. U653.921
中国国家版本馆 CIP 数据核字第 2024NR3375 号

Gangkou Qizhong Jixie（Xinxingtai Huoye Shi）
港口起重机械（新形态活页式）

主　编／　龙有强　朱节宏　喻澜迪

策划编辑／李晓辉
责任编辑／李晓辉
助理编辑／左廷亮
封面设计／墨创文化

西南交通大学出版社出版发行
（四川省成都市金牛区二环路北一段 111 号西南交通大学创新大厦 21 楼　610031）
营销部电话：028-87600564　028-87600533
网址：https://www.xnjdcbs.com
印刷：四川森林印务有限责任公司

成品尺寸　185 mm × 260 mm
印张　14.5　字数　362 千
版次　2025 年 1 月第 1 版　印次　2025 年 1 月第 1 次

书号　ISBN 978-7-5774-0046-4
定价　49.00 元

课件咨询电话：028-81435775

前言

PREFACE

港口起重机械是现代物流和交通运输中不可或缺的重要设备之一，它对于提高港口运营效率、降低成本、保障人员安全等方面具有重要意义。因此，学习和掌握港口起重机械的知识和技能对于从事港口设备相关职业的人来说是至关重要的。

本教材为港口机械与智能控制专业核心课程而编写，适合港口物流、交通运输、机械工程等相关专业的中高职学生以及从事港口物流相关职业的从业人员使用。图书旨在为读者提供一本全面、系统、实用的参考手册，帮助读者了解港口起重机械的基本原理、结构特点、操作规范、维护保养等方面的知识。通过本教材的学习，读者可以掌握港口起重机械的基本知识，为从事港口设备操作与维护等相关职业打下坚实的基础。

本教材的编写遵循了"理论知识够用"的原则，注重知识的系统性和完整性，同时兼顾了实用性和可操作性；结合高职学生学习特性，注重应用与实践操作。在语言上，本教材力求简洁明了，避免过多的专业术语和复杂的公式，使读者能够轻松地理解和掌握港口起重机械的相关知识。本书是广西壮族自治区精品课程配套教材，以新形态活页式呈现，配有数字资源以强化关键知识点认知，具体特点包括（1）体现课程思政教改成果；（2）体现职业教育面向岗位实际的教育教学特点；（3）课程教学资源配置丰富。

本书由北海职业学院龙有强、朱节宏、喻澜迪担任主编；北部湾港北海码头有限公司叶其强、圣泰职业技能培训学校黄斌鸿、北海职业学院王艳红、梁思楠担任副主编。

在未来的发展中，随着技术的不断进步，港口起重机械将会更加智能化、自动化、高效化，本教材也将不断更新和完善，以适应时代发展的需要。同时，由于编者水平有限，虽然经过多次修改和校正，难免仍有疏漏的地方，恳请读者朋友们指正。希望本教材能够为读者提供有益帮助和支持，为推动港口设备行业发展做出贡献。

编 者

2024 年 6 月

目录

CONTENTS

数字资源目录

项目一 起重机械概述

港口起重机械产业简介

项目导入 起重机械简述

起重机械在我国的应用历史悠久，古代灌溉用的桔槔就是臂架型起重设备的原型。随着社会生产力的不断提升和我国交通、冶金、建筑等行业的快速发展，起重机械设备需求量呈现增长趋势。一些特殊使用环境对起重机械设备性能也提出了更高要求。

在我国，徐工集团和三一重工等是机械领域的龙头企业。他们在起步与发展过程中，勇于突破，持续创新，不断打破西方技术封锁，从实现起重 4000 吨发展到可拆卸式可移动的起重量 4500 吨，各项技术指标傲视全球。

思政案例 爱国有我 奉献青春

当代青年，活力无限，充满了无限精彩与可能，怀揣信念，希望在新时代开辟属于自己的事业。求真务实是认识世界和改造世界的武器，新时代青年要紧密结合发展的实际，以科学理论针对性地解决思想层面的困惑。既要在思想理论上做文章、下功夫，以勤学获真知，让所学所感成画有形，更要将理论与实践结合，立足本职，主动负责，不躲事、不推事、不怕事、不误事，尽心尽力、善作善成，争做求真务实的践行者。

北部湾港钦州码头有限公司调度中心青年突击队现有队员 30 人，平均年龄 33 岁，主要负责辖区内散杂货及集装箱船舶靠离泊的计划安排和码头生产资源的统筹协调，是码头生产调度业务内外协调的唯一窗口。

随着北部湾港钦州港区集装箱航线的不断增加，为保障集装箱船舶安全高效航行，全力提升船舶通航效率，青年突击队冲锋在前。港口的船舶调度指挥工作全年、全天无休，他们充分发挥青年敢干肯干、吃苦耐劳的冲锋精神，不分昼夜，坚守在指挥中心，与海事局共建服务集装箱船舶 VTS 专席，开创了政企联动融合的先例。

2021 年 VTS 专席累计为集装箱船舶提供一对一服务 8079 艘次，协调完成集装箱船舶东航道双向通航 424 艘次，西航道通航 2201 艘次，内锚地抛锚 508 艘次；为船舶航行“掌灯”，是他们的坚守与担当。他们精准调度、统筹协调，敢为人先，在港口迸发青春力量，成长的脚步从未停歇，集装箱船舶靠泊等级屡创新高，刷新北部湾港一个又一个纪录，为北部湾港完成年度 600 万标箱目标提供了强有力的保障。

北部湾港自动化集装箱码头建设项目部青年突击队现有队员 48 人，平均年龄 33 岁，是建设钦州港大榄坪南作业区自动化集装箱码头工程的主力军。

2020 年，是北部湾港开启自动化建设的元年，建设钦州港大榄坪南作业区自动化集装箱泊位，对自动化码头建设经验空白的青年突击队青年来说无疑是“一根难啃的骨头”。他们并没有因此退缩，迎难而上，以“拓荒牛”的精神，终于在经过了不下 500 次的技术讨论后，与战略合作伙伴一同创造、设计、实现了“U”型工艺方案自动化集装箱码头，这是我国首个海铁联运自动化集装箱码头，同时“U”型工艺方案也是全球范围内的首次应用，将“北部湾港方案”打造成为海铁联运+自动化集装箱码头的示范标杆，获评为 2020 年度广西交通运输科技示范工程（智慧交通）。

2021 年，是北部湾港自动化集装箱码头建设项目的决战之年。时间紧，任务重，他们夜以继日地研究探讨、技术测试，完成了装卸工艺设备多项关键技术的研发论证测试和核心系统的开发部署，大阔步迈入系统联调的新阶段。“白+黑”“5+2”……他们主动放弃节假日，长期驻守设备制造工厂车间一线，创造了自动化双小车岸桥、双悬臂轨道吊国内最短制造周期纪录，为自动化项目建设计划整体节约 3 个月。

学习目标　初识港口起重机

1. 了解起重机械的发展史及工作特点。
2. 了解起重机械的组成与分类。
3. 了解起重机械的主要参数。
4. 掌握起重机械的选型。

知识储备

1.1　起重机械的发展简述

一、我国起重机械的发展

港口起重机械的前世今生

我国起重机械行业是在持续积累、充分竞争的环境下发展起来的。自 20 世纪 60 年代推出第一代汽车起重机至今，已经走过 50 多年的历史，在设备研发和制造技术上得到了长足发展。当前，我国起重机械正以前所未有的速度进入国际化竞争行列。起重机械需求量的日益递增促使了我国起重机械制造水平的提高，同时也提升了起重机械产品技术含量。吨位两极化和产品智能化是我国未来起重机械产业发展的主要趋势，即向大型化和迷你化发展。基于用户使用产品特性而言，起重机械行业近几年的需求变化集中体现在：系列产品模块化、标准化、组合化和实用化；通用产品轻型化、小型化和多样化；产品性能自动化、智能化和集成化；产品设计微机化、精确化和快速化；产品构造新型化、美观化和综合化；重点产品大型化、高速化、耐久化和专用化；售后服务快捷化、专业化和人性化。

二、起重机械的发展动向

1. 向大型化、自动化、集成一体化方向发展

（1）大型化。随着科学技术和经济的不断发展，能源、石化、冶金、造船、港口等工程规模越来越趋于大型化，从而促使起重机械大型化，即能力更强、速度更快、范围更大；同时，大型化发展往往为起重机械带来专用性，以适应特定场合的特殊功能和要求。起重机械大型化趋势下工作能力参数比较见表 1-1。需要说明的是，由于作者掌握信息有限，举例不代表对其特别推荐。

表 1-1　起重机械大型化趋势下工作能力参数比较

性能参数	一般（通桥系列）	特殊机型
起重量	3.2 ~ 320 t	室外桥式起重机“泰山”号，20 000 t
起升速度	10 ~ 20 m/min	垃圾起重机，100 m/min
运行速度	40 ~ 100 m/min	岸边集装箱装卸桥，300 m/min
起升高度	10 ~ 20 m	1000 t 级造船门式起重机，80 ~ 100 m
跨度	10 ~ 30 m	1000 t 级造船门式起重机，248 m
幅度	20 ~ 30 m（一般门座起重机）	大型门座起重机，100 m

太原重型机械集团有限公司为三峡工程研制了单钩起重量当时的世界之最——1200 t/125 t 室内桥式起重机，跨度 33.6 m，起升高度 34 m，采用三主梁（梁高 3.6 m）、四轨道、双小车的总体结构，圆满完成了三峡电厂 700 MW 巨型水轮发电机组转子、定子等大型关键设备的安装和检修吊装；该公司还研发制造了 480 t/100 t 桥式铸造起重机，制造出桥隧相连的整孔箱梁 900 t 级铁路架桥机等大型起重设备。

大连重工起重集团有限公司研发了多吊点起重量世界之最——20 000 t × 125 m 室外多吊点桥式起重机（图 1-1），起升高度 113 m，总重为 8100 t，采用双复合箱型梁（梁高 18 m，单梁自重 3100 t），成功地实现了半潜式海上钻井平台的创新性建造工艺，节省制造工时 200 万个，在起重量、跨度和起升高度等项目上刷新了世界纪录，“泰山”号桥式起重机以成功实现提升 20 133 t（下水驳船）离开水面 30 m 而列入吉尼斯世界纪录。

上海振华重工（集团）股份有限公司研制了世界最大单机起吊 7500 t 全回转自航浮式起重机，固定状态为 7500 t × 45 m，全回转状态为 4000 t × 40 m，起升高度为 110 m，具有双钩

形主钩和四爪形副钩。该公司研制的一次装卸 40 ft×3 箱（1 ft=0.3048 m）的岸边集装箱装卸桥，以综合性能和高效率称雄于世界集装箱搬运行业。

图 1-1　20 000 t×125 m 室外多吊点桥式起重机

国内还制造了跨度最大的 1000 t×248 m 造船门式起重机，整体抬吊为 1000 t，船体翻身为 900 t，起升高度为 70 m+14 m（轨上+轨下），箱型双梁（梁高 16 m），总重为 7000 t。它能实现 900 t 级船体翻转吊装工艺，成为超大型船舶制造的关键设备。

国内还研发了世界上起重能力最强的超大吨位履带式起重机，起重量为 3200 t（起重力矩为 82 000 t·m），采用并联双臂架-前后履带车体的总体方案，主要用于核电站 CAP 1400 的施工吊装。国内还研制了全球最大上回转 D5200-240 塔式起重机。

（2）自动化。起重机械的另一个发展与创新空间，主要体现在电气控制的全电子、数字自动化技术方面，包括微电子、电力电子、光缆通信、模糊与全数字化控制、微机自诊断监控、数据管理、数字化操作给定检测系统等综合性智能化技术，使其在传统功能的基础上延伸发展出更多的自动化新技术功能，如吊具防偏防摇功能、自动取（卸）物功能、定位检测及过程记忆功能、故障自诊断监控功能以及基于物联网技术的远程监控等。

（3）集成一体化。针对港口码头自动控制系统设备国产化率低，港机设备进口控制单元不开放软件逻辑、通讯接口、二次定制开发等问题，突破港机设备单机设备控制系统的自动控制、集卡定位、结构定位、空间避障等单元模块软件算法，形成基于国产控制器的单机设备控制系统感知单元。智能码头系统感知单元，可以实现设备单机协调联动控制，通过设备吊装作业过程中的空间位置的精准计算与预测，用以辅助空间动态运行过程中的安全检测。通过门型轨迹与抛物线轨迹融合，实时生成最优路径，获得最优的轨迹曲线，减少设备本身定位准备时间，提高设备作业效率。

2. 向创新性、安全性与人机工效、可靠性推进

（1）基于新理念下的自主创新。在经典与成熟的技术、材料、工艺、构造等基础上，提倡基于新思维和新理念的自主创新发展，不断开发创新出各种适应发展需求的新技术、新材料、新结构和新工艺等。

（2）重视系统安全性与人机工效。起重机械安全性是指其不发生事故、灾害的能力。行业的快速发展和起重安全特殊性，使得人们更加重视此项能力，而发生起重事故将越来越凸显与整个社会的不和谐。因此，开展基于本质安全理念下的安全设计保障、安全防护技术保障、安全过程控制及事故界定、疲劳和剩余寿命评估等技术研究，将是确保系统安全的重要工作。

注重人机工效将是起重机械产品升级换代的重要技术动力之一。传统上忽视人机工效设计的习惯将会导致设备系统出现严重缺陷，甚至制约产品发展和性能提高。起重机械上的司机室是操作人员进行人机对话的界面和结合点，其整体的设计与设置（安装形式及位置、敞开与封闭、固定与移动等）、操控系统的设计与布置、操纵人员与系统环境等各方面都应遵循人性化为本、安全高效、健康和谐的人机工效科学原则。

（3）可靠性（包括可维修性）。可靠性是指系统（整机、结构/机构及零部件、电气控制、液压传动等）在规定条件下（环境-温度、雨淋、日晒、尘埃等，使用-载荷、振动、冲击等，维修-方法、手段、设备、技术水平等）和规定使用期限内完成既定功能（性能）而不出现故障隐患的能力。

维修性（维修度）是指对系统故障点可发现、可拆卸、可检修、可更换、可安装等的固有维修能力，属于系统固有可靠性指标，表征了整机在机构/结构的构造与布置、故障点/易损零件的拆卸与更换、工作位置/方便性与检修效率等是否合理的综合能力，直接影响产品利用率及维修工时与费用，也是系统人机工效是否良好的一种表现。

可靠性设计和维修性设计是从性能和故障处理的不同角度来保证系统的可靠性，且都能体现系统的本质安全性。起重机械的“三化”发展及特种设备管理的特殊性，越来越凸显出系统高可靠性（包括可维修性）要求的重要性，并将成为行业竞争的焦点。

3. 紧凑轻量化与组合多样性

从满足和兼顾紧凑轻量化（节能减排）与高性价比、需求多样性与批量化生产、通用与组合多样性等综合目标出发，推行基于多目标优化的模块化设计理念已逐渐成为行业发展趋势之一。一般采用系统设计的方法，综合匹配产品性能与成本、制造工艺与管理、整机尺寸与建筑、设计制造与使用等多种因素，对常见机型的主要参数、典型构造、操纵方式等进行合理配置，从而实现类型模块化与菜单式组合的多样性系列产品。

另外，设计技术在传统经典的基础上（静态、类比、许用应力等）逐步过渡到应用新型设计理论（动态、有限元/优化/可靠性、极限状态等），二维/三维 CAD 技术与 CAPP（工艺规划）、CAM（辅助制造）、CAT（辅助测试）等技术衔接，实现无纸化设计制造与管理，对工程技术人员的整体素质提出了更高、更新的要求。同时，设计过程中还应高度重视 GB/T 3811—2008《起重机设计规范》等技术标准。

4. 功能外延化及民生化

随着起重机械的广泛应用，其可在三维空间内运动的使用特性日益凸显，逐渐派生出一类以现有起重机械为平台、实现或完成某些特殊工艺动作（清洗、涂漆、检测、计量、检修等）的“另类”产品，如擦窗机（图 1-2）、铁路架桥机（图 1-3）、桥梁检测车、高架云梯、电缆检修车等，这类设备的广泛出现甚至有可能会引起对起重机械产品的重新定义与修正。

图 1-2 擦窗机

图 1-3 900 t 级铁路架桥机架设整孔箱梁

随着经济的发展和人们生活水平的提高，除日常使用的电梯与自动扶梯外，一些小型专用的起重设备也会逐渐出现在人们的日常生活中，如立体车库、搬家设备以及医院/养老院运送行动不便人员的设备等。

1.2 起重机械的工作特点

港口起重机械是一种间歇动作的机械，它具有短暂、重复、周期性循环的工作特点。起重机在搬运货物时，通常进行吊起货物、运送货物、卸下货物、然后反向回到原来位置的作业过程；这样一个工作过程被称为一个工作循环。在每个工作循环中，其相关的工作机构都要作一次正向和反向的交替运动，并伴有频繁的启动和制动过程，各工作机构就是这样重复而周期性地工作。例如起升机构的工作过程由货物的升、降和空载取物装置的升、降所组成。

（1）起重机械通常结构庞大，结构复杂，能完成起升运动、水平运动。例如，桥式起重机能完成起升、大车运行和小车运行 3 个运动；门座起重机能完成起升、变幅、回转和大车运行 4 个运动。在作业过程中，常常是几个不同方向的运动同时操作，技术难度较大。

（2）起重机械所吊运的重物多种多样，载荷是变化的。有的重物重达几百吨乃至上千吨，有的物体长达几十米，形状也很不规则，有散粒、热融状态、易燃易爆危险物品等，吊运过程复杂而危险。

（3）大多数起重机械，需要在较大的空间范围内运行，有的要装设轨道和车轮（如塔吊、桥吊等）；有的要装上轮胎或履带在地面上行走（如汽车吊、履带吊等）；有的需要在钢丝绳上行走（如客运、货运架空索道），活动空间较大，一旦造成事故影响的范围也较大。

（4）有的起重机械需要直接载运人员在导轨、平台或钢丝绳上做升降运动（如电梯、升降平台等），其可靠性直接影响人身安全。

（5）起重机械暴露的、活动的零部件较多，且常与吊运作业人员直接接触（如吊钩、钢丝绳等），潜在有许多偶发的危险因素。

（6）作业环境复杂。从大型钢铁联合企业，到现代化港口、建筑工地、铁路枢纽、旅游胜地，都有起重机械在运行；作业场所常常会遇有高温、高压、易燃易爆、输电线路、强磁等危险因素，对设备和作业人员形成安全威胁。

（7）起重机械作业中常常需要多人配合，共同进行。一个操作，要求指挥、捆扎、驾驶等作业人员配合熟练、动作协调、互相照应。作业人员应有处理现场紧急情况的能力。多个作业人员之间的密切配合，通常存在较大的难度。

起重机械的上述工作特点，决定了它与安全生产的关系很大。如果对起重机械的设计、制造、安装使用和维修等环节上稍有疏忽，就可能造成伤亡或设备事故。

1.3　起重机械的组成与分类

一、起重机械的组成

港口起重机械的构造与安全

起重机械的种类繁多，但它们主要由工作机构、金属结构、动力装置和控制系统等三个基本部分所组成。

（1）工作机构。

工作机构是起重机械不同功能的执行机构，是为实现起重机械不同功能而设置的。它的作用是实现被吊运货物在空间的移动，从而满足货物的装卸、转载、搬运、安装等作业要求。

起重机械上常用的工作机构有起升机构、运行机构、变幅机构及回转机构等，即所谓的四大机构。此外针对某些特殊的使用要求，有时还设有伸缩机构、放倒机构等。起升机构是使货物升降的机构，运行机构是使起重机械或起重小车运行的机构，变幅机构是通过变换臂架的倾角改变幅度和起升高度的机构，回转机构是使起重机械回转部分在水平面内转动的机构。

在所有这些机构中，起升机构是起重机械的基本工作机构，是任何一种起重机械所必不可少的；其他机构则是配合起升机构工作、实现货物搬运的辅助机构，可以根据不同类型的起重机械和使用要求设置。臂架型门座起重机通常设有上述四大工作机构，而桥架型起重机则设有起升、起重小车运行和起重机大车运行三个工作机构。

（2）金属结构。

金属结构是起重机械的骨架，它决定了起重机械的外形，构建了起重机械的作业空间。作为支承和承力构件，金属结构用来安置工作机构和动力装置，承受自重载荷和各种外载荷，并将这些载荷传递给起重机械的支承基础。臂架型起重机的金属结构包括臂架、人字架、转台、门架或车架等部分，桥架型起重机的金属结构包括桥架主梁、端梁、支腿等构件。

（3）动力装置和控制系统。

动力装置是起重机械的动力源，它在很大程度上决定了起重机械的性能和特点。起重机械最常用的动力装置是电动机和柴油机。控制系统是用来控制各工作机构动作的系统，通过控制系统可以实现工作机构的启动、调速、换向、制动和停止等动作，此外，还包括起重机械上的安全保护装置、照明和联络等。

二、起重机械的分类

起重机械的使用面很广，为适应不同的工作需求，有多种不同的形式。为了便于实现标准化、系列化、规范化，在国家标准《起重机 术语 第一部分：通用术语》（GB/T 6974.1—2008）中，按照构造、取物装置、移动方式、驱动方式、回转能力、支承方式、操作方式等特征对起重机械进行了分类。其中按照构造特征，将起重机械分为臂架型起重机、桥架型起重机和缆索型起重机三大类，详细分类情况如图 1-4 所示。

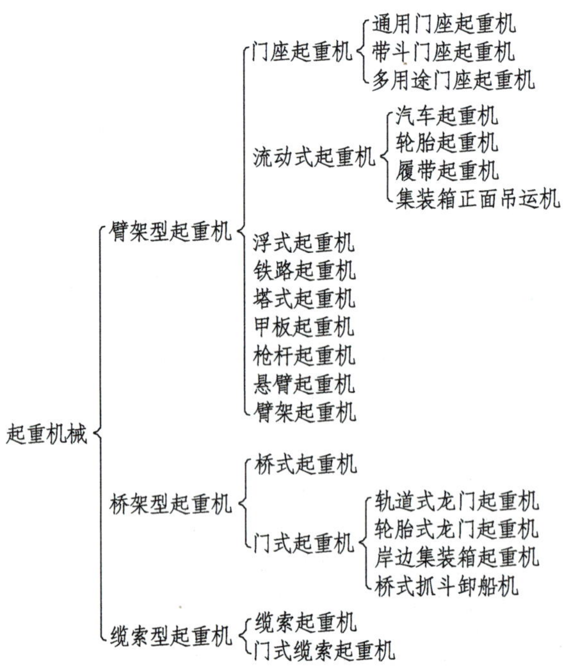

图 1-4　起重机械分类

1.4 起重机械主要技术参数

一、技术参数内容

起重机械的主要技术参数是表征起重机械性能特征的主要指标，也是设计和选择起重机械的主要技术依据。技术参数首先由用户根据需要提出，具体数值应依据国家有关标准，同时也要考虑制造厂的实际生产条件。确定参数时，还应当进行必要的调查研究，分析比较后加以选定。

起重机械的主要技术参数有：起重量、起升高度（下降深度）、幅度（悬臂有效伸距）、轨距（或跨度、轮距）、基距、工作速度、轮压、生产率和工作级别等。对于某些类型的起重机，如轮胎式起重机，最小转弯半径、最大爬坡度、最小离地间隙也是主要技术参数。

二、主要技术参数

1. 额定起重量（起升质量）Q

起重量表征起重机的起重能力。

额定起重量是指在正常工作条件下，对于给定的起重机类型和载荷位置，起重机设计能起升的最大净起重量，单位是 kg 或 t。净起重量是吊挂在起重机固定吊具上起升的货物质量，是有效起重量与可分吊具质量之和。有效起重量是吊挂在起重机可分吊具上或无此类吊具直接吊挂在固定吊具上起升的货物质量；而可分吊具是用于起吊有效起重量，且其质量不包含在起重机质量之内的装置。

对于采用吊钩、吊环作为基本取物装置的起重机，额定起重量不包括吊钩、吊环等装置的质量，它指的仅是容许起升的最大货物质量。对于采用抓斗、电磁吸盘、集装箱吊具等作为可更换或辅助取物装置的起重机，其额定起重量包括容许起升的最大货物质量和可更换或辅助取物装置质量两部分。

额定起重量简称为起重量。桥架型起重机的额定起重量是定值。工作性变幅的臂架型起重机的额定起重量是随工作幅度而变化的，其最大值被称为起重机的最大起重量，是臂架处于最小幅度位置时起重机的最大起重能力，同时也被作起重机的标称起重量。

对于起重能力较大的起重机，通常装有主钩和副钩两套起升机构。主钩的起重能力较大，起升速度低；副钩的起重能力较小，起升速度较快。副钩的起重量一般为主钩起重量的 1/5 ~ 1/3。主、副钩起重量通常用一个分数来表示，例如 15/3 t，表示主钩起重量为 15 t，副钩起重量为 3 t。

用于装卸单件杂货的起重机的起重量由单件货物的最大质量来确定，专门用于装卸散货的起重机的起重量由所要求的生产率来确定，用于装卸集装箱的起重机的起重量按集装箱质量（物重十箱重）或舱盖板的最大质量来确定。

国家标准 GB 783—1987 规定了起重机械最大起重量系列（表 1-2）。在交通行业标准 JT/T81、JT/T 82 和 JT/T83 中，分别规定了港口门座起重机、港口轮胎起重机和港口浮式起重机的基本参数系列。

表 1-2　起重机械最大起重量系列　　单位：t

0.1	1	10	100	1000
0.125	1.25	12.5	125	
0.16	1.6	16	160	
0.2	2	20	200	
0.25	2.5	25	250	
0.32	3.2	32	320	
0.4	4	40	400	
0.5	5	50	500	
0.63	6.3	63	630	
0.8	8	80	800	

2. 幅度 R

对于臂架型起重机，幅度表征起重机的工作范围。

回转起重机的幅度是指起重机空载置于水平场地时，从其回转平台的回转中心线至取物装置垂直中心线的水平距离；非回转起重机的幅度是指起重机空载置于水平场地时，从臂架下铰点至取物装置中心线的水平距离。单位都是 m。

臂架型起重机的幅度可以是固定不变的，也可以是变化的，因而相应有最大幅度 R_{max}、最小幅度 R_{min} 和有效幅度（$R_{min} \sim R_{max}$）。臂架型起重机的工作范围由有效幅度决定。起重机的标称幅度是指最大幅度。

幅度主要根据起重机所要求的工作范围来确定，如港口用起重机的最大幅度根据轨道布置尺寸、所装卸船舶的最大宽度、是否要求外挡过驳作业或跨船作业等条件来确定。最小幅度则受到起重机结构布置和安全要求等条件的限制。

3. 起升高度 H 和下降深度 h

起升高度和下降深度表征起重机的工作范围。

起升高度是指起重机支承面至取物装置最高工作位置之间的垂直距离；下降深度是指起重机支承面至取物装置最低工作位置之间的垂直距离，单位都是 m。

测量时，起重机应空载置于水平场地上。对于吊钩和货叉，它们量至其支承面；对于抓斗或其他取物装置，它们量至其最低点（闭合状态时）；对于桥式起重机，则应从地平面量起。

对于取物装置能深入到地面或轨道顶面以下工作的起重机，其起升总高度（即起升范围 D）是指取物装置最高和最低工作位置之间的垂直距离，即地面或轨顶以上的起升高度和地面或轨顶以下的下降深度之和（$D=H+h$）。对于浮式起重机，通常以水面为基准，分为水面以上的起升高度和水面以下的下降深度。

在确定起升高度时，除应考虑起升货物所需的最大提升高度外，还应注意到取物装置本身的高度和钢丝绳的悬挂长度；对港口用起重机、造船用起重机及浮式起重机，还应考虑船倾角、潮位、船舶满载和空载对起升高度的影响。下降深度应考虑取物装置在最低潮位、船舶满载时能取到舱底的货物。

4. 悬臂有效伸距 L

对于桥架型起重机，悬臂有效伸距表征起重机的工作范围。

悬臂有效伸距是指离悬臂最近的起重机轨道中心线至位于悬臂端部取物装置中心线的最大水平距离，单位是 m。

岸边集装箱起重机和桥式抓斗卸船机水侧（海侧）的悬臂有效伸距通常称为前伸距；陆侧的悬臂有效伸距通常称为后伸距。前伸距根据岸边轨道布置、船宽、是否要求过驳作业或跨船作业等条件来确定，后伸距则取决于后方的作业要求和现场条件。

5. 跨度 L 和轨距 S（或轮距 K）

跨度是指桥架型起重机运行轨道中心线之间的水平距离，单位是 m。

桥式起重机的跨度依据厂房的跨度而定，GB/T 790—1995 规定了电动桥式起重机的跨度，门式起重机的跨度根据工作需要和场地情况来确定。

轨距是指臂架型起重机运行钢轨轨道中心线之间的水平距离或起重小车运行线路钢轨轨道中心线之间的水平距离，单位是 m。

轨距主要根据起重机使用场地的具体条件、起重小车上机构布置的具体需要以及起重机的整体稳定性要求来确定。

在岸边集装箱起重机和桥式抓斗卸船机中，大车运行轨道中心线之间的水平距离习惯上称为轨距。

轮距是指起重机运行车轮踏面中心线之间的水平距离，单位是 m。当两侧采用双胎时，轮距则为两侧双胎中心线之间的水平距离。

6. 基距（轴距）B

基距是指沿平行于起重机纵向运行方向测定的起重机支承中心线之间的水平距离，单位是 m。

当起重机或起重小车运行轨道一侧装有均衡梁时，基距为底架或下横梁与最大均衡梁连接铰轴之间的水平距离。起重机的基距主要根据起重机的机构布置、轮压和整体稳定性要求来确定；起重小车的基距则取决于小车的结构布置。

轮胎起重机的基距为前后两组支承轮胎中心线间的水平距离，也称为轴距。轴距由转弯半径、轴荷分配和车架结构尺寸等要求来确定。

7. 工作速度

工作速度表征工作机构动作的快慢程度。

起重机的工作速度主要有起升、回转、变幅和运行四种工作速度。

（1）起升速度 v_h：起升速度是指在稳定运动状态下，工作载荷的垂直位移速度，单位是 m/min。

（2）回转速度 n：回转速度是指在稳定运动状态下，起重机回转部分的回转速度，单位是 r/min。

（3）变幅速度 v_r：变幅速度是指在稳定运动状态下，工作载荷从最大幅度到最小幅度水平位移的平均速度，单位是 m/min 或 m/s。

（4）运行速度，运行速度是指起重机或起重小车的行走速度。

起重机的运行速度 v 是指在稳定运动状态下，起重机的水平位移速度，单位是 m/min。

小车的运行速度 v，是指在稳定运动状态下，小车作横移时的速度，单位是 m/min。

行驶速度 v_{max} 是指无轨运行的起重机在水平道路行驶状态下，依靠自身动力驱动的最大运行速度，单位是 km/h。

各个工作机构的额定工作速度是指与各个工作机构电动机的额定转速相对应时的速度。

（5）工作速度的选择。

工作速度根据机构的工作性质和使用要求、起重量、工作行程等状况来确定。具体考虑有：

① 工作性质和使用要求。对于从事经常性工作、对生产率要求较高的起重机的工作机构，一般采用较高速度；对于从事非经常性工作或调整性的工作机构，一般采用较低速度。

对于小件杂货物装卸用的起重机，工作机构采用中等速度；对于大批散粒物料装卸用的起重机，工作机构采用高速；对于安装用的起重机，工作机构采用低速、微速；当吊运大件货物时，工作机构通常采用低速。

对同时工作的机构，它们之间的工作速度还应与工艺过程的具体要求相协调。

② 起重量。对于中、小起重量的起重机，工作机构采用高速，以提高生产率；对于大起重量的起重机，工作机构采用低速，以利于减小驱动功率，提高工作的平稳性和安全性。

③ 工作行程。对于工作行程大的工作机构，宜采用较高速度；对于工作行程小的工作机构，宜采用较低速度；总之应使机构在正常工作时能够达到稳定的运动状态。

8. 轮压 *P*

轮压是指起重机或起重小车的一个车轮作用在轨道或地面上的垂直载荷，单位是 N 或 kN。

轮压的大小随起重机工作状态的不同而变化。在工作状态下，满载启动（或制动）、最大风压、起重小车或起重臂处于最不利工作位置时，具有最大轮压；与此对应，同时存在着起重机工作状态下的最小轮压。

轮压值是起重机或起重小车运行机构设计（如车轮大小、数量的确定，打滑验算等）、桥架或门架结构设计，以及起重机支承基础建筑费用投资的重要依据。对于在原有支承基础上添设的起重机，其最大轮压值必须控制在原有支承基础所容许的承载能力范围内。

9. 生产率 *A*

生产率是指起重机在规定的装卸条件下，每小时装卸货物的总质量或每小时装卸的标准集装箱箱数，单位是 t/h 或 TEU/h（标准箱/时）。

生产率按式（1-1）计算：

$$A=n\cdot Q_p \tag{1-1}$$

式中，A——生产率（t/h）；Q_p——每次吊运货物的平均起重量（t）；n——起重机每小时的工作循环次数。

当使用抓斗或容器工作时：

$$Q_p=V\cdot\gamma\cdot\varphi \tag{1-2}$$

式中，V——抓斗或容器的有效容积（m^3）；γ——散粒物料的容积密度（t/m^3）；Φ——充填系数。

起重机每小时工作循环次数 n 为：

$$n=3600/T \tag{1-3}$$

$$T=S\sum t+t_j \tag{1-4}$$

式中，T——起重机的一个工作循环时间（s）；$\sum t$——在一个工作循环中，机构的运转时间，与工作行程、工作速度、加速度以及机构工作重叠程度有关（s）；T_j——物料挂钩、摘钩等辅助工作时间（s）。

生产率是衡量起重机械装卸能力的综合性指标，它除了与有效起重量、工作行程、工作速度有关外，还与机构工作的协调情况、被装卸物料的类别、操作者的熟练程度等有关。

10. 工作级别

工作级别表征起重机起重量和时间的利用程度以及工作循环次数的特性。

不同类型起重机的使用工况和使用条件差异很大。为了合理地选用、设计和制造起重机，为设计者、制造者和使用者提供一个共同的基础，以取得良好的技术经济效果，应根据起重机使用频繁程度和受载轻重程度，对起重机及其组成部分进行工作级别的划分。

根据《起重机设计规范》（GB/T 3811—2008）规定，起重机的工作级别包括起重机整机工作级别、机构工作级别和结构件或机械零件工作级别。

（1）起重机整机分级。

起重机整机工作级别根据起重机的使用等级和起升载荷状态级别来划分。

① 起重机的使用等级。起重机的设计预期寿命是指设计预设的该起重机从开始使用起到最终报废时止能完成的总工作循环次数。起重机的一个工作循环是指从起吊一个货物时起，到能开始起吊下一个货物时止，包括起重机运行及正常的停歇在内的一个完整的过程。

起重机的使用等级表明了起重机使用频繁程度，是将起重机在设计预期寿命期内可能完成的总工作循环次数划分成 10 个等级，用 U_0 ~ U_9 表示，如表 1-3 所列。

表 1-3　起重机的使用等级

使用等级	起重机总工作循环次数 C_T	起重机使用频繁程度
U_0	$C_T \leqslant 1.60\times10^4$	很少使用
U_1	$1.60\times10^4 < C_T \leqslant 3.20\times10^4$	
U_2	$3.20\times10^4 < C_T \leqslant 6.30\times10^4$	
U_3	$6.30\times10^4 < C_T \leqslant 1.25\times10^5$	
U_4	$1.25\times10^5 < C_T \leqslant 2.50\times10^5$	不频繁使用
U_5	$2.50\times10^5 < C_T \leqslant 5.00\times10^5$	中等频繁使用
U_6	$5.00\times10^5 < C_T \leqslant 1.00\times10^6$	较频繁使用
U_7	$1.00\times10^6 < C_T \leqslant 2.00\times10^6$	频繁使用
U_8	$2.00\times10^6 < C_T \leqslant 4.00\times10^6$	特别频繁使用
U_9	$4.00\times10^6 < C_T$	

② 起重机的起升载荷状态级别。起重机的起升载荷是指起重机在实际的起吊作业中，每一次吊运的货物质量（有效起重量）与吊具及属具质量的总和（即起升质量）的重力。起重机的额定起升载荷是指起重机起吊额定起重量时，能够吊运的货物最大质量与吊具及属具质量的总和（即最大起升质量）的重力。它们的单位是 N 或 kN。

起重机的起升载荷状态级别表明了起重机受载轻重程度（即起重机起升载荷的大小和作用特性），是指在该起重机的设计预期寿命期限内，它的各个有代表性的起升载荷值（P_{Qi}）的大小及各相对应的起吊次数（C_i），与起重机的额定起升载荷值（$P_{Q\max}$）的大小及总的起吊次数（C_T）的比值情况。

表示（$P_{Qi}/P_{Q\max}$）和（C_i/C_T）关系的图形称为载荷谱。载荷谱系数可按式（1-5）计算：

$$K_{\mathrm{P}} = \sum\left[\frac{C_i}{C_T}\left(\frac{P_{Qi}}{P_{Q\max}}\right)^m\right] \tag{1-5}$$

式中，K_{p}——起重机的载荷谱系数；C_i——与起重机各个有代表性的起升载荷相对应的工作循环次数，i=1，2，3，…，n；C_T——起重机总工作循环次数，$C_T=\sum_{i=1}^{n}C_i=C_1+C_2+C_3+\cdots+C_n$；$P_{Qi}$——表征起重机在预期寿命期内工作任务的各个有代表性的起升载荷（N），i=1，2，3，…，n；$P_{Q\max}$——起重机的额定起升载荷（N）；m——幂指数，为了便于级别的划分，约定取 m=3。

起重机的起升载荷状态级别是将起重机的载荷谱系数分成 4 个等级，用 Q1、Q2、Q3、Q4 表示，如表 1-4 所列。

表 1-4　起重机的载荷状态级别及载荷谱系数

载荷状态级别	起重机的载荷谱系数 K_0	说明
Q1	$K_p \leqslant 0.125$	很少吊运额定载荷，经常吊运较轻载荷
Q2	$0.125 < K_p \leqslant 0.250$	较少吊运额定载荷，经常吊运中等载荷
Q3	$0.250 < K_p \leqslant 0.500$	有时吊运额定载荷，较多吊运较重载荷
Q4	$0.500 < K_p \leqslant 1.000$	经常吊运额定载荷

如果已知起重机各起升载荷值的大小及相应的起吊次数的资料，可由式（1-5）计算得到起重机的载荷谱系数值，然后按表 1-3 确定该起重机相应的载荷状态级别。如果不能获得起重机设计预期寿命期内起吊的各个有代表性的起升载荷值的大小及相应的起吊次数的资料，则可以由制造商和用户协商选出适合于该起重机的载荷状态级别及确定相应的载荷谱系数。

③ 起重机整机的工作级别。根据起重机的 10 个使用等级和 4 个载荷状态级别，起重机整机的工作级别分为 A1 ~ A8 共 8 个级别，见表 1-5。

表 1-5　起重机整机的工作级别

载荷状态级别	起重机的使用等级									
	U_0	U_1	U_2	U_3	U_4	U_5	U_6	U_7	U_8	U_9
Q1	A1	A1	A1	A2	A3	A4	A5	A6	A7	A8
Q2	A1	A1	A2	A3	A4	A5	A6	A7	A8	A8
Q3	A1	A2	A3	A4	A5	A6	A7	A8	A8	A8
Q4	A2	A3	A4	A5	A6	A7	A8	A8	A8	A8

表 1-6 是港口常用起重机整机分级举例，摘录于国家标准《起重机设计规范》(GB/T 3811—2008)，供设计和选用时参考。

表 1-6　港口常用起重机整机分级举例（摘录）

起重机的类别		起重机的使用情况	使用等级	载荷状态	整机工作级别
臂架起重机	造船用臂架起重机	不频繁较轻载	U_4	Q2	A4
	货场用吊钩起重机	不频繁较轻载	U_4	Q2	A4
	货场用抓斗或电磁盘起重机	较频繁中等载荷	U_5	Q3	A6
	货场用抓斗、电磁盘或集装箱起重机	频繁重载	U_7	Q3	A8
	港口装卸用吊钩起重机	较频繁中等载荷	U_5	Q3	A6
	港口装船用吊钩起重机	较频繁重载	U_6	Q3	A7
	港口装卸抓斗、电磁盘或集装箱用起重机	较频繁重载	U_6	Q3	A7
	港口装卸抓斗、电磁盘或集装箱用起重机	频繁重载	U_6	Q4	A8
桥式和门式起重机	货场用吊钩起重机（含电动葫芦起重机）	较少使用	U_4	Q1	A3
	货场用抓斗或电磁盘起重机	较频繁中等载荷	U_5	Q3	A6
	桥式抓斗卸船机	频繁重载	U_7	Q3	A8
	集装箱搬运起重机	较频繁中等载荷	U_5	Q3	A6
	岸边集装箱起重机	较频繁重载	U_6	Q3	A7
	装卸桥	较频繁重载	U_5	Q4	A7
流动式起重机		一般吊钩作业，非连续使用的起重机	U_2	Q1	A1
		带有抓斗、电磁盘或吊桶的起重机	U_3	Q2	A3
		集装箱吊运或港口的较繁重作业的起重机	U_3	Q3	A4

（2）机构分级。

机构的工作级别根据机构的使用等级和载荷状态级别来划分。

① 机构的使用等级。机构的设计预期寿命是指设计预设的该机构从开始使用起，到预期更换或最终报废为止的总运转时间。它只是该机构实际运转小时数累计之和，而不包括工作中机构的停歇时间。

机构的使用等级表明了机构运转频繁情况，是将该机构在设计预期寿命期内的总运转时间分成 10 个等级，用 $T_0 \sim T_9$ 表示，如表 1-7 所列。

表 1-7　机构的使用等级

使用等级	总使用时间 t_T/h	机构运转频繁情况
T_0	$t_T \leqslant 200$	很少使用
T_1	$200 < t_T \leqslant 400$	
T_2	$400 < t_T \leqslant 800$	
T_3	$800 < t_T \leqslant 1600$	

续表

使用等级	总使用时间 t_T/h	机构运转频繁情况
T_4	$1600 < t_T \leqslant 3200$	不频繁使用
T_5	$3200 < t_T \leqslant 6300$	中等频繁使用
T_6	$6300 < t_T \leqslant 12\,500$	较频繁使用
T_7	$12\,500 < t_T \leqslant 25\,000$	频繁使用
T_8	$25\,000 < t_T \leqslant 50\,000$	
T_9	$50\,000 < t_T$	

② 机构的载荷状态级别。机构的载荷状态级别表明了机构受载轻重程度。机构的载荷谱系数可按式（1-6）计算：

$$K_m = \sum\left[\frac{t_i}{t_T}\left(\frac{P_i}{P_{\max}}\right)^m\right] \tag{1-6}$$

式中，K_m——机构的载荷谱系数；t_i——与机构承受各个大小不同等级载荷的相应持续时间（h），i=1，2，3，…，n；t_T——机构承受所有大小不同等级载荷的时间总和（h），$t_T=\sum_{i=1}^{n} t_i=t_1+t_2+t_3+\cdots+t_n$；$P_i$——表征机构在服务期内工作特征的各个大小不同等级的载荷（N），i=1，2，3，…，n；$P_{\max}$——机构承受的最大载荷（N）；m——幂指数，为了便于级别的划分，约定取m=3。

机构的载荷状态级别是将机构的载荷谱系数分成 4 个等级，用 L1、L2、L3、L4 表示，见表 1-8。

表 1-8　机构的载荷状态级别及载荷谱系数

载荷状态级别	机构的载荷谱系数 K_m	说明
L_1	$K_m \leqslant 0.125$	机构很少承受最大载荷，一般承受轻小载荷
L_2	$0.125 < K_m \leqslant 0.250$	机构较少承受最大载荷，一般承受中等载荷
L_3	$0.250 < K_m \leqslant 0.500$	机构有时承受最大载荷，一般承受较大载荷
L_4	$0.500 < K_m \leqslant 1.000$	机构经常承受最大载荷

③ 机构的工作级别。将机构单独作为一个整体，根据机构的 10 个使用等级和 4 个载荷状态级别，机构的工作级别分为 M1 ~ M8 共 8 个级别，见表 1-9。

表 1-9　机构的工作级别

载荷状态级别	机构的使用等级									
	T_0	T_1	T_2	T_3	T_4	T_5	T_6	T_7	T_8	T_9
L1	M1	M1	M1	M2	M3	M4	M5	M6	M7	M8

续表

载荷状态级别	机构的使用等级									
	T_0	T_1	T_2	T_3	T_4	T_5	T_6	T_7	T_8	T_9
L2	M1	M1	M2	M3	M4	M5	M6	M7	M8	M8
L3	M1	M2	M3	M4	M5	M6	M7	M8	M8	M8
L4	M2	M3	M4	M5	M6	M7	M8	M8	M8	M8

表 1-10～表 1-12 是港口常用起重机各机构单独作为整体的分级举例，摘录于国家标准《起重机设计规范》（GB/T 3811—2008），供设计和选用时参考。

表 1-10　臂架起重机各机构的工作级别举例（摘录）

起重机的类别	起重机的使用情况	机构使用等级					机构载荷状态					机构工作级别				
		H	S	L	D	T	H	S	L	D	T	H	S	L	D	T
造船用臂架起重机	不频繁较轻载	T_5	T_4	T_4	T_4	T_5	L2	L2	L.2	L2	L2	M5	M4	M4	M4	M5
货场用吊钩起重机	不频繁较轻载	T_4	T_4	T_3	T_4	T_4	L2	L2	L2	L2	L2	M4	M4	M3	M4	M4
货场用抓斗或电磁盘起重机	较频繁中等载荷	T_5	T_5	T_5	T_5	T_4	L3	L3	L3	L3	L3	M6	M6	M6	M6	M5
货场用抓斗、电磁盘或集装箱起重机	频繁重载	T_7	T_6	T_6	T_6	T_5	L3	L3	L3	L3	L3	M8	M7	M7	M7	M6
港口装卸用吊钩起重机	较频繁中等载荷	T_4	T_4	T_4	—	T_3	L3	L3	L2	—	L2	M5	M5	M4	—	M3
港口装船用吊钩起重机	较频繁重载	T_6	T_5	T_4	—	T_3	L3	L3	L3	—	L3	M7	M6	M5	—	M4
港口装卸抓斗、电磁盘或集装箱用起重机	较频繁重载	T_5	T_5	T_5	—	T_3	L3	L3	L3	—	L3	M7	M6	M6	—	M4
港口装船用抓斗、电磁盘或集装箱起重机	频繁重载	T_7	T_6	T_6	—	T_3	L3	L3	L3	—	L3	M8	M7	M7	—	M4

注：H 为起升机构；S 为回转机构；L 为臂架俯仰变幅机构；D 为小车（横向）运行变幅机构；T 为大车（纵向）运行机构。

表 1-11　桥式和门式起重机各机构的工作级别举例（摘录）

起重机的类别	起重机的使用情况	机构使用等级			机构载荷状态			机构工作级别		
		H	D	T	H	D	T	H	D	T
货场用吊钩起重机（含货场用电动葫芦起重机）	较少使用	T_4	T_3	T_4	L1	L1	L2	M3	M2	M4
货场用抓斗或电磁盘起重机	较频繁中等载荷	T_5	T_5	T_5	L3	L3	L3	M6	M6	M6
桥式抓斗卸船机	频繁重载	T_7	T_6	T_5	L3	L3	L3	M8	M7	M6
集装箱搬动起重机	较频繁中等载荷	T_5	T_5	T_5	L3	L3	L3	M6	M6	M6
岸边集装箱起重机	较频繁重载	T_6	T_6	T_5	L3	L3	L3	M7	M7	M6
装卸桥	较频繁重载	T_7	T_7	T_3	L4	L4	L2	M8	M8	M3

注：H 为主起升机构；D 为小车（横向）运行机构；T 为大车（纵向）运行机构。

表 1-12　流动式起重机各机构的工作级别举例（摘录）

机构名称		起重机整机工作级别	机构使用等级	机构载荷状态	机构工作级别
起升机构		A1	T	L1	M3
		A3	T1	L2	M4
		A4	T1	L3	M5
回转机构		A1	T2	L2	M2
		A3	T1	L2	M3
		A4	T1	L2	M4
变幅机构		A1	T2	L2	M2
		A3	T	L2	M3
		A4	T1	L2	M3
臂架伸缩机构		A1	T2	L1	M1
		A3	T2	L2	M2
		A4	T2	L2	M2
运行机构	轮胎式运行机构（仅在工作现场）	A1	T2	L1	M1
		A3	T2	L2	M2
		A4	T2	L2	M2
	履带式运行机构	A1	T2	L1	M1
		A3	T2	L2	M2
		A4	T2	L2	M2

1.5　起重机械的驱动装置

驱动装置，一般泛指用来拖动各种工作机构运动的动力设备，在某些采用复合驱动的特殊场合下，是指包括动力设备以及与之匹配的传动装置所形成的总成。驱动装置所形成的拖动方案是起重机械的重要组成部分，很大程度上决定着整机的工作性能和构造特点。另外，驱动装置的工作性能、产品质量、投资和运行费用等，也对整机的技术经济指标起着重大影响作用。因此，合理选择驱动装置是起重机械设计非常重要的工作内容。

一、起重机械对驱动装置的要求

（1）适应载荷变化的要求。

起重机械所吊重物的质量不同，有空载、轻载、满载甚至超载（如载荷试验时）等各种载荷状况；起重机械每个工作周期中总是处在起动加速、稳定运行、制动减速的变速度运行之中，并产生相应的动态载荷；工作场地和环境（如风、温度等）的变化也会影响起重机械所承受的外部载荷。因此，起重机械所选择的驱动装置应能适应这种载荷多变的要求，应具有较强的自动适应性和较“软”的机械特性，即当起重机械载荷变化时，驱动装置的转矩和转速能随之发生相应的改变，并且拖动系统具有长期稳定的工作点。

（2）适应间歇动作、频繁正逆的短时重复运动要求。

起重机械具有间歇动作、短时重复的周期性工作特点；各工作机构（起升、运行、回转、变幅）不断交替组合运动，使其处于不同的循环变化频率之中；每一机构均有正向和逆向运动，且频繁快速交替变换；每一作业周期都包含有接电和停机断能部分，且时间都较短暂。因此，起重机械驱动装置应能适应这种间歇动作、频繁正逆运动、容易换向的要求。

（3）适应频繁起动与制动和工作速度变化大的要求。

起重机械作业时，各工作机构经常带载（或空载）起动和制动，产生的冲击振动载荷与作业效率要求、起动性能、制动性能等有关。各机构的工作速度随载荷大小、作业效率、使用要求等不同而发生范围较大的变化，有时甚至有多速与变速的要求。因此，起重机械驱动装置应具有良好的起动与制动性能、较大的短时过载能力、平滑经济的调速性能以及适应冲击振动的能力。

（4）适应安全可靠和恶劣工作环境的要求。

起重机械是国家规定的特种设备，对包括驱动装置在内的系统安全性、可靠性和预期寿命等方面有较高的要求。起重机械上自身设备多且复杂，作业环境（气候等）恶劣：露天、多灰（有时金属粉尘）、振动等，还常伴有高温、热辐射、燃、爆、电磁等多种危险环境因素。因此，起重机械驱动装置不仅应安全可靠、平均无故障工作时间长、工作性能适应温度等环境变化影响，还应具有结构强度高、连接可靠坚固、安装方便免维护、节能减排、噪声低、污染小等特点，需要经常转移作业场地的机型最好能拥有独立的动力能源装置。

目前在役的各种动力设备基本上能够满足起重机械的主要使用要求。采用动力设备、传动系统与控制系统等合理匹配的方法，还能获得更为理想的驱动性能。

二、驱动装置与驱动形式

1. 按驱动装置与工作机构之间的驱动关系分类

按驱动装置与工作机构之间的驱动关系，驱动形式可分为集中驱动和分别驱动两大类。

（1）集中驱动。

集中驱动是指由一台动力设备（主动机）通过传动系统作为中间连接，再分别驱动若干工作机构或同一机构的若干工作装置的驱动形式，如图 1-5 所示。动力设备（主动机）可为内燃机或电动机等，传动系统一般则包括机械传动装置、机械/摩擦/电磁/液力离合器、液力传动装置等。

集中驱动时，动力设备利用率高，多工作装置的同步性较好。但传动系统复杂，效率和可靠性较低，尺寸和质量大，布置、安装及维修困难，支承平台的结构变形可能对驱动装置的运动和使用寿命产生更多不利影响。另外，很难实现多机构同时协同动作。故集中驱动主要适用于流动性大、工作现场无法与外接电网相连的起重机械，如流动式起重机、部分港口起重机和浮式起重机等，或工作机构强调多工作装置运动同步性的场合，如轨距较小的小车运行机构、大尺寸多吊点的起升机构等。

需要注意的是，若整机采用集中驱动，由于动力设备的功率和转矩不可能在各机构之间进行精确与稳定的分配，因此，个别机构工作时可能会出现过载现象。

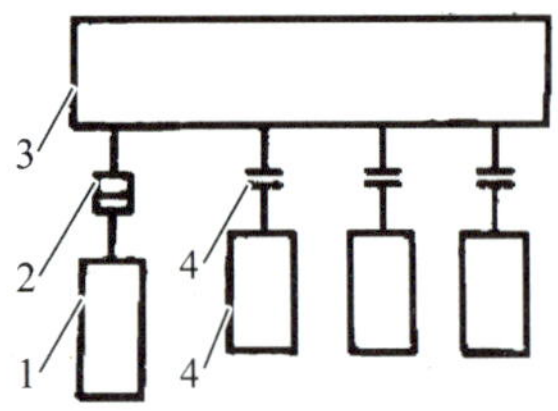

（a）集中驱动

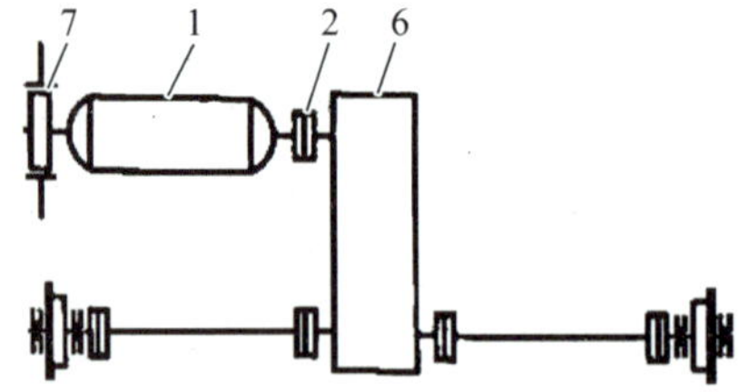

（b）桥式起重机小车运行机构集中驱动

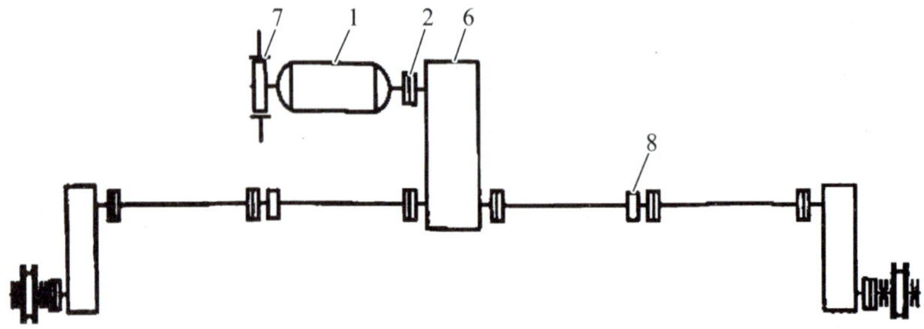

（c）桥式起重机大车运行机构集中驱动

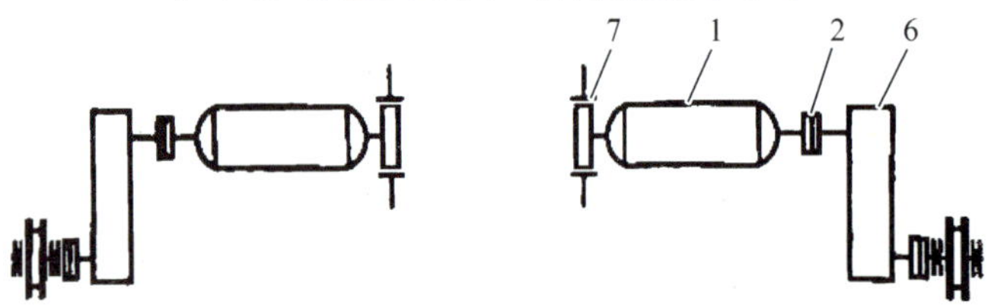

（d）桥式起重机大车运行机构分别驱动

1—电动机（或内燃机）；2—联轴器；3—动力分配箱；4—离合器；5—工作机构；6—减速器；7—制动器；8—轴承座。

图 1-5　集中驱动和分别驱动

（2）分别驱动。

分别驱动是指每个工作机构或同一机构中的每个工作装置均分别由各自独立的动力设备（主动机）来驱动的形式。动力设备可为电动机、液压马达、气动马达等，动力源由系统内（外）的能源装置提供，传动系统一般包括机械传动装置、液力传动装置、气力传动装置等。

分别驱动时，每个工作机构的运动都可不受其他机构的影响，而通过分别独立控制和调节，还可实现多机构同时协同工作，动作组合性好，工作效率高，传动系统简化且分组性好，传动效率和可靠性较高，布置、安装及维修较方便，可减轻结构变形对驱动装置运动和寿命的影响，但动力设备和传动装置的套数以及驱动总功率值等都有所增加。

由于分别驱动在系统可靠性、动作组合性、部件分组性、布置简便性、工作效率高以及系统整体综合性价比等方面均具有较大的优势，因此，分别驱动是起重机械除上述某些特定场合之外最常用的驱动形式，也符合现代拖动系统的发展趋势。

2. 按动力设备的动力源形式分类

按动力设备的动力源可分为人力驱动和动力驱动，而动力驱动是起重机械最主要的驱动形式，包括电力驱动、内燃机驱动、液力和液压驱动、气力驱动以及复合驱动等。

（1）电力驱动。

电力驱动是指通过外接电源或发电机、蓄电池等提供交/直流电能，由电动机作为动力设备，连接传动系统和工作装置，并在电气系统控制下进行工作的驱动形式。

电力驱动具有能源经济、污染小、供电方便且换向容易，利于实现分别驱动以简化传动系统，布置、安装、操纵及维护简便，电气控制系统性能优越，易于实现系统安全保护与联锁等特点。缺点是必须依赖电源，限制了起重机械的流动性。

电力驱动是各类现代起重机械普遍应用的最主要的驱动形式。另外，起重机械专用电动机还具有良好的机械特性，具有足够的起动能力、短时过载能力和调速性能，工作可靠，寿命长。

（2）内燃机驱动。

内燃机驱动是一种不依赖外部动力源的独立驱动形式，其动力设备为内燃机，通过机械传动系统将动力传送到各个工作机构上，可使整机具有较大的机动性和流动性。相对来讲，内燃机驱动的外形尺寸和质量较小、结构紧凑，适合于经常变更工作地点的流动作业或工作现场无法与外接电网相连的流动式起重机械，如汽车起重机、轮胎起重机，以及部分履带起重机、浮式起重机、铁路起重机等。

内燃机可分为柴油机、汽油机和液化气机等，大多数情况下采用柴油机。采用内燃机驱动时需特别关注下列事项：价格昂贵只适宜集中驱动；整机传动系统复杂笨重，调速困难，操纵繁琐；承受超载的能力较差（过载能力约 15%），超负荷运转时容易熄火；不宜带载快速起动，应空载起动后再通过离合器与工作机构连接；运转方向单一，需逆转时应在机械传动系统中设置反向逆转机构；噪声、振动、废气污染以及严寒季节时的起动能力等。

（3）液力和液压驱动。

液力和液压驱动（传动）都是以矿物油液体为工作介质来传递能量，并进行系统传动控制的驱动方式。虽然其工作特性也具有类似动力机的某些特征，但主动力仍需借助其他动力机，故严格意义上不能算是一种独立的驱动形式，本质上仍应属于传动系统。液力和液压驱动（传动）常与主动机（电动机或内燃机）组成复合驱动形式。

液力传动（动力式液体传动）是指利用离心泵使液体运动，再驱动透平轮（叶轮）转动并进行系统动力的传递，也称透平传动，表现为液力耦合器（或液力联轴器）和液力变矩器两种形式。液力传动可消除主动机与机械轴之间的刚性联系，改善系统机械特性，既能防止过载，又能实现无级变速，减小传动系统冲击，常用于工程起重机械的运行机构中。

液压传动（静压式液体传动）是指主动机带动容积式液压泵（如齿轮泵、叶片泵和柱塞泵等），通过各种控制阀使油液进入液压缸或马达，利用液体压力能来传递动力和运动，也称容积式液体传动。液压传动具有结构紧凑尺寸小、运动平稳无冲击、正逆转换简便、传动比大、无级调速范围大、自动润滑和过载保护、操纵省力等特点，还可利用换向阀中间位置闭锁功能（不装设机械制动装置）实现支持制动，广泛应用于工作行程不长的流动式起重机上。由于液压元件的制造工艺、精度及密封性要求高，故常有运转失灵及漏油现象，额定载荷以外其他工作点的效率较低，低温场合需用价格昂贵的防冻液，固定部分至活动部分的输液结构复杂，成本较高。

（4）气力驱动。

气力驱动是指以压缩空气为工作介质，通过气动马达和气缸带动工作机构或工作装置运动的驱动系统。气力驱动具有构造简单、工作平稳、操纵方便、维护容易、泄漏无污染等优势。但也存在压力低（0.6 MPa）、能力小、有泄漏损失、需供气装置、管路难以移动等不足。

因此，气力驱动可适用于具有工业压缩气源场合（如某些铸造车间）的小型起重设备，或作为制动器以及其他设备的推动操纵机构（如铝电解多功能机组的打壳装置）。此外，气力驱动在防爆要求较高的场合具有特殊意义。

（5）复合驱动。

复合驱动一般是指由主动机、能量转换设备和再生动力机三部分有机组合形成新的动力装置总成的驱动形式，主动机多为内燃机或电动机。起重机械上所使用的复合驱动可分为内燃-电力驱动、内燃-液力（或液压）驱动、电力-液力（或液压）驱动、内燃-电力-液力（或液压）驱动等形式。

复合驱动可兼得和发挥主动机和再生动力机两者固有的优点，并能在很大程度上弥补各自的不足，从而显著改善驱动特性，使其更加符合起重机械的综合要求。但构造也相应变得更为复杂，成本较高。因此，复合驱动得以用于起重机械上的基本条件是其拥有良好的性价比优势，尤其适合那些流动性大、工作现场无法与外接电网相连的机型，如流动式起重机、浮式起重机等。

（6）人力驱动。

人力驱动是指以手或脚的简单动作并借助省力装置来驱动机构或工作装置运动的驱动形式，所提供的作用力、速度、持续时间、动作范围等参数应符合人机工效要求，常用省力装置如摇柄、手轮、杠杆、曳引链及链轮、制动踏板、液力液压系统等，具有构造简单、使用方便、适应性好、价格低、短时间内提供较小功率等特点。但不适合长时间持续工作。

人力驱动宜用于临时性、辅助性、无其他动力源等情况，或者是作业频次、速度、出力、时间等较低的场合，或作为备用驱动装置用于安全性要求很高的场合。人力驱动一般可用于千斤顶、手动葫芦、手动绞车、手动单梁起重机等简便轻小型起重设备与安全装置上，以及核电、冶金加料、闸门启闭、电梯等起重机的备用驱动装置，以保证系统在意外情况出现时仍能继续短暂工作而不致引发危险。

实训任务　起重机选型设计

一、起重机机型选择

（1）物料装卸、零星吊装以及需要快速进场的施工作业，选择汽车式起重机比较合适，如果采用吊臂和支腿可伸缩的液压式汽车起重机就更有利；对于必须把伸缩臂伸进窗口或洞口作业的，液压式汽车起重机是最理想的吊装机械了。

（2）当吊装工程要求起重大，安装高度高，幅度变化大的起重作业时，则可以根据现有机械情况，选用履带式或轮胎式起重机。如果地面松软，行驶条件差，则履带式起重机最合适；如果作业范围内的地面不允许破坏，则采用轮胎式起重机最好。

（3）当施工条件限制，要求起重机吊重行驶时（吊重行驶是危险的，如不得已作业，吊重量应符合该机使用说明书规定），可以选择履带式或轮胎式起重机。轮胎式起重机的机动性能较好；履带式起重机吊重行驶的稳定性较高。

（4）专业化作业应尽量选用专业起重机械。如零星货物的短距离搬运，可以采用随车起重机（YD 型），本来需要起重和运输两台机械作业，现在可由一台完成。

（5）尽量选择多用途、高效、节能的起重机产品，如建筑工地既需要自行吊装，又需要使用塔式起重机时，应该选用有提供起重功能的自行塔式起重机，以节省投入机械台数。

二、起重机型号选择

根据起重量和起升高度，考虑到现场的其他条件，即可从移动式起重机的样本或技术性能表中找到合适的规格。由于起重机的最大起重量越大，在吊装项目中充分发挥它的各种性能就越困难，利用率越低，因此，只要能满足吊装技术要求，不必选择过大的型号。

必须指出，起重机的名义起重量是在起重臂最短，幅度最小时允许的起重量；当起重臂伸长，幅度增大时，起重量相应减少，其数值可由起重机工作性能数据中求出。当轮胎式起重机不能使用支腿时，起重量应按规定性能进行计算或按使用说明书规定（一般为支腿起重量的25%以下），如果在平坦、坚硬的路面上吊行驶，则起重量应为不打支腿时的额定容的75%，以保证安全作业。

如果单台起重机的起重量不能满足要求，可选择两台进行抬吊施工；为保证施工安全，吊装构件的重量不得超过两台起重机总起重量的80%。

三、起重机经济性能的选择

选择自行式起重机的综合经济性能标准的原则是使物料或构件在运输、吊装及装卸中单价最低，因此可用台班定额的起重量（或租用合同规定的生产率）和台班费用（或租用合同规定的费用）计算出物料运输单价，然后选择最低的一种。此外，还应综合考虑耗能少、功用多的产品，以减轻人工劳动强度。总之，从技术上可行的自行式起重机中，选择在当前和今后能提供最有效的使用和获得最大效益的型号规格。

四、怎样选择起重机类型与型号

1. 起重机类型的选择

起重机类型应综合考虑下列几方面进行选择：

（1）结构的跨度、高度、构件重量和吊装工程量等。

（2）施工现场条件。

（3）本企业和本地区现有起重设备状况。

（4）工期要求。

（5）施工成本要求。

一般情况下，吊装工程量较大的普通单层装配式结构宜选用履带式起重机，因履带式起重机对路面要求不太高，变幅、行驶方便，可以负荷行驶。汽车式起重机对路面的破坏性小，开赴吊装地点迅速、方便，适宜选用于吊装位于市区或工程量较小的装配式结构。

位于偏僻地区的吊装工程，或路途遥远，或道路状况不佳，则选用独脚拔杆或人字拔杆、桅杆式起重机等简易起重机械，往往可提早开工，能满足进度要求，且成本低。

对于多层装配式结构由于上层构件安装高度高，常选用大重量履带起重机或普通塔式起重机（轨道式或固定式）。对于高层或超高层装配式结构，则需选用附着式塔式起重机或内爬升式塔式起重机。内爬升式塔式起重机的优点是自重轻，不随建筑物高度的增加而接高塔身，机械多安装在结构中央，需吊装的构件距塔身近，因而可选用较小规格的起重机；其缺点是施工荷载（含塔机自重、风荷载、起吊构件重等）需建造中的结构负担，工程结束后，需另设机械设备进行拆除，立塔部位的构件须在塔机爬升或拆除后补装。附着式塔式起重机安装在建筑物外侧，可避免内爬升式塔式起重机的上述缺点，但起吊作业中需安装许多距塔身较远的构件，工作幅度大，要求选用较大规格的起重机，同时占用场地多，需随建筑物的升高安装附着杆，且起重机的塔身接高也较复杂。

2. 起重机型号的选择

选择起重机型号的原则是：所选起重机的三个工作参数，即起重量 Q、起重高度 H 和工作幅度（回转半径）R 均必须满足结构吊装要求。

当前，塔式起重机多采用水平臂小车变幅装置，故根据上述须满足结构吊装要求的三个工作参数和各种塔式起重机的起重性能很容易确定其型号。

下面，以履带起重机为例（汽车起重机、轮胎起重机类似）叙述起重机型号的选择方法：

（1）起重量计算。

① 单机吊装起重量按下列公式计算：

$$Q \geqslant Q1+Q2 \tag{1-7}$$

式中，Q——起重机的起重量（t）；$Q1$——构件重量（t）；$Q2$——索具重量（t）。

② 双机抬吊起重量按公式（1-8）计算：

$$K(Q_{主}+Q_{副}) \geqslant Q1+Q2 \tag{1-8}$$

式中，$Q_{主}$——主机起重量；$Q_{副}$——副机起重量；K——起重量降低系数，一般取 0.8。

（2）起重高度计算。

起重机的起重高度按公式（1-9）计算：

$$H \geqslant H1+H2+H3+H4 \tag{1-9}$$

式中，H——起重机的起重高度（m），停机面至吊钩的距离；$H1$——安装支座表面高度（m），停机面至安装支座表面的距离；$H2$——安装间隙，视具体情况而定，一般取 0.2～0.3 m；$H3$——绑扎点至构件起吊后底面的距离（m）；$H4$——索具高度（m），绑扎点至吊钩的距离，视具体情况而定。

知识拓展　起重机操作证书

1. 建筑施工特种作业人员操作资格证书

建筑施工特种作业人员是指在房屋建筑和市政工程施工活动中，从事起重机械作业的人员。

工种有建筑起重机械司机（T/S/W）、建筑起重机械安装拆卸工（T/S/W）、建筑起重信号司索工这几种。其中，T 是指塔式起重机；S 是指施工升降机；W 是指物料提升机。证书由市州考核、发证，各省建设厅备案。需要两年一复审，六年一换证。考核分为理论和实操两部分，理论 60 分及格，时长为 2 个小时；实操 70 分及格。

2. 国家职业资格等级证

起重工分为五个等级，由低到高分别是：初级（五级）、中级（四级）、高级（三级）、技师（二级）、高级技师（一级）。资格证书是表明劳动者具有从事某一职业所必备的学识和技能的证明。等级越高，证明起重工的知识储备和技能水平越强。一般来说，等级与薪酬成正比，等级越高，相应的薪资待遇也会越好。考试包括理论和实操，成绩皆达 60 分以上者为合格。理论考试时长为一个半小时，省管考试初、中、高级均为机考，市管考试则为笔考，技师不管是省管还是市管考试，都是机考。等级证不需要年审，一次通过，终身有效。

3. 特种设备作业人员证

起重机械属于特种设备，特种设备的作业人员及其相关管理人员统称为特种设备作业人员。特种设备作业人员应当持证上岗，按章操作，发现隐患及时处置或者报告。特种设备作业人员证中起重机械作业类别里，现在目前有 Q1-重机械指挥、Q2-门式起重机司机、Q2-桥式起重机司机、Q2-塔式起重机司机、Q2-门座式起重机司机、Q2-缆索式起重机司机和 Q2-流动式起重机司机这 7 种操作项目。证书的有效期为 4 年，且需要每 4 年复审 1 次。考试分为理论考试和实操考试，均要 70 分以上及格。

起重机选型实操记录表

一、起重机机型选择			
	是否满足	选择对应的起重机械	备注
物料装卸、零星吊装以及需要快速进场的施工作业			
吊装工程要求起重大，安装高度高，幅度变化大的起重作业			
地面松软，行驶条件差			
作业范围内的地面不允许破坏			
施工条件限制，要求起重机吊重行驶			
二、起重机型号选择			
轮胎式起重机不能使用支腿			一般为支腿起重量的 25%以下
平坦、坚硬的路面上吊行驶			起重量应为不打支腿时的额定容的 75%
单台起重机的起重量不能满足要求			吊装构件的重量不得超过两台起重机总起重量的 80%
三、起重机经济性能的选择			
台班定额的起重量			
台班费用			
四、起重机类型的选择			
五、起重机型号的选择			

项目二 起重机基本构造

项目导入 世界知名起重机举例

利勃海尔 LR13000

利勃海尔是一家总部位于瑞士的公司，由汉斯·利布赫尔于 1949 年创建于德国的伊莱尔河畔基尔希多夫。其主要产品包括起重机、大型采矿及挖掘设备、大型载重车、飞机零件和家用电器。利勃海尔由 130 多家子公司组成，分为土方工程，采矿，移动式起重机，塔式起重机，混凝土技术，海上起重机，航空航天和运输系统，机床和自动化系统，家用电器和组件等 11 个部门。利勃海尔的起重机 LR13000 能够提升 3 000 t 重物，最大滑轮高度为 248 m，最大起升高度为 245 m。

港珠澳大桥工程上的“大国重器”——振华重工

港珠澳大桥于 2018 年 10 月 24 日正式投入使用，是当今世界长度最长、规模最大、标准最高、技术最先进的跨海大桥。其顺利建成离不开制造企业的大力投入和支持。上海振华重工（ZPMC）就是该桥梁建造工程上的“大国重器”之一，自 2011 年开始参与这一超级工程的建设，以其强大的科技装备、精湛的匠心工艺，助力“世纪工程”全线贯通。

上海振华重工（集团）股份有限公司（ZPMC）是重型装备制造行业的知名企业，为国有控股 A、B 股上市公司。

港珠澳大桥岛隧工程海底隧道由 33 节沉管和 1 个最终接头连接而成，承担约 6000 吨重最终接头的“振华 30”起重船，是上海振华重工设计建造并自营的世界最大起重船，被誉为“大国重器”，该船排水量为 26 万吨，船长 297.55 m，船宽 58 m，具备单臂固定起吊 12 000 t、单臂全回转起吊 7 000 t 的能力。

思政案例 大国工匠 敬业爱岗

田得梅：把宝贵青春刻入国家重大工程

（2022 年大国工匠年度人物）

白鹤滩水电站，拥有全球单机容量最大的百万千瓦发电机组，日发电量可满足一座 50 万人口城市一年的生活用电。在发电机组安装过程中，最引人注目的就是 1 号机转子，直径 16.198 m，最大高度 3.826 m。要想把这个庞然大物，精准吊入到坑位内，难度可想而知。

田得梅：白鹤滩这个百万千瓦机组，因为是首台，没有什么经验可供借鉴。

此次吊装，转子与定子之间的最大间隙仅 51 mm，操作必须一次成功。田得梅主动请缨，接受了这个艰巨任务。

田得梅：因为下面有好多的设备、物件，还有人员，这么大一个东西，它要是出现晃动，不可想象。

今年 57 岁的田有宝家住海东市互助土族自治县塘川镇上山城村。早些年，三个孩子年幼，一家人的生活除了靠几亩薄田，全由她外出打零工维持。一年忙到头，收入不过万元。

初中毕业后，一心想学门手艺的田得梅在大伯的建议下报考了青海水电高级技工学校（现青海水电技师学院），又在老师的推荐下学习了电气技术应用专业。

毕业后，一脸懵懂的田得梅前往兰州培训，这才第一次看到天车。培训期结束后，田得梅成为了中国水利水电第四工程局有限公司机电安装分局的一名员工，被分配到拉西瓦水电站，当上了桥式起重机（天车）司机，也就是从那一天起，她跟天车结下了不解之缘。

2007 年，田得梅成为水电四局的桥机司机。转子吊装难度大，成百上千次的重复练习，和对桥机知识的钻研，田得梅将每一个操控技巧都刻进了肌肉记忆。技术不仅要掌握在手里，更要记在心里，田得梅又强迫自己学会了刺绣。

田得梅：我们这个工作就是要静心，你不能急躁，然后我们下班就是，会绣个十字绣，就是为了让我静下心来，磨磨性子。

15 年里，她先后参与完成了大小 18 台转子吊装，慢慢成长为国内为数不多，可以完成巨型精密装置吊装的桥机司机。然而这次面对当时世界上最大的转子吊装，田得梅仍感受到前所未有的压力。为确保成功，她选择更加脆弱的鸡蛋，进行反复训练。没有捷径可走，在挑战中摸索，在摸索中前进，田得梅终于解锁了毫厘间的操作密码。

2 100 t 已超过单个桥机的承重上限，需要两个桥机并机操作，转子入机坑后的微调，误差必须控制在分毫之间，这对操作司机来说，也是最为艰难的时刻。

田得梅：下落的过程中，下面我什么都看不到，我就只能听从他们下面给我的信号。

77 min 后，转子与定子稳稳地完成对接。

田得梅：高兴，激动，因为它完完整整，直接一次吊装到位，当时整个手腕、胳膊都是酸痛、麻木了。

心心专一艺，事事在一工。15 年里，田得梅辗转奋战在水电工程建设一线，见证着我国水电事业从跟跑到并跑再到领跑的快速发展，把最宝贵的青春刻入了一个个国家重大工程。（摘自中工网，2023-11-12）

学习目标　起重机基本构造

1. 了解起重机起升机构的结构特点。
2. 掌握起开机构的相关知识。
3. 了解运行机构分类及特点。
4. 了解四转机构分类及特点。
5. 了解变幅机构分类及特点。
6. 了解驱动装置分类及特点。

知识储备

2.1　起重机基本构造

起重机通常由三大部分组成：一是机架，二是机构（包括起升机构、运行机构、旋转机构、变幅机构等），三是控制系统。

（1）机架。

机架主要由桥架、小车架、操纵室及扶梯等部件组成，构成了起重机的主体。

（2）机构。

起重机一般有起升机构、运行机构、旋转机构、变幅机构等四大典型机构，而对桥式起重机而言，机构只有两种，一是起升机构，二是运行机构。无旋转机构及变幅机构。汽车起重机则具有上述介绍的四种机构。桥式起重机的小车，具有起升和运行两种机构。小车上设有大、小卷扬机各一台，作起吊重物用。大卷扬机又称大钩，设置在小车中部，最大起吊重量有 8 t、10 t、15 t、20 t、25 t、30 t、40 t、50 t、60 t 等多种规格供选用。小卷扬机又称小钩，设置在小车右边，起吊重量也有 1 t、1.5 t、2 t、2. 5 t、3 t、4 t、5 t、8 t、10 t、15 t 等多种规格。在大卷扬机的左边，设置有一小的运行机构，为小车在桥架轨道上左右运行提供动力。桥式起重机的桥架又称为大车，形状为Ⅱ形。其四角处设有大车轮和运行机构，可使起重机沿车间纵向前后运行。大车与小车的配合，即可将重物吊运到车间平面范围内的任一位置。

（3）控制系统。

控制系统设置在操纵室内。重物的吊起与放下，小车在桥架上的左右运行、大车在车间的前后运行均可在操纵室中操作完成。

自 2014 年 1 月 1 日实施的《中华人民共和国特种设备安全法》对起重设备进行定义，起重机械是指用于垂直升降或者垂直升降并水平移动重物的机电设备，范围如下：

（1）额定起重量大于或者等于 0.5 t 的升降机。

（2）额定起重量大于或者等于 1 t，且提升高度大于或者等于 2 m 的起重机和承重形式固定的电动葫芦等。

2.2 起升机构

认识起升机构

一、起升机构概述

起升机构是使载荷升降的机构，它是起重机械中不可缺少的、最重要的机构，其工作性能的优劣将直接影响到起重机的技术性能。

起升机构主要由驱动装置、制动装置、钢丝绳滑轮组卷绕系统、取物装置等组成。此外，根据工作需要还可装设各种辅助装置，如：起升高度限制器、超载限制器、超速保护开关等。

在起重量较大的起重机中，常设有两个或多个不同起重量的起升机构，其中起重量最大的为主起升机构，其余为副起升机构。

典型起升机构的构成如图 2-1 所示，电动机通过联轴器与减速器的高速轴相连接，减速器的输出轴上装有卷筒，它通过钢丝绳和滑轮组与吊钩相联系。机构工作时，卷筒将钢丝绳卷入或放出，从而通过钢丝绳滑轮组卷绕系统使悬挂在吊钩上的货物起升或下降；机构停止工作时，制动器使吊钩和货物悬吊在空中某一位置。吊钩的起升或下降是通过改变电动机的转向实现的。

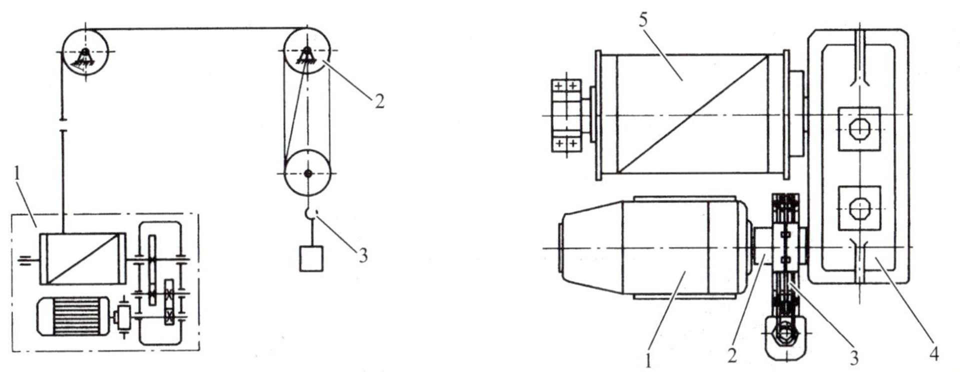

1—驱动装置；2—钢丝绳滑轮组卷绕系统；3—取物装置。
（a）起升机构组成

1—电动机；2—联轴器；3—制动器；4—减速器；5—卷筒。
（b）驱动装置组成

图 2-1　起升机构示意图

钢丝绳滑轮组卷绕系统包括钢丝绳、导向滑轮和滑轮组等。钢丝绳通过导向滑轮可以引向空间任何方向，因此，卷绕系统的布置具有较大的灵活性，可以适应臂架型、桥架型等不同起重机械的构造特点和作业要求。图 2-2 是用于桥式起重机和门座起重机上的钢丝绳滑轮组卷绕系统示意图。

取物装置（又称吊具）可以是吊钩、抓斗、集装箱吊具或其他专用吊具，其具体形式由起重机所吊运的货物所确定。港口门座起重机通常要兼顾吊钩和抓斗作业、多用途门座起重机还应考虑集装箱装卸作业的需要，因此，须设置相适应的起升机构，如抓斗起升机构，集装箱起升机构等。

起升机构的制动器应该是常闭式的，常用块式制动器，在电气线路上和电动机连锁。制动器一般装设在高速轴上，所需制动转矩小，可使制动器的尺寸变小。有时在高速轴上需要装设两个制动器，则第二个制动器可装设在减速器高速轴的另一轴伸端，也可把制动器装设在电动机的尾部轴伸端上，但这时需要选用双轴伸的电动机。

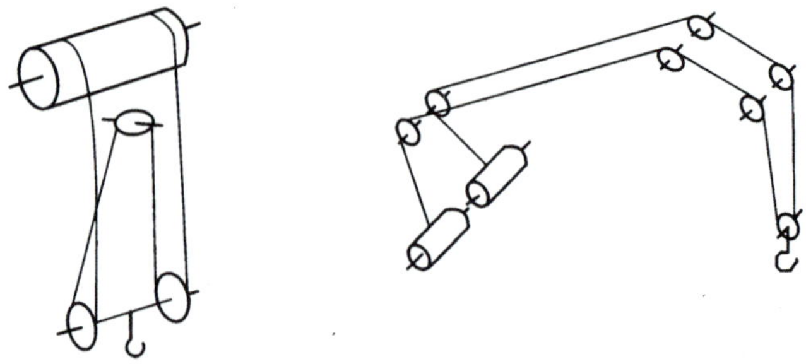

（a）用于桥式起重机　　（b）用于门座起重机

图 2-2　钢丝绳滑轮组卷绕系统

电动机与减速器高速轴之间的连接通常采用补偿型的联轴器，以补偿安装误差或机架变形的影响。如弹性柱销联轴器或齿轮联轴器，前者构造简单、并能缓冲，后者坚固耐用、应用广泛。联轴器的一个半体通常兼作制动轮，带制动轮的半体应装在减速器轴上，这样，即使联轴器损坏，制动器仍能安全制动。

减速器和卷筒连接的方式较多。图 2-3 是起升机构中广泛采用的连接模式：减速器轴端为一带外齿的联轴器的半体（又称齿型接手），它与固定在卷筒轮辐中带内齿的另一半体相啮合，由此传递扭矩，并补偿一定的安装误差。卷筒轴的一端用球面滚动轴承支承在齿型接手内腔的轴承座中，另一端支承在球面滚动轴承及其轴承座上。所采用的标准减速器有定型的系列产品供选用。

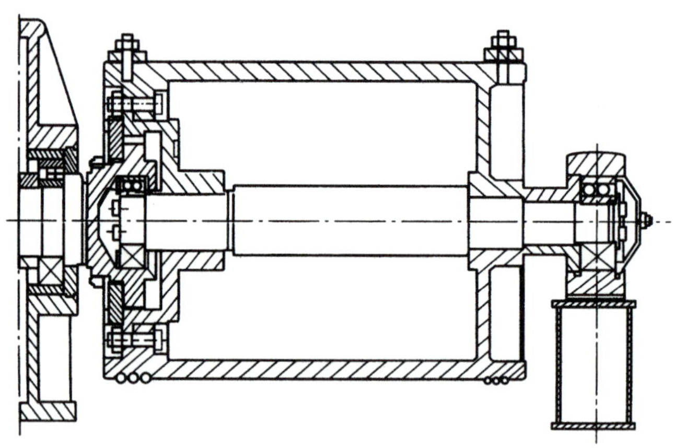

图 2-3　卷筒与减速器的连接

二、起升驱动装置布置形式

驱动装置（又称绞车）由原动机、制动器、减速传动装置、卷筒及机架等组成。起升驱动装置的布置形式因取物装置、起重量、起升速度、使用场合的不同而有所不同。

1. 吊钩作业用驱动装置

电动机轴与卷筒轴平行布置是应用最广泛的布置形式。

图 2-4（a）是典型的驱动装置布置形式，电动机通过标准减速器带动卷筒转动。在选用减速器时，要考虑减速器的中心距应满足电动机和卷筒的平面布置尺寸。在起重量较大的情况下，为了达到低速起升以及增大电动机与卷筒之间的距离，以满足布置要求，除采用标准减速器外，再增一级开式齿轮传动，如图 2-4（b）所示。在桥架型的起重机中，电动机和减速器高速轴之间通常采用较长的浮动轴来补偿安装或小车架变形等原因引起的误差，同时使布置匀称、小车轮压均匀，如图 2-4（c）所示，其中，浮动轴越长所能补偿的误差也越大。

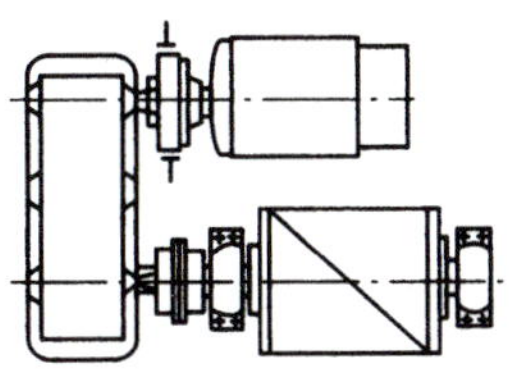

（a）典型的驱动装置

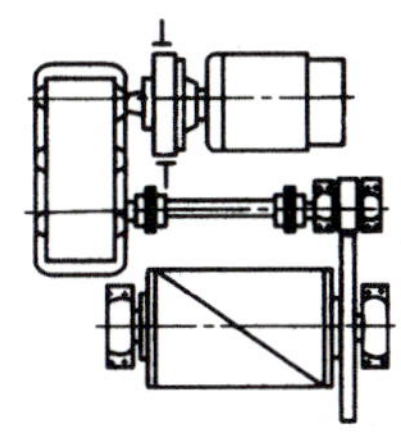

（b）带开式齿轮传动的驱动装置

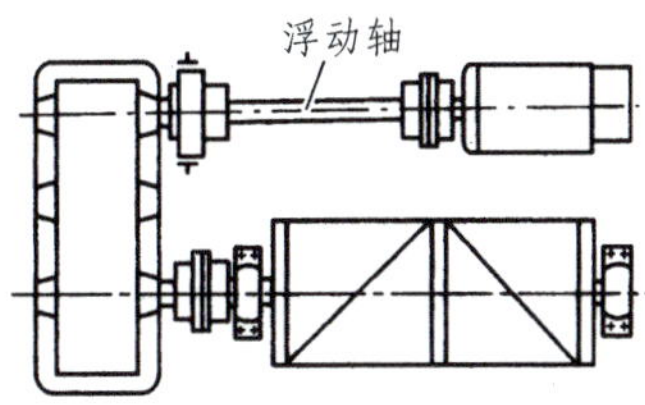

（c）带浮动轴的驱动装置

图 2-4　驱动装置布置形式

有时，为了选用标准部件并获得较紧凑的布置方式，可采用两台功率较小的电动机和两个单联卷筒的布置形式，如图 2-5 所示。

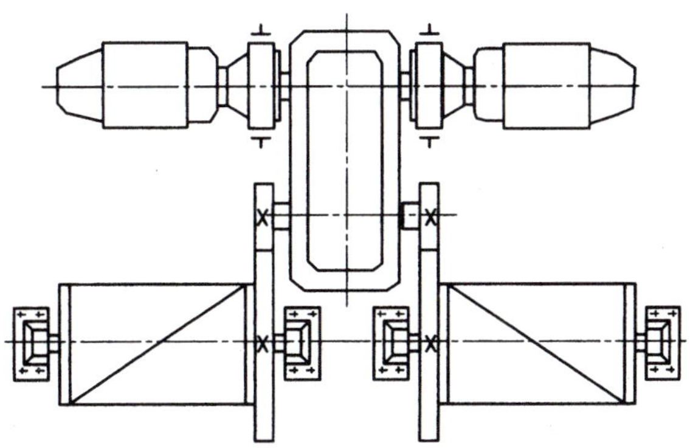

图 2-5　带双卷筒的驱动装置布置形式

在起重量较大的起重机中，通常设主、副两套起升机构，如图 2-6 所示。主起升机构的起重量大，起升速度低；副起升机构的起重量小，但速度较快，用来起吊较轻的货物或进行辅助性工作，以提高工作效率。这两个机构可以分别工作，也可以协同工作。

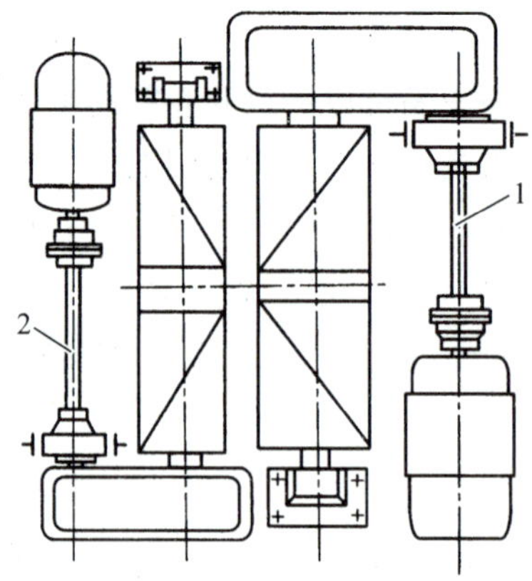

1—主起升驱动装置；2—副起升驱动装置。

图 2-6　主、副起升机构驱动装置布置形式

2. 抓斗作业用驱动装置

在抓斗起重机中，为了操纵双绳（或四绳）抓斗，需设有两组参数相同的能独立动作的单联（或双联）卷筒：其中一组卷筒用于卷绕抓斗的开闭绳，另一组用于卷绕抓斗的支持绳。当两组卷筒协同工作时，可使抓斗上升或下降；当两组卷筒分别工作时，可实现抓斗的张开或闭合。图 2-7 为由两套独立驱动装置组成的双卷筒驱动装置典型布置形式；这种形式也可用于吊钩作业，此时两组卷筒应同步运转。

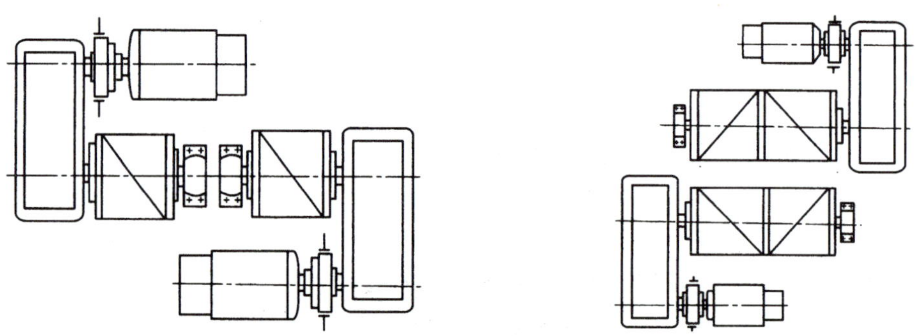

（a）双绳抓斗用　　（b）四绳抓斗用

图 2-7　抓斗作业用驱动装置布置形式

3. 集装箱吊具用驱动装置

为了实现集装箱的上升或下降运动，操纵集装箱吊具需要有四根绳。

在岸边集装箱起重机中，通常采用两组参数相同的起升驱动装置，其中每组的布置形式如图 2-8 所示。图 2-8（a）为一台减速器居中，两侧对称布置电机和卷筒。这种形式结构紧凑，有利于减小钢丝绳对卷筒的偏角；但减速器体积和重量较大，需配备大起重量的维修起重设备。图 2-8（b）为两台减速器居中，两侧分别对称布置电机和卷筒。这种形式使两卷筒中心距离较大，有利于减小钢丝绳对卷筒的偏角；减速器体积和重量较小；但占用空间较大，且两减速器高速轴间需配置同步联轴器。图 2-8（c）为两台减速器外置，卷筒和电机居中。这种形式省掉了同步联轴器，结构较为紧凑；减速器体积和重量较小；但卷筒上的两侧绳槽中

心距离较近，造成钢丝绳对卷筒的偏角过大；且卷筒长度尺寸大。图 2-8（d）为卷筒居中，电机分别对称布置在两减速器外侧。这种形式卷筒方向长度尺寸偏大，但检查维修较为方便，减速器体积和重量较小；这种形式适合于小型岸边集装箱起重机。

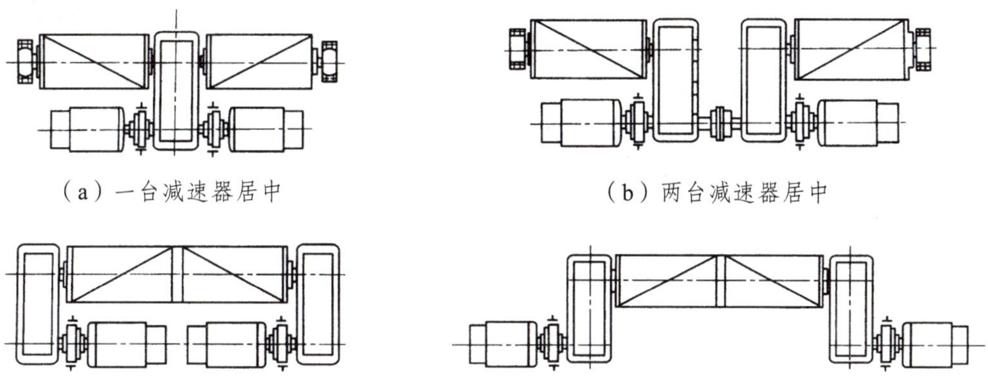

（a）一台减速器居中　（b）两台减速器居中

（c）两台减速器外置　（d）卷筒居中

图 2-8　岸边集装箱起重机起升驱动装置布置形式

在集装箱龙门起重机中，起升驱动装置有电动机轴与卷筒轴平行布置和垂直布置两种形式。图 2-9（a）（b）为电动机轴与卷筒轴平行布置，其中为防止电动机底座与钢丝绳相碰，需将电动机底座抬高，减速器倾斜布置，因此要考虑高速轴润滑。图 2-9（c）为电动机轴与卷筒轴垂直布置；这种形式的减速器中需要有一副螺旋伞齿轮，制造困难些。

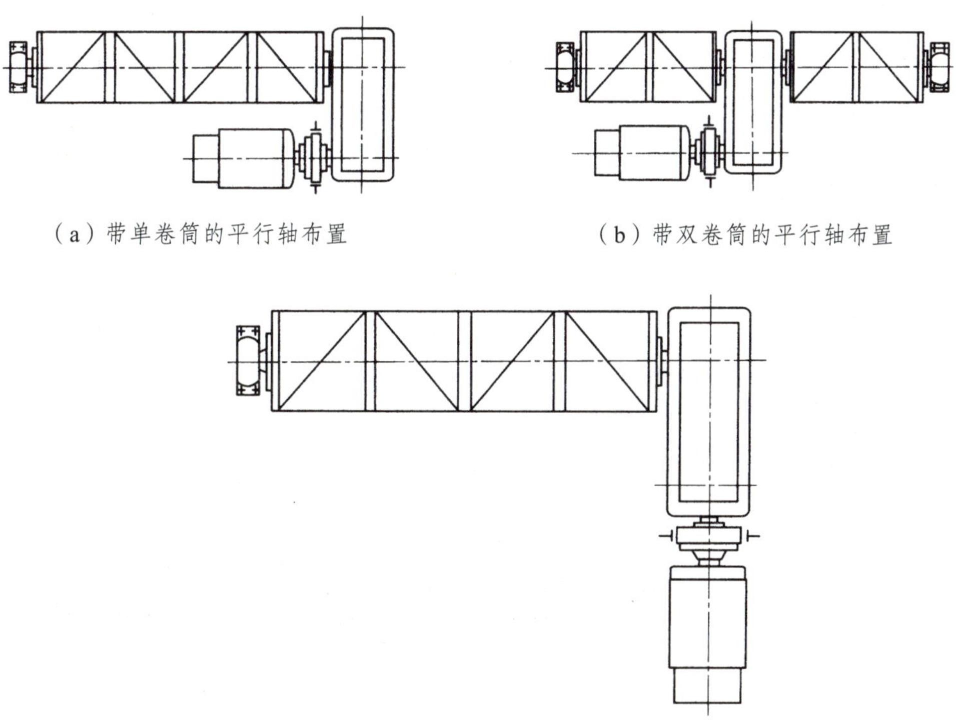

（a）带单卷筒的平行轴布置　（b）带双卷筒的平行轴布置

（c）垂直轴布置

图 2-9　集装箱龙门起重机起升驱动装置布置形式

2.3 运行机构

一、运行机构概述

认识运行机构

1. 运行机构的特征

在起重机中，使吊挂载荷移动的总成被称为起重小车。运行机构是使起重机或起重小车作水平运动的机构，是运行式起重机中必需的机构。其中，使起重机运行的机构称为大车运行机构，使起重小车运行的机构称为小车运行机构。

运行机构的作用是实现货物的水平运输（带载运行）或调整、变更起重机和起重小车的工作位置（空载运行）。

陆上起重机的运行机构根据支承装置的形式有无轨运行机构和有轨运行机构之分。无轨运行机构采用轮胎或履带在平坦的或稍有坡度的路面上运行，如轮胎式龙门式起重机、汽车起重机、轮胎起重机、履带起重机等流动式起重机，它们机动灵活、可以根据需要方便地变更工作地点。有轨运行机构通常采用钢质车轮在专门铺设的轨道上运行，如桥架型起重机的大车运行机构和小车运行机构、门座起重机的大车运行机构等；由于它们在轨道上运行，工作范围受到一定限制，但承载能力大，运行阻力小，因此广泛用于港口、货场、建筑工地等场合。

按照起重机的工作特点，运行机构分为工作性运行机构和非工作性运行机构。工作性运行机构可以带载运行，用来水平运输货物；非工作性运行机构一般空载运行，用来调整起重机和起重小车的工作位置。通常，小车运行机构、桥式起重机和某些门式起重机的大车运行机构是工作性运行机构；而门座起重机、岸边集装箱起重机的大车运行机构通常多是非工作性运行机构；汽车起重机、履带起重机、轮胎起重机的运行机构也是非工作性运行机构。

图 2-10 为某门座起重机及其运行机构外形图。整个起重机的重量和外载荷由门架的 4 条支腿承受，而每条支腿又通过 3 层均衡装置安置在 9 个车轮上，通过两套驱动装置驱动其中的 5 个车轮使起重机沿地面上的轨道运行。

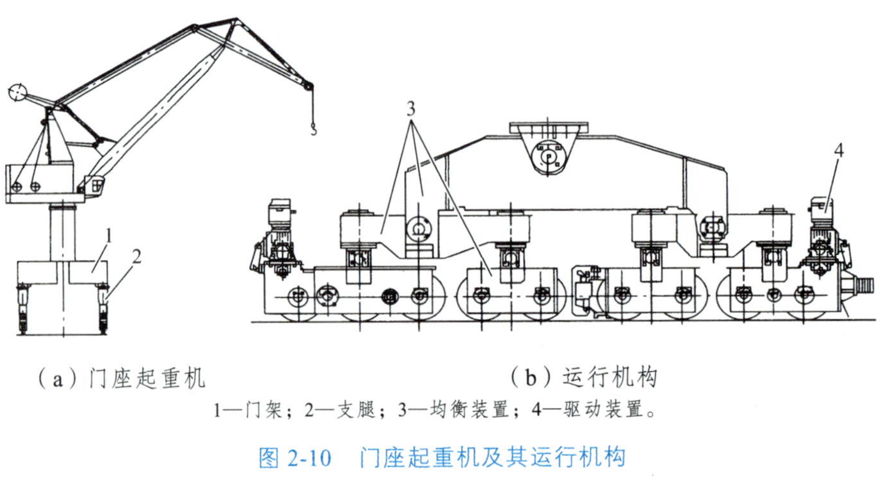

（a）门座起重机　　（b）运行机构

1—门架；2—支腿；3—均衡装置；4—驱动装置。

图 2-10　门座起重机及其运行机构

图 2-11 是某岸边集装箱起重机及其小车运行机构外形图，其中，有使起重小车在主梁轨道上移动的小车运行机构和使起重机在地面轨道上行走的大车运行机构。小车架上的电动机通过减速器和传动轴驱动两边的车轮，使起重小车沿主梁上的轨道运行。大车运行机构的构成与门座起重机的类似。

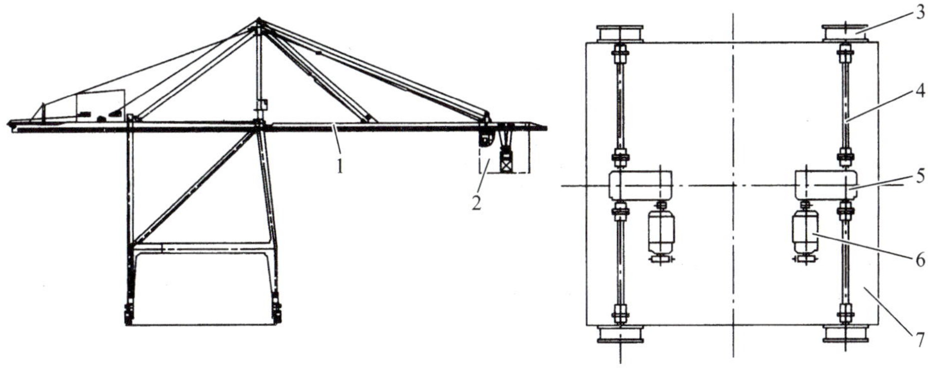

（a）岸边集装箱起重机　　（b）小车运行机构

1—主梁；2—小车运行机构；3—车轮；4—传动轴；5—减速器；6—电动机；7—小车架。

图 2-11　岸边集装箱起重机及其小车运行机构

2. 运行机构的组成

运行机构通常由运行支承装置、运行驱动装置及运行安全装置等三部分组成。

运行支承装置用来承受起重机或起重小车的自重载荷及外载荷，并将所有这些载荷传递给运行基础。对于有轨运行起重机，支承装置主要是车轮和轨道；对于无轨运行起重机，支承装置则是轮胎或履带。

运行驱动装置用来驱使起重机或起重小车克服运行阻力在专门铺设的轨道上或普通的路面上运行。它主要包括原动机（电动机或内燃机）、减速传动装置、制动装置等。

运行安全装置用来保证起重机或起重小车的行驶安全。它包括行程限位开关、缓冲器、防风抗滑装置（如夹轨器、锚定装置等）、偏斜指示器及轨道清扫器等。

3. 运行机构设计的主要内容

运行机构设计所需要的资料主要有：起重量、幅度、轨距或跨度、基距或轴距、各机构的工作速度、起重机各部分的重力及重心位置、起重机各部分的迎风面积及形心位置、起重机的使用要求及制造、维修条件等。设计的主要内容有：

（1）确定运行机构总体方案。包括：驱动装置的形式和传动方案、均衡装置的支承形式等。

（2）运行支承装置的设计。包括：均衡梁、平衡台车、销轴、轴承、车轮、轨道或轮胎、履带装置等的计算与选择。

（3）运行驱动装置的设计。包括：运行阻力的计算，电动机或内燃机、减速传动装置、制动装置、转向装置等的计算与选择。

（4）运行安全装置的设计。包括：夹轨器、锚定装置、行程限位器、缓冲器等的计算与选择。

二、有轨运行支承装置

有轨运行支承装置主要由均衡装置、车轮、轨道等组成。

1. 均衡装置

车轮的尺寸和材料取决于轮压的数据，而轮压的大小又受到所铺设轨道基础承载能力的限制。当轮压过大而超过轨道基础承载能力时，通常采用增加车轮数量的方法来降低轮压的数值。为了使同一支承点下的所有车轮受力均匀，常采用均衡装置。均衡装置实际上是一个杠杆系统，运用杠杆原理可使各个车轮的轮压相等。图 2-12 是两轮、三轮、四轮、五轮、六轮和八轮的均衡装置原理图。

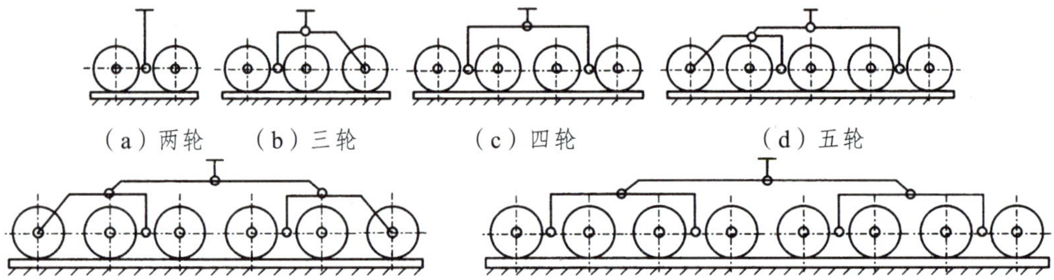

（a）两轮　（b）三轮　（c）四轮　（d）五轮　（e）六轮　（f）八轮

图 2-12　均衡装置原理

均衡装置主要由均衡梁、平衡台车及销轴等组成。均衡梁是为平衡轮压而设置的连接梁；平衡台车是装有车轮并通过铰接使轮压均匀的支承装置；均衡梁与平衡台车之间及均衡梁之的连接均采用水平销轴，允许有相对摆动。图 2-13 是两轮和四轮平衡台车的构造简图。

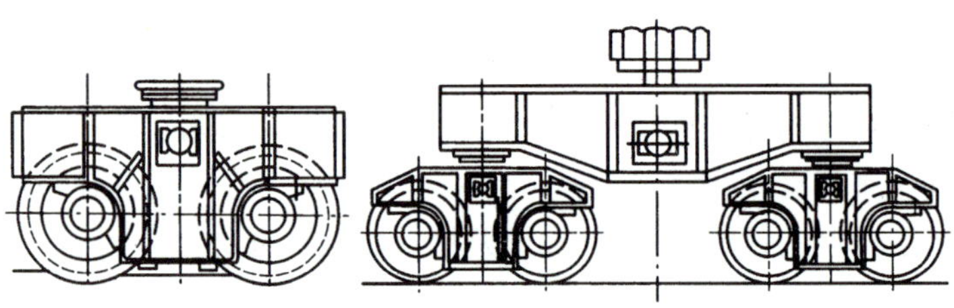

（a）两轮平衡台车　（b）四轮平衡台车

图 2-13　平衡台车

有时为了使平衡台车能相对支点垂直轴线回转，在支腿与均衡梁或平衡台车之间常采用绕竖直轴和水平轴回转的构造形式，如图 2-14 所示。

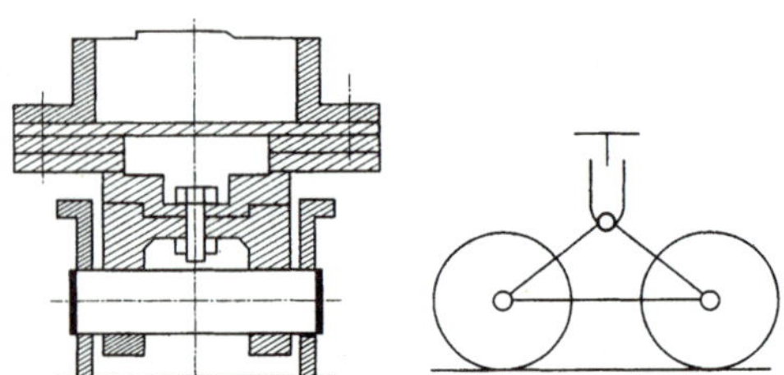

图 2-14　可回转台车

对于车轮数特别多的大型起重机，常采用双线轨道，此时应采用双轨平衡台车。它是在单个平衡台车上装有 4 个车轮，上部铰点用球铰，使载荷均匀地分布到各个车轮，如图 2-15 所示。

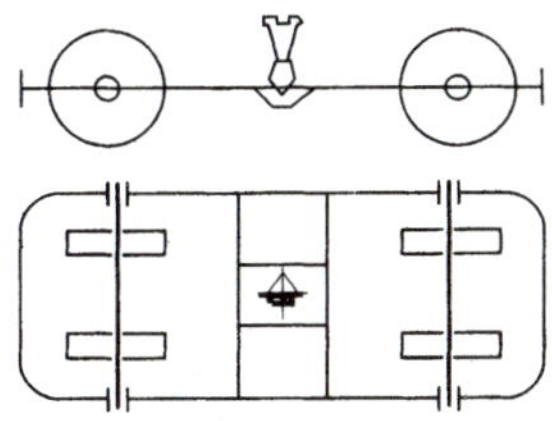

图 2-15　双轨四轮台车

2. 车轮

（1）车轮的类型和构造及材料。

车轮承受着起重机或起重小车的自重载荷和外载荷，并引导它们沿轨道运行。车轮的踏面起支承作用，轮缘起导行并防止脱轨的作用；对于无轮缘的车轮，则必须由水平轮导行。

车轮踏面的形状有圆柱形、圆锥形、鼓形三种形式。为了便于加工，车轮踏面一般制成圆柱形。用在工字梁下翼缘上运行的小车车轮，如电动葫芦的运行车轮用圆锥形踏面的车轮［图 2-16（a）］会因大、小端圆周速度不同而产生附加的摩擦阻力和磨损，因此常用鼓形踏面的圆形车轮［图 2-16（b）］来取代。在圆形轨道上运行的车轮（或滚轮）可采用圆锥踏面来保证纯滚动，此时轨道的顶面应加工成相应的锥面［图 2-17（a）］。当圆形轨道的曲率半径较大、车轮宽度较窄时，也可采用圆柱踏面的车轮在平顶的圆形轨道上运行的方案，但此时将会产生附加的摩擦阻力和磨损［图 2-17（b）］。采用平顶轨道与鼓形踏面的车轮［图 2-17（c）］，或采用凸顶轨道与圆柱踏面车轮［图 2-17（d）］相匹配，均可避免附加的摩擦和磨损。

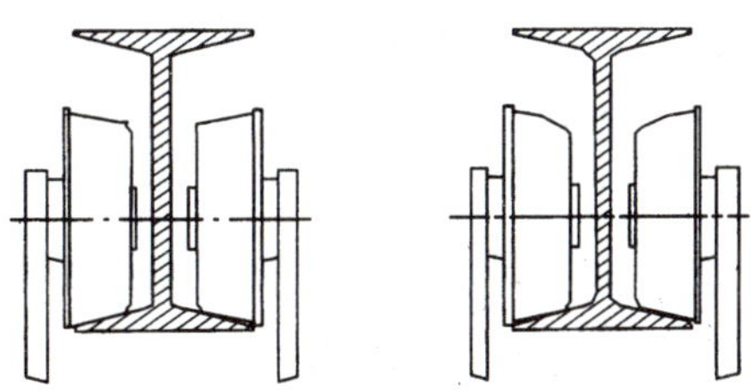

（a）锥形踏面　（b）鼓形圆锥踏面

图 2-16　在工字钢下翼缘上运行的车轮

（a）圆锥形　（b）圆柱形　（c）鼓形　（d）凸顶轨道与圆柱形

图 2-17　圆轨道上的车轮（或滚轮）

车轮有双轮缘、单轮缘和无轮缘三种形式，如图 2-18 所示。起重机上主要采用双轮缘车轮；对于运行速度高、工作繁忙的起重机，除采用双轮缘车轮外，往往还加装水平导向轮，以避免起重机偏斜运行时轮缘与轨道侧面接触，从而减轻轮缘的磨损。起重小车多采用单轮缘车轮，并且轮缘布置在轨道的外侧。无轮缘车轮只有在装设了防止脱轨装置的情况下（如在无轮缘车轮的两侧均装有水平导向轮）才可以使用，如图 2-19 所示。

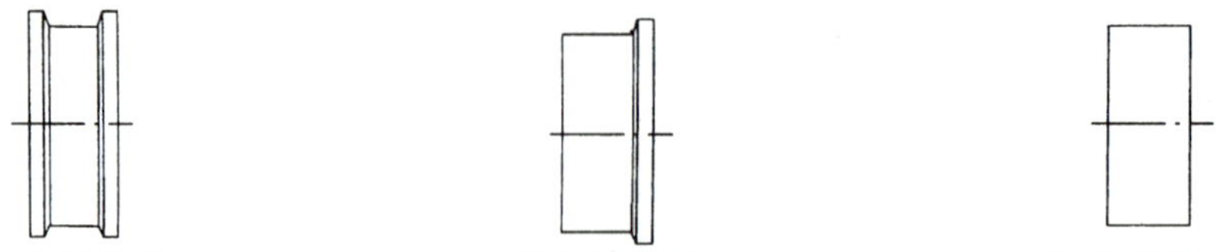

（a）双轮缘　（b）单轮缘　（c）无轮缘

图 2-18　车轮轮缘结构

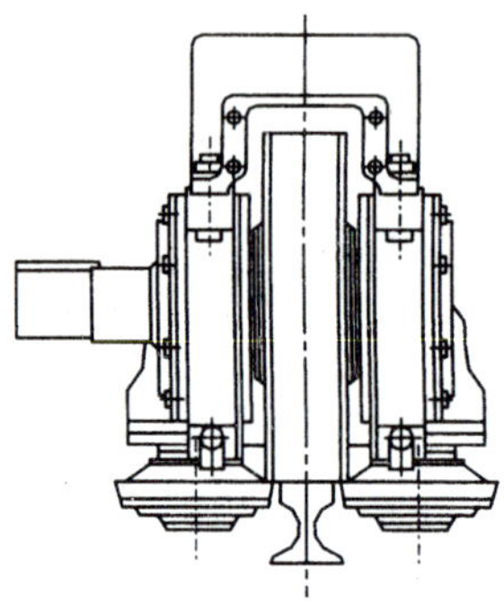

图 2-19　水平导向轮

为了补偿轨道和车轮在安装中造成的轨距误差，车轮踏面宽度应比轨顶宽度稍大。增加轮缘的高度，可以增大轮缘与轨道侧面间的接触面积，降低其接触应力，延长车轮的寿命。轮缘常要承受起重机歪斜运行时的侧向力，它应具有足够的厚度。轮缘常带有 1∶5 的斜度，轮缘与踏面间采用圆弧过渡。

应避免采用直径超过 1000 mm 的车轮，因为更大直径车轮的轮压较大，对轨道基础或承轨结构的承载能力要求较高。为了减少单个车轮轮压，可以采用平衡台车增加车轮数量。

车轮的材料应根据轮压大小、驱动方式、运行速度，以及运行机构的工作级别等因素来确定选择。车轮一般用铸钢制造，工作繁忙、轮压大的车轮宜用合金钢制造，小尺寸的车轮也可用 45#、50Mn、65Mn 等材料锻制而成。车轮的材料应符合《起重机车轮》（JB/T 6392—2008）标准的规定：轧制车轮应选用力学性能不低于 60 钢的材料。踏面直径不大于 400 mm 的锻造车轮应选用力学性能不低于 55 钢的材料；直径大于 400 mm 的锻造车轮应选用力学性能不低于 60 钢的材料。铸钢车轮应选用力学性能不低于 ZG340～640 钢的材料。

为了提高车轮的承载能力和使用寿命，车轮踏面和轮缘应进行热处理，车轮热处理的要求见表 2-1。

表 2-1　车轮热处理要求　　单位：mm

车轮踏面直径	踏面和轮缘内侧面硬度（HBW）	淬硬层 260HBW 处深度
100～200	300～380	≥5
200～400		≥15
＞400		≥20

（2）车轮组。

考虑到制造、安装和维修的方便以及系列化生产的要求，通常将车轮、轴、轴承等组装成车轮组。根据车轮轴的构造特点，车轮组分为转轴式和定轴式两种；按照车轮的功能，车轮组又可分为主动车轮组和从动车轮组，如图 2-20 所示。车轮组中的轴承应优先选用自动调心的球面滚子轴承，它可容许有一定的安装误差和车架变形，并能承受冲击载荷；其次，也可采用圆锥滚子轴承，此时必须保证合适的间隙。

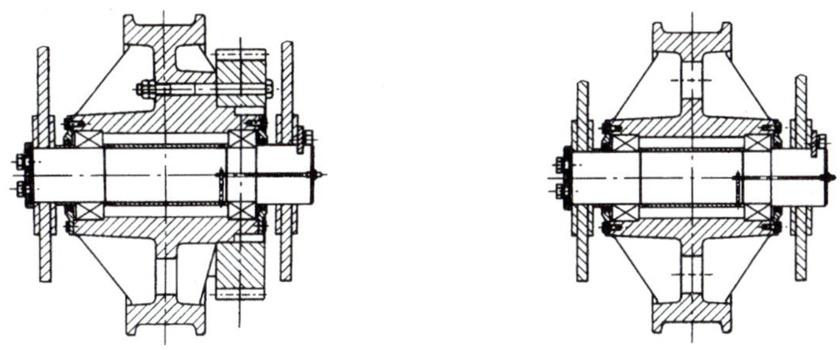

（a）主动车轮组　　（b）从动车轮组

图 2-20　车轮组

桥式起重机大车和桥架型起重机起重小车的车轮通常装在角型轴承箱中，如图 2-21 所示，这时，起重机的端梁或起重小车架可不进行机械加工，装配时将车轮调整好，再将定位板焊牢即可。采用这种轴承箱制造安装均很方便。

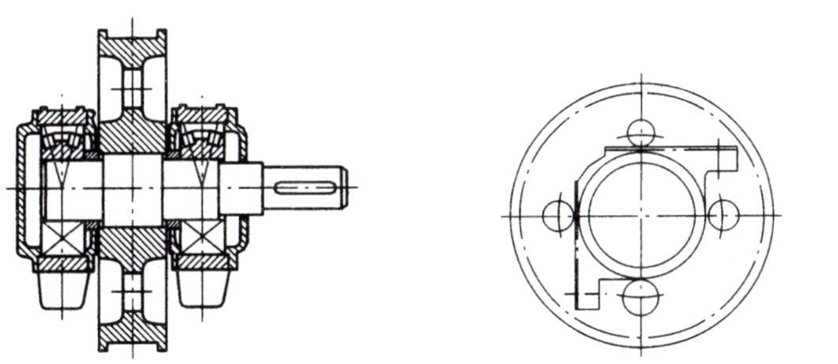

图 2-21　角型轴承箱

2.4　回转机构

认识回转机构

一、回转机构概述

回转机构是使起重机的回转部分在水平面内绕回转中心线转动的机构，它是回转类型起重机的主要工作机构之一。回转机构的作用是实现货物的水平移动。通过起升、变幅和回转三个机构的配合动作，可以将货物运送到起重机工作幅度范围内的任意位置。

回转机构通常由回转支承装置和回转驱动装置两部分组成。回转支承装置用来连接起重机的回转部分与非回转部分，并提供回转运动所要求的约束以保证回转部分具有确定的运动，同时为回转部分提供稳固的支承，承受来自回转部分的垂直载荷、水平载荷以及倾覆力矩；回转驱动装置则用来驱动回转部分相对于非回转部分实现回转运动。

二、回转支承装置

（一）回转支承装置的构造

回转支承装置主要分为柱式和转盘式两大类。选用何种回转支承应根据具体的使用要求、起重机制造厂的加工条件并结合各种回转支承的特点合理地确定。

1. 柱式回转支承装置

柱式回转支承装置主要由立柱和上、下两个支承所组成。根据立柱是属于回转部分还是属于非回转部分，又可分为转柱式回转支承装置和定柱式回转支承装置两种形式。

（1）转柱式回转支承装置。

转柱式回转支承装置中，立柱与回转部分连接成一体一起回转，成为转柱；转柱依靠上、下支座支承，并通过驱动装置来实现回转运动。

图 2-22 为转柱式回转支承装置构造简图。在转柱式起重机中，上支承的作用相当于一个径向轴承（承受水平载荷），下支承的作用相当一个径向止推轴承（主要承受垂直载荷，同时也能承受水平载荷）。回转部分（包括货物）的全部垂直载荷 V 通过转柱传给下支承，水平载荷 H 由上、下支承承受，而回转部分的倾覆力矩 M 则由上、下支承处水平反力所形成的力矩来平衡。

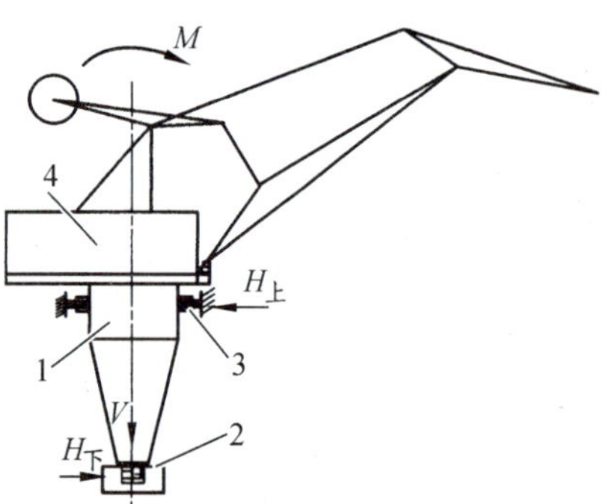

1—转柱；2—下支承；3—上支承；4—回转部分。

图 2-22　转柱式回转支承装置

上支承由于其直径较大，不适宜采用径向轴承，通常通过装设水平滚轮和滚道来替代。一般形式是在转柱上装设水平滚轮，而在非回转部分的结构件上装设滚道，有时也可以采用在非回转部分装设水平滚轮，而在转柱上装设滚道。图 2-23 为转柱式回转支承装置的上支承构造简图。

水平滚轮的数目和布置根据上支承的受力情况而定，当水平载荷较大时，为了减小水平滚轮的轮压，常采用带均衡梁的滚轮组［图 2-23（c）］。滚轮分布的位置应有利于起重机抵抗倾覆力矩。滚轮可以做成圆柱形或腰鼓形，腰鼓形滚轮与滚道的接触状况较好，也便于安装。为了补偿因安装误差及磨损所出现的间隙，水平滚轮通常都装在偏心轴上。

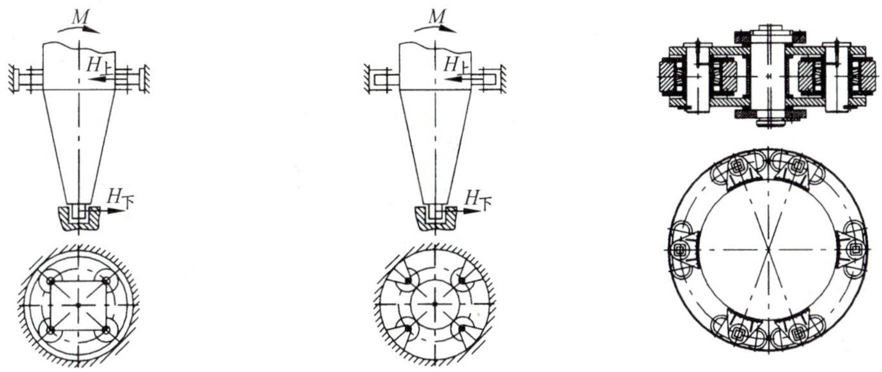

（a）滚道固定在机架的上支承圆环的内侧　（b）滚道固定在转柱上　（c）带均衡梁的滚轮组

图 2-23　转柱式回转支承装置的上支承

下支承承受垂直力和水平力，过去通常由一个推力轴承和一个径向轴承组成。为了补偿制造、安装的误差及工作变形，须保证支承的自动调位作用，两个轴承应有共同的调位中心；一般都采用有自动调位作用的推力球轴承和调心滚子轴承，如图 2-24（a）所示。现在通常采用一个推力调心滚子轴承，它可以使结构简化，并降低安装误差带来的不良后果，如图 2-24（b）所示。

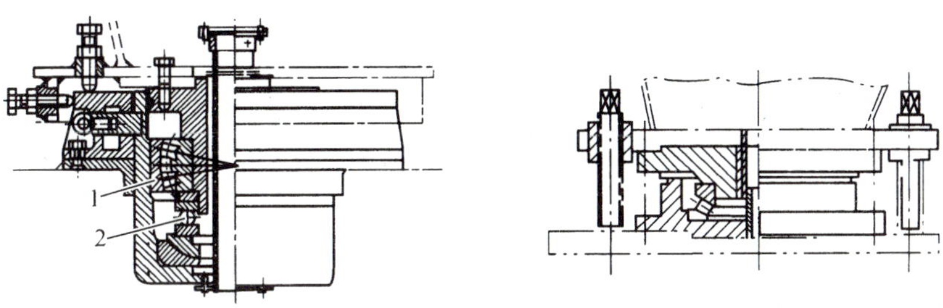

（a）采用推力轴承和径向轴承　（b）采用推力调心滚子轴承

1—推力轴承；2—球面径向推力轴承。

图 2-24　转柱式回转支承装置的下支承

上、下支承都是承受大载荷的部件，必须有可靠的密封润滑装置以保证良好的工作条件。另外，构造上应能保证在不拆去回转部分的条件下，对上、下支承进行拆装和维修。

（2）定柱式回转支承装置。

定柱式回转支承装置中，立柱固定在基础结构上。在立柱的上、下端部分别装有上支承和下支承。形似“钟罩”的回转部分通过上、下支承套装在立柱上，驱动装置转动“钟罩”来实现回转运动。定柱式回转支承装置常用于浮式起重机，有时也用于固定式起重机。

定柱式回转支承装置上、下支承的构造形式与倒立的转柱式回转支承装置上、下支承基本相同。

图 2-25 为定柱式回转支承装置的构造简图。在定柱式回转支承装置中，上支承承受回转部分的重力和水平力，为了使结构紧凑，通常采用一个推力球轴承和一个调心滚子轴承［图 2-25（a）］；当受力不大时，也可采用一个推力调心滚子轴承［图 2-25（b）］。下支承承受水平力，由于其直径较大，通常采用水平滚轮的形式［图 2-25（c）、（d）］；滚轮一般装在回转部

分上，滚轮的布置应与倾覆力矩的方向相适应；当前后倾覆力矩不相等时，可采用图 2-25（d）所示的布置形式。

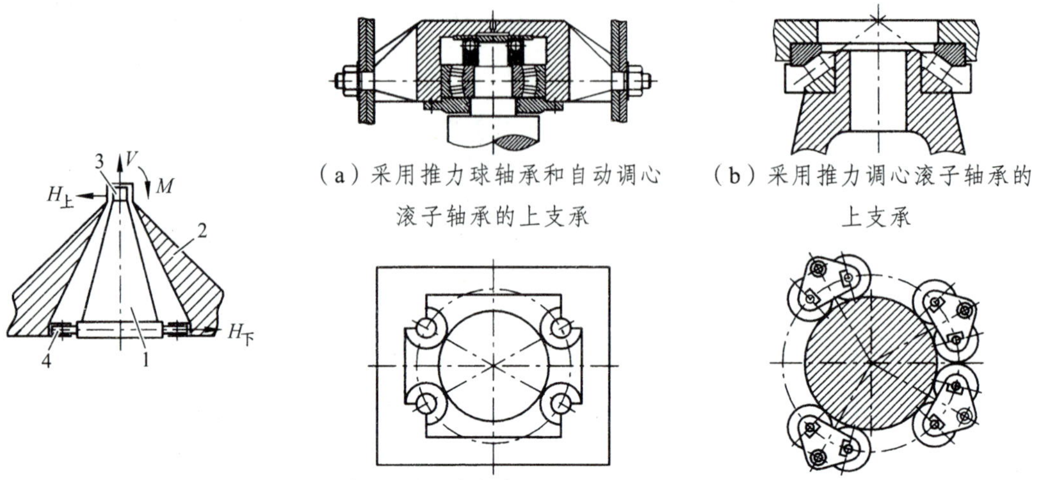

（a）采用推力球轴承和自动调心滚子轴承的上支承

（b）采用推力调心滚子轴承的上支承

（c）滚轮对称布置的下支承

（d）滚轮非对称布置的下支承

1—定柱；2—回转部分；3—上支承；4—下支承。

图 2-25　定柱式回转支承装置

2. 转盘式回转支承装置

在转盘式回转支承装置中，起重机的回转部分装在一个大转盘上，转盘通过滚动体（滚轮、滚子、滚珠或滚柱等）支承在固定部分上，滚动体在滚道座圈上滚动，转盘随回转部分一起转动。

转盘式回转支承装置有滚轮式、滚子夹套式、滚动轴承式三种形式。

（1）滚轮式回转支承装置。

滚轮式回转支承装置中，滚动体为若干个滚轮，回转部分支承在三个或四个滚轮装置构成的支点上。载荷不大时，每个支点可用一个滚轮，载荷较大时，每个支点可采用带均衡梁的滚轮组。三支点结构是静定的，滚轮安装要求较低，但抗倾覆能力较差。

图 2-26 为不同形式滚轮式回转支承装置的构造示意图。滚轮式回转支承装置由转盘、滚轮、滚道、中心轴枢等组成。起重机的回转部分通过转盘支承在滚轮上，滚轮在机座上的圆形滚道滚动，回转部分的重量通过滚轮、滚道传到机座上。中心轴枢是安装在圆形滚道内平面中心线上的竖轴，用来保证回转部分与非回转部分对中，并承受水平力，有时还可防止回转部分倾覆。若装设中心轴枢不便，也可在圆形滚道的内、外侧装设水平滚轮来承受水平力，如图 2-26（b）所示。回转部分的稳定性是靠转盘上的对重（又称平衡重）及专用的稳定装置来达到的，如中心轴枢、转盘下方装设的反滚轮，如图 2-26（c）所示。

滚轮可以制成圆柱形或圆锥形。圆柱形滚轮在圆形滚道上滚动时，其踏面与滚道间会因为产生滑动而引起附加的回转阻力，并加快滚动体的磨损，因此圆柱形滚轮只适用于大直径的圆弧滚道；圆锥形滚轮在滚道上可以实现纯滚动，但滚轮的制造和安装要求较高，工作时受轴向力的作用，因此圆锥形滚轮多用于滚道直径较小的情况。

滚轮式回转支承装置是转盘式中承载能力较小的一种，现在使用较少。

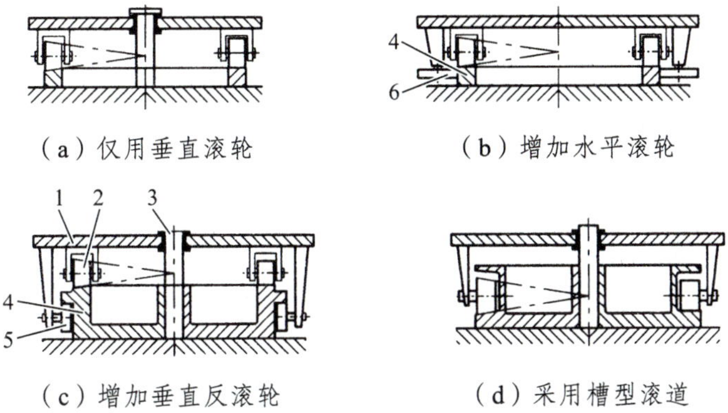

（a）仅用垂直滚轮　（b）增加水平滚轮

（c）增加垂直反滚轮　（d）采用槽型滚道

1—转盘；2—滚轮；3—中心轴枢；4—轨道；5—反滚子；6—水平滚轮。

图 2-26　滚轮式回转支承装置

（2）滚子夹套式回转支承装置。

滚子夹套式回转支承装置相当于一个大直径的止推滚动轴承，沿圆形滚道以较小间距排列着许多圆锥形或圆柱形滚子，滚子通过中心轴组装在隔离夹套的内外环之间，夹套通过辐射状布置的拉杆与中心轴枢相连接。回转部分的转盘下有前后布置的两段圆弧形滚道，通过这两段滚道支承在排列成一圈的滚子上。与滚轮式一样，滚子夹套式回转支承装置装有中心轴枢，用来承受作用于回转部分上的水平载荷，并起着对中作用。

图 2-27 为不同形式滚子夹套式回转支承装置的构造示意图。

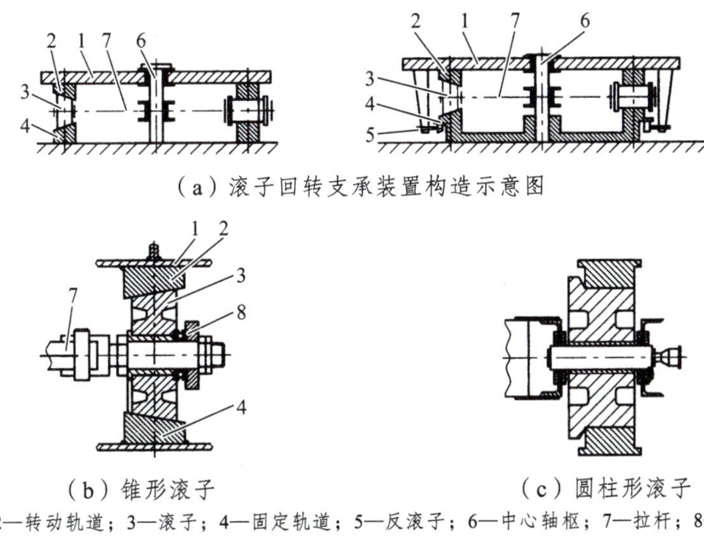

（a）滚子回转支承装置构造示意图

（b）锥形滚子　（c）圆柱形滚子

1—转盘；2—转动轨道；3—滚子；4—固定轨道；5—反滚子；6—中心轴枢；7—拉杆；8—止推轴承。

图 2-27　滚子夹套式回转支承装置

一般情况下，滚子夹套式回转支承已被结构更紧凑，回转精度更高的滚动轴承式回转支承装置所取代，但商品规格的滚动轴承式回转支承装置最大滚道直径一般不超过 5.5 m，所能承受的倾覆力矩和垂直载荷是有限的，而滚子夹套式回转支承可以通过增大滚道直径和采用双排滚子来提高承载能力，因此，大起重量的浮式起重机多采用滚子夹套式回转支承。

（3）滚动轴承式回转支承装置。

滚动轴承式回转支承装置是由专业轴承厂制造的带齿圈的滚动轴承（简称回转轴承），它能同时承受垂直载荷、水平载荷和倾覆力矩，具有结构紧凑、回转精度高、运转平稳、回转阻力小且密封及润滑条件良好、装配和维护简单的特点，是目前使用最广泛的回转支承装置。回转轴承的结构如图 2-28 所示。轴承的内圈和外圈各有一圈螺栓孔，通过高强度螺栓分别与起重机械的回转部分和非回转部分相连接。这种回转支承的安装要求较高，与之相联的法兰支座必须有足够的刚度，法兰平面必须有较高的平面度精度，连接螺栓应有足够的预紧力（预紧力达到螺栓材料屈服极限的 0.7 倍）。

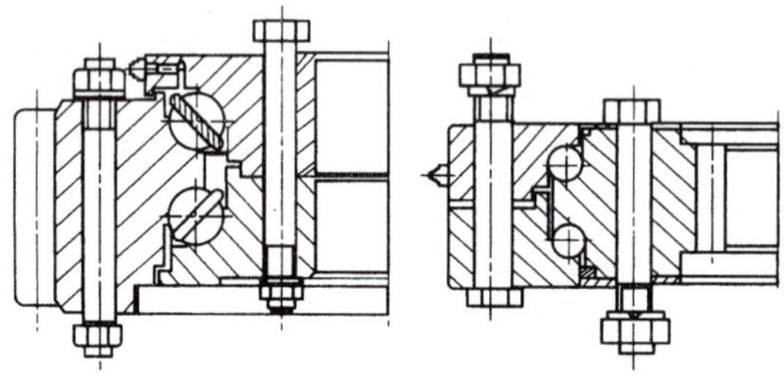

图 2-28　滚动轴承式回转支承装置

回转轴承是标准化系列化的产品，种类多样、规格齐全，并且有多种安装方式。以滚道直径为主参数，轴承尺寸为 0.4 ~ 0.5 m，承载能力逐级增大。此外，在同一尺寸规格下还有不同的轴承类型可供选择，以满足起重机械对承载能力、轴向尺寸等的不同要求。按照滚动体的类型和排列方式，主要有单排四点接触球式、双排球式回转支承、单排交叉滚柱式和三排滚柱式四种类型（图 2-29）。回转轴承的齿圈有外齿式和内齿式两种，相应的回转驱动装置有外啮合与内啮合两种安装方式，内啮合安装方式更为紧凑，流动机械以及船用克林吊多采用内啮合，门座起重机一般采用外啮合。回转轴承带齿圈部分可以作为固定座圈也可作为转动座圈，对于门座起重机，齿圈部分与不回转的圆筒门架相连，驱动装置装在回转部分。对于装、卸船机和斗轮堆取料机，则一般将齿圈部分作为转动座圈与上部回转部分相连，而将驱动装置装在固定部分。这种布置方式一般将回转轴承倒置安装，称为上回转式。

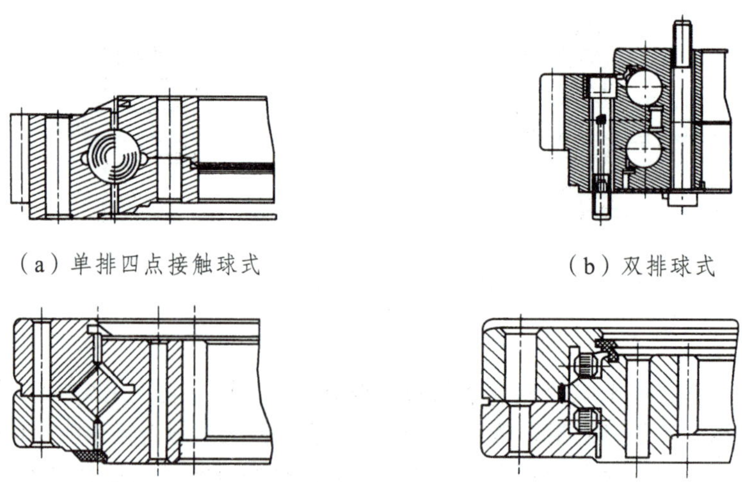

（a）单排四点接触球式　（b）双排球式

（c）单排交叉滚柱式　（d）三排滚柱式

图 2-29　滚动轴承式回转支承装置的形式

每种型号的回转轴承都有相应的承载能力曲线，设计选型时，可根据回转支承所承受的垂直载荷、水平载荷和倾覆力矩，按照承载能力曲线选取合适的型号。

（二）回转支承装置的计算

1. 计算载荷

起重机回转支承装置的计算载荷组合有三种。工作状态下的正常载荷是进行回转支承疲劳强度、磨损或寿命计算的等效载荷；工作状态下的最大载荷和非工作状态下的最大载荷（进行静强度、静刚度和稳定性计算的最大载荷）。

（1）工作状态下的正常载荷。

等效载荷工况：起重机处于（0.7～0.8）R_{max}的等效幅度处，起吊等效起重量，回转机构平稳制动。须计算回转部分的离心力以及回转制动切向惯性力、货物偏摆时产生的水平力（正常偏摆角 a_{I}）、开式齿轮传动的啮合力，不计风载荷。

（2）工作状态下的最大载荷。

计算工况分为：

① 起重机处于最大幅度位置，臂架位于最大坡度角方向，起升质量突然离地提升，工作状态下的最大风载沿臂架方向从后向前吹。对于起升质量须计入动载系数 ϕ_2，对于回转部分自重须计入动载系数 ϕ_1。

② 起重机起吊额定起重量，臂架位于最大坡度角方向，起升钢丝绳在臂架平面内具有最大偏摆角（最大偏摆角 a_{II}）。对装卸类起重机，计及回转机构与变幅机构同时启（制）动时的惯性力；对安装类起重机，计及运行机构与回转机构同时启（制）动时的惯性力。计入工作状态下的最大风力作用及开式齿轮传动的啮合力。

（3）非工作状态下的最大载荷。

计算工况分为：① 起重机处于非工作状态，臂架处于最小幅度位置，非工作状态最大风载沿臂架方向从后向前吹。② 试验工况：静态试验时，起重量为额定起重量的 125%，臂架处于该额定起重量相对应的最大幅度位置，无风载；动态试验时，起重量为额定起重量的 110%，臂架处于该额定起重量相对应的最大幅度位置，计入机构动载荷的影响。

按照以上各工况下的载荷组合，计算出作用在回转支承装置上的各种载荷，最终求出各工况下总的垂直载荷、水平载荷和倾覆力矩。

垂直载荷（N）：

$$V=\Sigma V_i \tag{2-1}$$

水平载荷（N）：

$$H=\sqrt{H_X^2+H_Y^2} \tag{2-2}$$

式中，H_x——x 轴方向（即臂架摆动方向）所有水平力之和（N）；H_y——y 轴方向（即垂直于臂架摆动方向）所有水平力之和（N）。

倾覆力矩（N · m）：

$$M=\sqrt{M_X^2+M_Y^2} \tag{2-3}$$

式中，M_X——在垂直臂架摆动平面内，垂直力与水平力对回转支承装置的倾覆力矩之和（N·m）；M_Y——在臂架摆动平面内，垂直力与水平力对回转支承装置的倾覆力矩之和（N·m）。

为了减小倾覆力矩，改善回转支承装置的受力状况，门座起重机的回转部分通常在转台后部加装对重。对重的确定原则是：不计风载和货物偏摆影响，使回转支承装置在最大幅度满载时所受的前倾力矩等于在最小幅度空载时所受的后倾力矩。

2. 柱式回转支承装置计算

以转柱式回转支承为例，止推轴承承受垂直载荷，上、下水平支承承受水平载荷与倾覆力矩，这样由平衡条件可求得各支承反力。

下支承止推轴承反力（N）：

$$P_Z=V \tag{2-4}$$

下支承径向轴承反力（N）：

$$P_R=\frac{M}{h} \tag{2-5}$$

式中，h——上、下支承之间的距离（m）。

上支承水平滚轮组的水平反力（N）：

$$P_H=P_R+H=\frac{M}{h}+H \tag{2-6}$$

根据计算出的各支承反力，即可选用推力调心滚子轴承（下支承）和设计水平滚轮（上支承），转柱可按金属结构的设计计算方法进行设计，其他支承部件按一般机械零件计算。定柱式回转支承的计算与转柱式类似。

3. 转盘式回转支承装置计算

在转盘式回转支承装置的几种形式中，滚轮式的轮压计算方法与运行机构类似，且这种形式目前较少采用，这里主要介绍滚子夹套式和滚动轴承式的计算方法。

（1）滚子夹套式回转支承装置（图 2-30）。

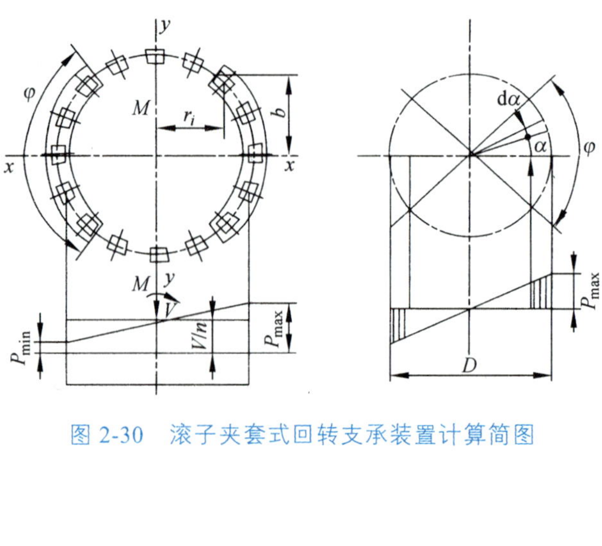

图 2-30　滚子夹套式回转支承装置计算简图

① 滚道直径计算。滚道直径的大小，应保证在不需要中心轴枢参与作用的条件下，回转部分在工作状态下最大载荷时的稳定性。

$$D_{\min}=\frac{2\varepsilon M}{V} \tag{2-7}$$

$$b=\frac{\varepsilon M_x}{V} \tag{2-8}$$

式中，$D_{\min}$——最小滚道直径（m）；ε——起重机回转部分的稳定系数，一般取：ε=1.1～1.2。

求出最小直径后，再根据结构情况进行修正。

② 中心轴枢计算。中心轴枢应根据工作状态下的最大载荷进行静强度计算，根据非工作状态下的最大载荷进行静强度校验。

③ 滚子压力计算。为使计算简化，假设：所有滚子直径相等；上、下支承环刚度足够大，支承轨道相互平行；滚子与支承环之间变形与载荷呈线性关系。

根据力的平衡条件，由垂直载荷 V 与倾覆力矩 M 所引起的滚子压力：

$$P_{\max}=\frac{V}{n}+\frac{MD}{2\sum r_i^2}$$

$$P_{\min}=\frac{V}{n}-\frac{MD}{2\sum r_i^2} \tag{2-9}$$

式中，D——滚道直径（m）；n——承载滚子的数目，$n=\frac{\varphi}{180°}\cdot n_0$，$n_0$ 为滚子总数；r_i——滚子中心到 y-y 轴线的距离（m）。

如果出现 $P_{\min}\leqslant 0$ 时，则应对 $P_{\max}$ 作出必要修正。

（2）滚动轴承式回转支承装置计算。

滚动轴承式回转支承是专业工厂生产的标准系列化产品，可按下列步骤选取合适型号：

① 确定回转支承选型所需的技术参数：作用在回转支承上的载荷；主要工作条件；传动齿轮工作扭矩及齿轮参数；滚道直径。

② 确定回转支承的结构形式。根据工作条件、连接方式确定回转支承的结构形式。

③ 计算回转支承当量载荷。回转支承一般受到垂直载荷 V、水平载荷 H 和倾覆力矩 M 的共同作用，为便于根据制造厂家提供的承载能力曲线选择回转轴承型号，应将各载荷分量换算为当量载荷。当量载荷 F′

按下式计算：

$$Fa=f\cdot(k_a\cdot V+K_r\cdot H) \tag{2-10}$$

$$M'=f\cdot k_a\cdot M \tag{2-11}$$

式中，f——工况系数，其值按表 2-2 选取；计算回转轴承静容量时用 f_a，计算动容量（寿命）时用 f_d；k_a，k_r——载荷换算系数，见表 2-3。

表 2-2　回转支承工况系数

应用对象	工况系数	f				f_a			
	支承类型	01	02	11	13	01	02	11	13
门座起重机（吊钩）		1.25	1.25	1.25	1.25	1.55	1.15	1.20	1.13
门座起重机（抓斗）		1.45	1.45	1.45	1.45		1.71		1.62

表 2-3　回转支承载荷换算系数

回转支承类型		k_r	k_a
01	滚道接触角 α =45°	1.225	2.676
	滚道接触角 α =60°	1.0	5.046
02	$H \leqslant 10\%V$	1.0	0
	$H > 10\%V$	考虑滚道接触角变化，进行接触强度校核	
11		1.0	2.05
13		1.0	0

④ 按承载能力曲线选取回转轴承型号。根据计算得到的当量载荷 F'和 M'的值，可得到在回转轴承承载能力曲线图中的载荷点，当该点位于某一型号轴承的承载能力曲线之下时，说明该型号轴承满足承载要求。

三、回转驱动装置

（一）回转驱动装置的构造及形式

1. 回转驱动装置的构造

回转驱动装置是使起重机回转部分相对于固定部分实现正、反向回转运动的动力传动装置。在不同种类的起重机上，不同的应用场合回转驱动装置有多种传动方案。

（1）回转驱动装置的组成。

一般来说，驱动装置主要由三部分组成：

① 原动机，如电动机、液压马达、内燃机等。电动机驱动是轨道式起重机的主要驱动形式，而轮胎吊、履带吊等流动机械以及船舶只能以内燃机作为动力源，通过发电机获得电力，再以电动机或液压马达作为回转驱动的原动机。

② 传动装置，包括减速、换向装置以及制动装置等。起重机的回转速度通常较低，例如装卸类起重机的回转速度一般在 1 ~ 2 r/min，安装类起重机的回转速度更是低于 0.5 r/min，因此，要求回转驱动装置具有较大的传动比。以内燃机作为动力源的流动机械也有采用内燃机直接进行机构驱动的，此时，由于内燃机不能逆转，且不能带载启动，需要加装离合器及换向装置以实现正、反方向回转。起重机回转部分的转动惯量较大，为保证制动平稳、停止位置准确，通常采用可操纵的常开式制动器。此外，为了防止传动部件过载，有的起重机在回转驱动装置中装有极限力矩限制器。

③ 回转小齿轮与大齿圈（或销轮）的啮合传动。回转驱动装置的末级齿轮传动根据回转

支承装置的不同有不同的传动形式。滚动轴承式回转支承，其大齿圈通常为渐开线齿轮，采用渐开线齿轮传动；柱式回转支承和滚子夹套式回转支承多采用销轮传动。

（2）回转驱动装置的布置方式。

根据起重机的用途和构造来看有以下两种布置方式：

① 驱动部分装在起重机的回转部分上，最后一级大齿圈（或销轮）固定在不回转的机架上。在港口起重机的回转机构中，绝大多数采用这种形式。

② 驱动部分装在起重机的非回转部分上，最后一级大齿圈则固装在起重机的回转部分上。装卸船机、斗轮堆取料机多采用这种形式，一些大型定柱式起重机、塔式起重机中有时也采用这种布置方式。

2. 回转驱动装置的形式

根据原动机、传动装置的不同形式，回转驱动装置有多种形式，图 2-31 是常用的回转驱动装置传动形式简图。

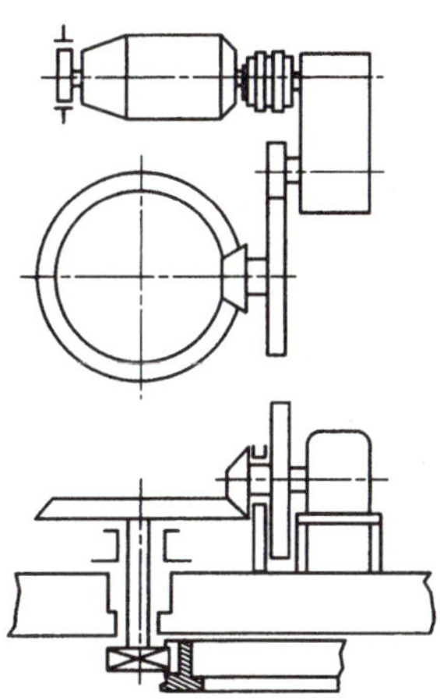

（a）卧式电动机-圆柱圆锥齿轮传动

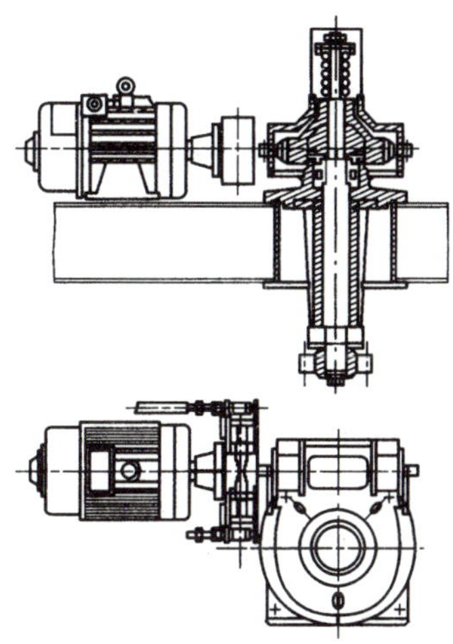

（b）卧式电动机-蜗轮减速器传动

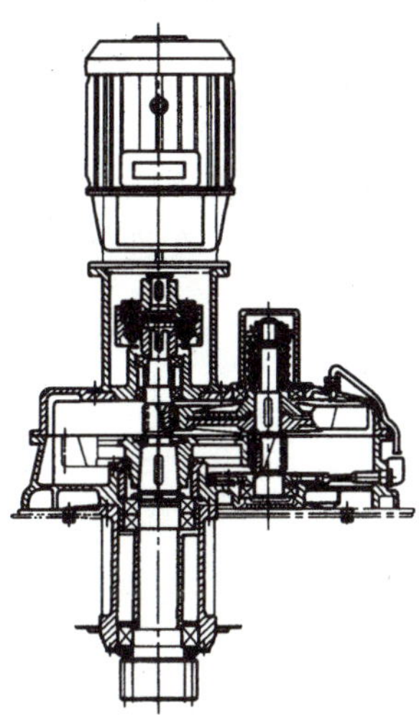

（c）立式电动机-立式圆柱齿轮减速器传动

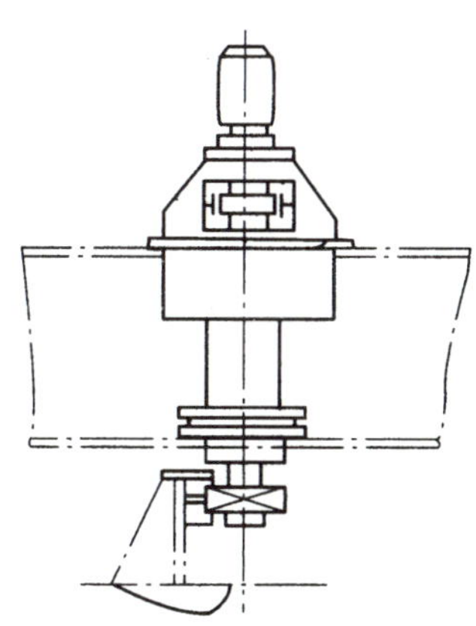

（d）立式电动机-行星齿轮减速器传动

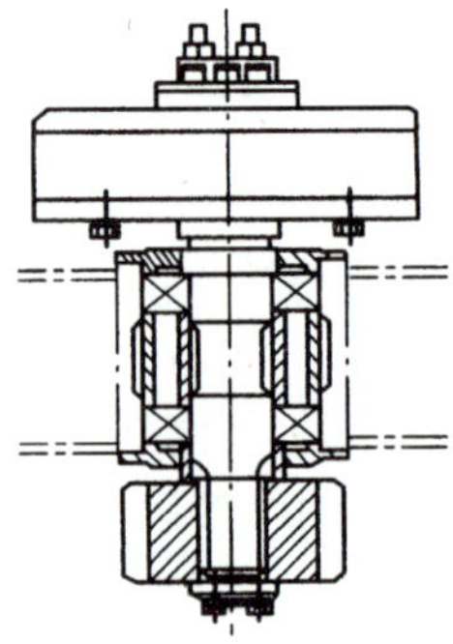

（e）液压驱动

图 2-31　常用回转驱动装置传动形式

（1）卧式电动机-圆柱圆锥齿轮传动［图 2-31（a）］。

卧式电动机—制动器—极限力矩联轴器—圆柱圆锥齿轮减速器（或部分采用开式齿轮传动）—末级小齿轮传动。

这种传动形式可以采用标准减速器，传动效率高，但平面布置尺寸大。

（2）卧式电动机-蜗轮减速器传动［图 2-31（b）］。

卧式电动机—带制动轮的联轴器—制动器—带极限力矩限制器的蜗轮减速器—末级小齿轮传动。

这种传动形式传动比大，结构紧凑，工作平稳，但传动效率低。

（3）立式电动机-立式圆柱齿轮减速器传动［图 2-31（c）］。

立式电动机—联轴器—水平安置的制动器—轴线垂直布置的立式圆柱齿轮减速器（有时带极限力矩联轴器）-末级小齿轮传动。

这种传动形式传动效率高，但不易获得较大传动比，且径向尺寸较大。

（4）立式电动机-行星齿轮减速器传动［图 2-31（d）］。

立式电动机—带制动轮的极限力矩联轴器—水平安置的制动器—立式行星齿轮减速器—末级小齿轮传动。

这种传动形式采用立式行星齿轮减速器，其结构紧凑，传动比大，承载能力强，传动效率高，是目前在港口起重机回转机构中应用最广泛的驱动形式。

此外，还有液压驱动［图 2-31（e）］、绳索牵引等回转驱动装置机构。

以上介绍了回转驱动装置的几种主要形式，不论采用何种形式，在进行具体设计时，应根据具体布置要求以及实际生产条件经过比较后确定。

（二）回转驱动装置计算

1. 计算回转阻力矩

起重机带载平稳回转时需克服的回转阻力矩 M 为：

$$M=M_m+M_f+M_p \tag{2-12}$$

式中，M_m——回转支承装置中的回转摩擦阻力矩（N·m）；M_f——正常状态下的等效风阻力矩（N·m）；M_p——等效坡道阻力矩（N·m）。

（1）摩擦阻力矩 $\boldsymbol{M}_{\mathrm{m}}$

① 柱式回转支承装置的摩擦阻力矩：

$$M_m=M_R+M_v+M_H \quad (2\text{-}13)$$

式中，M_R——径向轴承的摩擦阻力矩（N·m）；M_v——止推轴承的摩擦阻力矩（N·m）；M_H——水平滚轮的摩擦阻力矩（N·m）。

a. 径向轴承及止推轴承的摩擦阻力矩。

径向轴承：

$$M_R=1/2uHd \quad (2\text{-}14)$$

止推轴承：

$$M_v=1/2uVd \quad (2\text{-}15)$$

式中，H——径向轴承所受的水平力（N）；V——止推轴承所受的垂直力（N）；μ——轴承摩擦系数，对滑动轴承取 0.08～0.1，对滚动轴承取 0.015；d——对于滚动轴承及滑动径向轴承（m），d 为轴承内径；对于滑动止推轴承，d 为内径与外径的平均值。

如果采用推力调心滚子轴承来代替径向轴承和止推轴承时，则需计算出轴承所受的当量轴向载荷和摩擦阻力矩。

b. 水平滚轮的摩擦阻力矩。

$$M_H=\beta(\sum M_1+\sum M_2) \quad (2\text{-}16)$$

式中，β——附加阻力系数，β=1.1～1.2；M_1——滚动摩擦阻力矩（N·m），按（2-17）确定；M_2——轴枢摩擦阻力矩（N·m），按（2-18）确定。

$$M_1=P_1\cdot\frac{fD_0}{D_1}\ (2\text{-}52) \quad (2\text{-}17)$$

$$M_2=P_1\cdot\frac{udD}{2D_1}\ (2\text{-}52) \quad (2\text{-}18)$$

式中，P_1——水平滚轮轮压（N）；F——滚动摩擦系数；D_0——滚轮中心圆直径（m）；D——滚道直径（m）；D_1——滚轮直径（m）。

② 转盘式回转支承装置的摩擦阻力矩。

a. 滚轮式回转支承装置。

滚轮式回转支承装置摩擦阻力矩包括滚轮摩擦阻力矩和中心轴枢摩擦阻力矩，通常中心轴枢摩擦阻力矩较小，可忽略不计，则

$$M_m=rV\cdot\frac{ub+2f}{D_1}\cdot\frac{D}{2} \quad (2\text{-}19)$$

式中，r——附加阻力系数，其值如表 2-4 所列。

表 2-4　滚轮及滚子回转支承装置的附加阻力系数 r 值

滚轮式支承				滚子夹套式支承	
滑动轴承		滚动轴承			
圆柱形滚轮	锥形滚轮	圆柱形滚轮	锥形滚轮	有凸缘的圆柱形滚子	无凸缘的圆柱形滚子
1.4	1.2	2.5	1.5	1.8	1.3

b. 滚子夹套式回转支承装置。

滚子夹套式回转支承装置的滚动摩擦阻力矩为所有受力的滚子的滚动阻力矩之和，并考虑附加摩擦阻力系数。

$$M_m=\gamma\cdot V\cdot\frac{fD}{d} \tag{2-20}$$

c. 滚动轴承式回转支承装置。

对于单排四点接触球式和双排球式回转支承：

$$M_m=\frac{v}{2}(4.4+V\cdot D_R+3.8H\cdot D_R) \tag{2-21}$$

对于单排交叉滚柱式和三排滚柱式回转支承：

$$M_m=\frac{v}{2}(4.1M+V\cdot D_R+2.05H\cdot D_R) \tag{2-22}$$

式中，D_R——回转轴承滚道直径（m）；μ——摩擦系数，单排四点接触球式时 μ=0.006，双排球式时 μ=0.004，单排交叉滚柱式时 μ=0.004，三排滚柱式时 μ=0.003。

（2）风阻力矩

风阻力矩由作用在回转部分的风阻力矩和作用在货物上的风阻力矩组成，当臂架与风向垂直时，风阻力矩达到最大值：

$$M_{f\max}=P_{f1}R+P_{f2}l \tag{2-23}$$

式中，P_{f1}——货物所受风力（N）；R——幅度（m）；P_{f2}——起重机回转部分所受风力（N）；l——起重机回转部分迎风面形心到回转中心距离（m）。

当臂架与风向成 ϕ 角时，风阻力矩为：

$$M_f=M_{f\max}\sin\phi \tag{2-24}$$

臂架从 ϕ=0 转到 ϕ=π 的过程中，M_f 不断变化，其等效风阻力矩为

$$M_1=M_{f\max}\sqrt{\frac{\int_0^{\pi}\sin^2\phi\cdot d\phi}{\pi}}\approx 0.7M_{f\max} \tag{2-25}$$

（3）坡道阻力矩 M_p

起重机在斜坡上吊货回转时会产生坡道阻力矩：

$$M_p=Gl_1\sin\gamma\sin\phi+QR\sin\gamma\sin\phi \tag{2-26}$$

$$M_{p\max}=Gl_1\sin\gamma+QR\sin\gamma \tag{2-27}$$

式中，G——回转部分重量（N）；l——回转部分重心到回转轴线距离（m）；Q——起重量（N）；γ——坡度角（°）；ϕ——起重机回转的角度（°）。

臂架从$\phi=0$转到$\phi=\pi$的过程中，M_p不断变化，其等效坡道阻力矩为：

$$M_p = M_{p\max}\sqrt{\frac{\int_0^{\pi}\sin^2\phi\cdot d\phi}{\pi}} \approx 0.7M_{p\max} \tag{2-28}$$

2. 电动机的选择及校核

（1）选择电动机。

计算回转静功率N_j，（kW）：

$$N_j = \frac{M_I n_h}{9550\eta} \tag{2-29}$$

式中，M_I——起重机平稳回转时的等效回转阻力矩（N·m）；n_h——回转速度（r/min）；η——回转机构总的传动效率。

由于回转部分质量较大，考虑电动机启动的影响，选用较大的功率N_{JC}，（kW）：

$$N_{JC} \geqslant k_d N_j \tag{2-30}$$

k_d可取1.2～1.8。根据N_{JC}以及回转机构的接电持续率JC值选择合适的电动机。

（2）启动时间校验回转机构启动时，除了克服平稳工作时的阻力矩外，还需克服运动质量加速所引起的惯性阻力矩，所需启动力矩为：

$$M_q=M_j+M_g \tag{2-31}$$

式中，M_j——静力矩，即起重机平稳回转时的等效回转阻力矩（N·m）；M_g——惯性力矩（N·m），惯性阻力矩包括由货物、起重机回转部分和传动装置的回转零件三部分引起的阻力矩。

$$M_g = \frac{[J]n_e}{9.55t_q} \tag{2-32}$$

式中，$[J]$——折算转动惯量（$kg\cdot m^2$）；n_e——电动机额定转速（r/min）；t_q——启动时间（s）。

$$[J]=1.15[J_g]+\frac{QR^2}{gi^2\eta}+\frac{[J]_x}{i^2\eta} \tag{2-33}$$

式中，J_g——电动机轴上回转质量的转动惯量，通常取为电动机和联轴器的转动惯量之和（$kg\cdot m^2$）；$[J]_x$——起重机回转部分的转动惯量（$kg\cdot m^2$）；R——幅度（m），$R=(0.7\sim0.8)R_{\max}$；g——重力加速度（m/s^2），$g=9.81\ m/s^2$；i——回转机构传动装置总传动比；η——回转机构总的传动效率。

$$t_q = \frac{[J]n_e}{9.55(M_q - M_j)} \tag{2-34}$$

回转机构的启动时间一般控制在以下范围：无风时$t_q=3\sim5$ s，有风时$t_q=4\sim10$ s。

（3）电动机的发热校验。

回转机构的稳态平均功率 N_s（kW）按下式计算：

$$N_s=G\frac{(M_m+M_f+M_p)n_h}{9550in\eta} \tag{2-35}$$

式中，G——稳态负载平均系数；n——电动机台数；

所选电动机在相应的 CZ 值、JC 值下，其输出功率 $N\geqslant N_s$，则发热校验合格。

（4）电动机的过载校验。

回转机构的过载能力按下式计算：

$$N_N\geqslant\frac{H}{\lambda_m}\frac{(M_m+M_{f\,\mathrm{II}\max}+M_{p\max}+M_{a\mathrm{I}})n_h}{9550in\eta} \tag{2-36}$$

式中，N_N——电动机额定功率（kW）；H——系数，对绕线式异步电动机：H=1.55；λ_m——电动机最大转矩倍数；$M_{a\mathrm{I}}$——由起重机偏摆角 aI 引起的回转阻力矩。

3. 选择减速器

回转机构传动装置总传动比为：

$$i=\frac{n_e}{n_h} \tag{2-37}$$

而回转机构减速装置由减速器与开式齿轮传动组成，所以又有：

$$i=i_1i_2 \tag{2-38}$$

式中，i_1——减速器传动比；i_2——回转大齿轮与小齿轮齿数比，其中小齿轮齿数一般取 13～18。

根据所需传动比以及回转功率即可选择合适的减速器。

4. 选择制动器

回转机构通常采用常开式脚控液压制动器，其最大制动力矩应能使起重机在顺风、下坡的条件下，在规定的时间内停止住。

$$M_Z=\frac{[J]'n_e}{9.55t_z}+M'_{\mathrm{II}} \tag{2-39}$$

$$M'_{\mathrm{II}}=\frac{(M_{f\,\mathrm{II}\max}+M_{p\max}+M_m)\eta'}{i} \tag{2-40}$$

式中，M_Z——制动器的最大制动力矩（N·m）；M'_{II}——折算到电机轴上的静阻力矩（N·m）；M_m——摩擦阻力矩，但不考虑附加阻力系数的影响（N·m）；t_z——制动时间（s），一般为 5～8s；η'——传动装置的反向传动效率；$[J]'$——制动时的折算转动惯量（kg·m^2）。

$$[J]'=1.15[J_g]+\frac{QR^2}{gi^2}+\frac{[J]_x\eta'}{i^2} \tag{2-41}$$

其余符号意义同前。

5. 极限力矩联轴节极限力矩计算

极限力矩联轴节极限力矩，按下式计算：

$$M_{ji}=1.1\left(M_{\max}-\frac{[J]_{g}\eta'}{9.55t}\right) \tag{2-42}$$

式中，M_{ji}——极限力矩联轴节所能传递的最大力矩（N·m）；$M_{\max}$——电动机最大启动转矩或制动器的制动转矩（N·m）；t——启动或制动时间（s）。

其余符号意义同前。

认识变幅机构

2.5 变幅机构

一、变幅机构概述

在臂架型起重机中，变幅是指通过臂架的摆动、移动或起重小车的运行使取物装置改变位置。变幅机构是改变起重机幅度和起升高度的机构，它是臂架型起重机的主要工作机构。

（一）变幅机构的作用

根据工作要求的不同，变幅机构的主要作用可归纳为两个方面：

（1）通过改变幅度使货物绕起重机回转轴线作径向移动，以扩大起重机的作业范围；还可与起升、回转机构协调工作，以提高起重机的生产率，改善其工作的机动性。

这种情况下，变幅是在取物装置上载有货物的条件下完成的，故常称为工作性变幅。

（2）在由起升载荷所引起的倾覆力矩不超过额定值的前提下，通过改变幅度以调整起重机的起重能力和提高起重机的利用程度；或者通过改变幅度来调整取物装置的工作位置以适应装卸路线的需要；或者通过改变幅度以提高非工作状态下起重机的通过性能。

这种情况下，变幅是在取物装置上未载有货物的条件下完成的，故常称为非工作性变幅。

（二）变幅的类型

1. 按工作要求分为

（1）工作性变幅。

工作性变幅是指带载变幅。变幅运动是起重机每个装卸工作循环的主要工序之一，变幅频繁，变幅速度直接影响装卸生产率，一般采用较高的变幅速度。由于带载变幅，变幅阻力及变幅功率的消耗都较大。在这类变幅机构中，为了降低变幅驱动功率、改善工作性能，常采用多种方法实现货物水平位移和臂架自重平衡。港口装卸用的门座起重机中通常采用工作性变幅机构。

（2）非工作性变幅。

非工作性变幅（又称调整性变幅）是指不带载变幅。其特点是通过空载变幅调整取物装置的工作位置，在货物装卸过程中，幅度不再调整；或者是放倒臂架，以利于运输；因此，变幅次数少，变幅速度对起重机的生产率影响小。由于不带载变幅，变幅阻力及变幅功率的消耗都较小。在这类变幅机构中，一般采用较低的变幅速度，以进一步减小变幅驱动功率。港口装卸使用的轮胎起重机、汽车起重机中常采用非工作性变幅机构。

2. 按实现方法分

（1）摆动臂架式变幅。

摆动臂架式变幅是依靠臂架在垂直平面内的摆动来实现变幅，如图 2-32（a）所示。其特点是对臂架受力状况较有利，结构自重较轻；起重机的重心较低，稳定性较好；但难于获得较小的最小幅度和均匀的变幅速度，货物容易摇摆。

摆动臂架式变幅机构广泛应用于门座起重机，浮式起重机及轮胎起重机等港口起重机中，实现工作性变幅和非工作性变幅。

（2）牵引小车式变幅。

牵引小车式变幅是依靠起重小车沿着水平臂架上的轨道运行来实现变幅，如图 2-32（b）所示。其特点是变幅速度均匀、货物摇摆现象较轻，变幅过程中货物水平移动，易于获得较小的最小幅度和较大的有效工作空间；但臂架承受较大的弯矩，结构自重较大。

牵引小车式变幅机构一般采用绳索牵引驱动，主要用于工作性变幅。建筑用的塔式起重机中常采用这种变幅方式。

（3）伸缩臂架式变幅。

伸缩臂架式变幅是依靠臂架沿其轴线方向的伸缩来实现变幅，如图 2-32（c）所示。其特点是臂架由基本臂和若干节伸缩臂组成，采用液压缸驱动。它通常用在流动式起重机上作非工作性变幅；臂架伸缩时，虽然幅度随之改变，但伸缩臂架的主要目的是使起重机在作业时伸出臂架，以取得较大的起升高度；当起重机在行驶时收回臂架，以得到较小的外形尺寸，有利于运行。

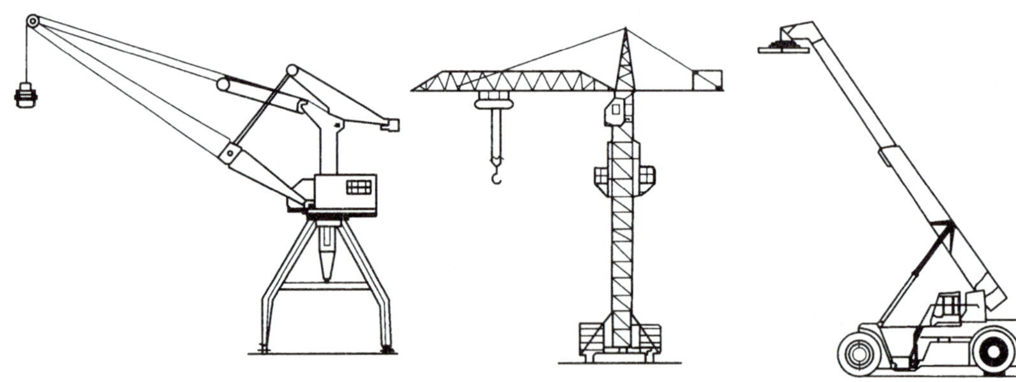

（a）摆动臂架式　　（b）牵引小车式　　（c）伸缩臂架式

图 2-32　变幅方式

3. 按臂架系统结构分

（1）非平衡式变幅。

非平衡式变幅是在变幅过程中，臂架的重心和货物的重心都会发生升降，如图 2-33 所示。减小幅度时会消耗较大的驱动功率，增大幅度时又有位能释放，影响使用性能。非平衡式变幅主要用于非工作性变幅机构，如汽车起重机、轮胎起重机以及不经常工作的大起重量非回转式起重机的变幅机构。它通常采用简单摆动臂架，由绳索驱动或液压驱动。

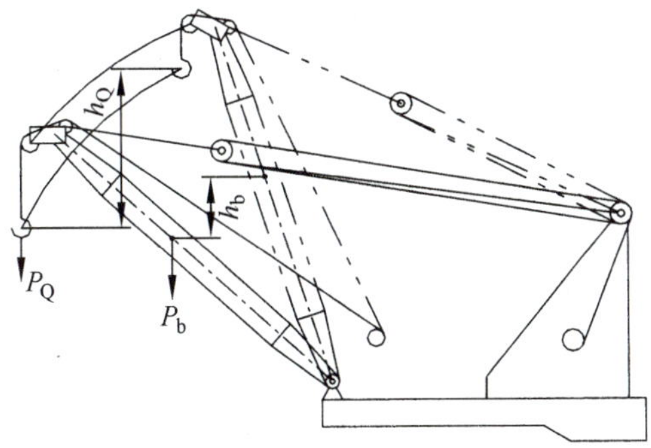

图 2-33　非平衡式变幅

（2）平衡式变幅。

平衡式变幅是采用各种货物升降补偿方法和臂架自重平衡系统，使变幅过程中货物重心沿水平线或近似水平线的轨迹移动，臂架系统的合成重心高度不变或变化很小。这样，减小了变幅机构的驱动功率，但臂架系统结构复杂。平衡式变幅广泛用于港口装卸用门座起重机和浮式起重机的工作性变幅机构。

（三）货物水平位移和臂架自重平衡

在臂架型起重机中，大多要求实现工作性变幅（带载变幅）。当采用简单的摆动臂架方式进行变幅时，由臂架自重和起升载荷产生的势能变化所引起的不必要的变幅阻力在整个变幅阻力中占有很大的比例，从而使得简单的摆动臂架式变幅机构不适宜用作工作频繁的工作性变幅机构；因此，需要采用合宜的措施来减小势能变化的影响，以大大减小变幅所需要的驱动功率，使摆动臂架式变幅机构适用于工作性变幅。目前在摆动臂架式变幅机构中广泛采用的臂架自重平衡系统和货物升降补偿系统就是解决上述问题的主要措施。

臂架自重平衡系统的基本作用是使臂架系统的重心在变幅过程中不发生或少发生升降现象，货物升降补偿系统的基本作用是使取物装置及其所载货物在变幅过程中沿着水平线或接近于水平线的轨迹移动。

（四）变幅机构的组成

为实现起重机幅度的改变，变幅机构通常由臂架系统和变幅驱动装置两大部分组成。

臂架系统为货物幅度的改变提供确定的运动轨迹，并将变幅过程中产生的外载荷传递给变幅驱动装置。

变幅驱动装置主要由原动机、传动装置、制动装置以及安全辅助装置等组成。其作用是实现臂架系统的运动，使变幅机构安全可靠地工作。

（五）摆动臂架式工作性变幅机构设计的主要内容

钢丝绳牵引小车式变幅机构可参阅第 5 章运行机构进行设计，这里着重介绍摆动臂架式变幅机构的设计。设计的主要内容包括以下几个方面：

① 货物水平位移系统的设计：确定货物水平位移系统的形式、臂架系统的形式及其主要几何尺寸等。

② 臂架自重平衡系统的设计：确定臂架自重平衡系统的形式、主要尺寸及平衡重等。

③ 变幅驱动装置的设计：确定变幅的驱动形式和传动方案，进行电动机、减速传动装置、制动装置等零部件的选型和计算。

④ 辅助装置的设计：包括变幅安全装置、指示装置、缓冲装置等的选型和计算。

变幅机构设计所需要的资料主要有：起重量（包括主钩和副钩）；最大幅度和最小幅度；起升高度；工作速度（包括起升、变幅、回转及运行速度）；外形尺寸及工作尺寸的允许值；相关部分的重力及重心位置和迎风面积及形心位置；驱动方式以及制造、使用、维修条件及要求（如运输、出海、过桥等）。

二、货物水平位移

（一）货物水平位移概述

工作性变幅机构中，货物水平位移系统的合理设计，可使在变幅过程中货物能沿水平线或接近水平线轨迹移动，以降低能耗，提高操作性能。

按照工作原理，实现货物水平位移的方法可分为绳索补偿法和组合臂架补偿法两大类。

1. 绳索补偿法

绳索补偿法的工作原理是：在变幅过程中，臂架摆动所引起的货物升降依靠特殊设计的起升钢丝绳卷绕系统及时地收进或放出适当的钢丝绳长度来补偿，从而使货物能沿水平线或接近水平线轨迹移动。

绳索补偿法有滑轮组补偿、导向滑轮补偿、椭圆规原理补偿及卷筒补偿等多种方案。

（1）滑轮组补偿。

图 2-34 显示出了滑轮组补偿的工作原理：在变幅过程中，利用起升绳总长度不变，而局部长度可变，自动补偿由于臂架摆动引起的货物升降。

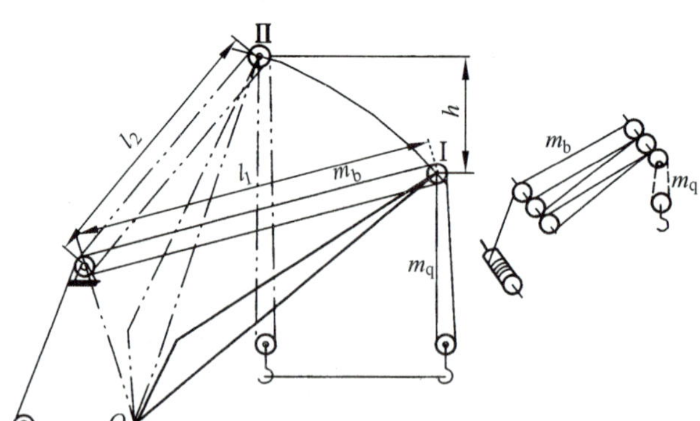

（a）补偿动滑轮装在臂架端部

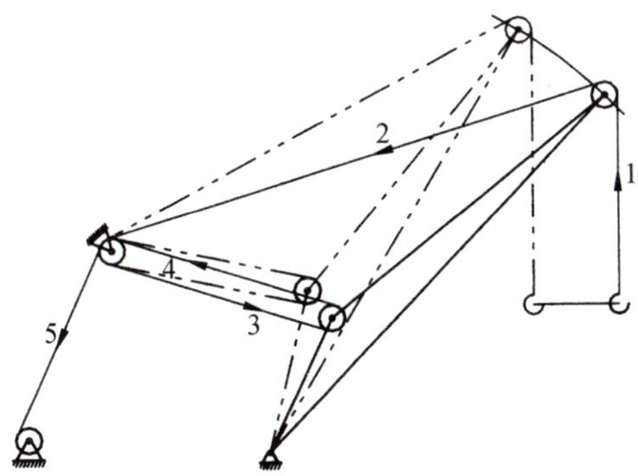

（b）补偿动滑轮装在臂架中部

图 2-34　滑轮组补偿原理

滑轮组补偿方案是在起升钢丝绳卷绕系统中增设了一个补偿用的滑轮组。当臂架从位置 I 摆动到位置 II 时，货物一方面将随着臂架端点升高而上升 h，另一方面又将因补偿滑轮组中的定、动滑轮中心距从 l_1 缩短到 l_2 放出钢丝绳而下降。如果在变幅过程中的所有位置上，由于臂架端点上升（或下降）而引起的货物升高值（或下降值）等于因补偿滑轮组缩短（或增长）而引起的货物下降值（或升高值），那么，货物将沿水平线移动，从而满足货物水平变幅的要求。因此，实现货物水平位移的条件是：

$$h \cdot m_a = (l_1 - l_2) \cdot m_b \tag{2-43}$$

式中，m_a——起升滑轮组倍率；m_b——补偿滑轮组倍率。

实际上要实现在变幅全过程中任意两幅度间都做到满足上式关系是很困难的，因此，最后达到的只是使货物沿接近水平线的轨迹移动。

滑轮组补偿方案构造简单，臂架端部的合力接近通过臂架下铰点、臂架承受较小的弯矩，容易获得较小的最小幅度，小幅度时可以有较大的货物起升高度；但起升绳较长、绕过的滑轮数目多、磨损较快，小幅度时起升绳悬挂较长、货物偏摆幅度大，不能保证货物沿严格的水平线移动。这种补偿方案适用于中、小型起重机。

补偿滑轮组的安装位置可以根据总体结构的要求加以考虑，如图 2-34（b）是将补偿滑轮组动滑轮装在臂架端部，但其补偿原理是相同的。

（2）导向滑轮补偿。

导向滑轮补偿的工作原理如图 2-35 所示，它也是利用起升绳总长度不变，而局部长度可以改变这一条件，自动补偿由于臂架摆动引起的货物升降。

导向滑轮补偿方案是在起升绳绕绳系统中将一个导向滑轮安放在平衡梁的对重处，通过导向滑轮位置的变化，使起升绳卷筒到臂架端部之间的钢丝绳长度改变，以补偿货物随臂架端点移动所引起的升降。因此，实现货物水平位移的条件是：

$$(AB+BC)-(A'B'+BC)=h \tag{2-44}$$

与滑轮组补偿方案一样，导向滑轮补偿方案也不可能获得严格的水平变幅，但它改善了钢丝绳的卷绕情况，使起升绳的长度和磨损均得以减小。但在小幅度时起升绳的悬挂长度大；臂架受较大的弯矩；难以获得较小的最小幅度；且要求导向滑轮 B 和卷筒 C 之间需有足够的距离，才能起到较理想的补偿效果，因此有时也可在 B 和 C 之间设置滑轮组。这种补偿方案多用于较大起重量的起重机上。

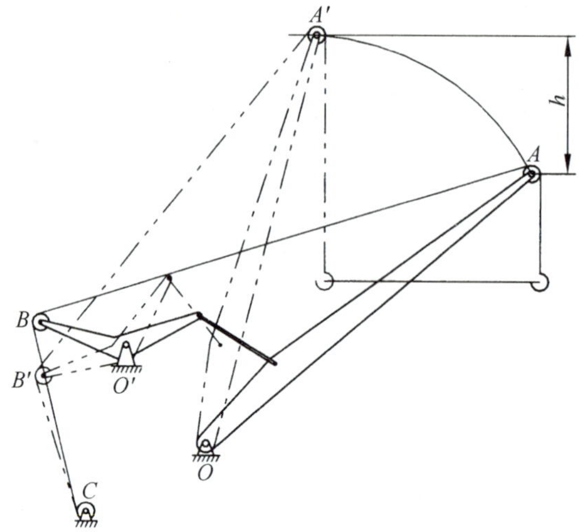

图 2-35　导向滑轮补偿原理

（3）椭圆规原理补偿。

这种补偿方案用绳长 l 来补偿臂端滑轮的高度变化 h，消除了滑轮组补偿方案中起升绳较长和磨损较快的缺点，且小幅度时起升绳悬挂长度较短，有利于减小货物的偏摆；但臂架承受的弯矩较大。

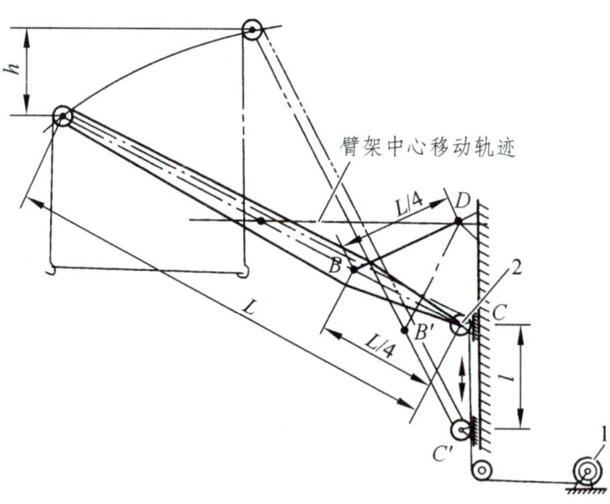

1—起升卷筒；2—小车。

图 2-36　椭圆规补偿原理

（4）卷筒补偿。

卷筒补偿的工作原理如图 2-37 所示，它是利用补偿卷筒收进或放出起升绳，自动补偿由于臂架摆动引起的货物升降。

卷筒补偿方案是在由绳索卷筒驱动的变幅机构中增加了补偿卷筒，补偿卷筒一般与变幅卷筒同轴，并一起转动（有时不同轴，而用齿轮或链轮传动）；起升绳一端固定在起升卷筒上，另一端固定在补偿卷筒上。在变幅过程中，若变幅卷筒收进（或放出）钢丝绳使臂架端点升高（或下降），则补偿卷筒放出（或收进）一定长度的起升绳，补偿因臂架摆动引起的货物上升（或下降），从而使货物保持在某一水平线上移动。为了达到较精确的货物水平补偿效果，补偿卷筒可以做成锥形或鼓形。

上述绳索补偿法的共同特点是：可采用单臂架，结构简单，自重轻；但钢丝绳磨损较快，寿命较短。

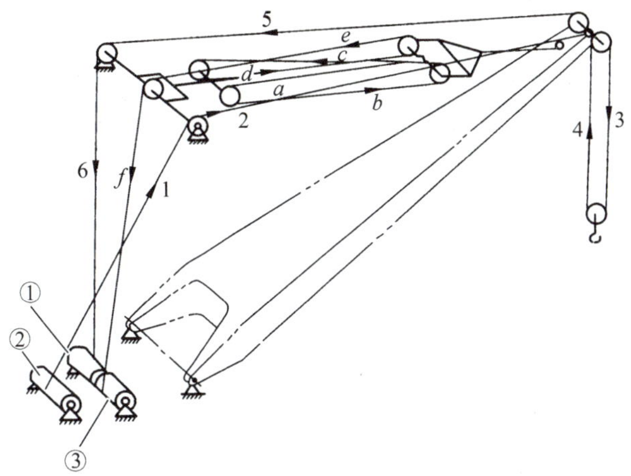

1—补偿卷筒；2—起升卷筒；3—变幅卷筒。

图 2-37　卷筒补偿原理

2. 组合臂架补偿法

组合臂架补偿法的工作原理是从臂架系统的组合运动机构出发，通过对其运动构件组合的合理设计，使货物在变幅过程中沿水平线或接近水平线的轨迹移动。

组合臂架补偿法有刚性拉杆组合臂架补偿，平行四边形组合臂架补偿，曲线象鼻梁组合臂架补偿等多种方案。

（1）刚性拉杆组合臂架补偿。

刚性拉杆组合臂架是组合臂架补偿方案中最广泛采用的一种形式，其变幅时货物保持水平移动的工作原理如图 2-38 所示，刚性拉杆组合臂架系统由臂架、象鼻梁、刚性拉杆等组成，三构件与机架构成了一个平面四杆机构，它又被称为四连杆组合臂架系统。当臂架俯仰运动时，象鼻梁端点的运动轨迹是一双叶曲线。如果臂架系统中各构件的尺寸及机架上 O 点和 O1 点的位置选择得适当，则在有效工作幅度范围 R 内，象鼻梁端点的运动轨迹 ab 段接近为一水平线；这时只要起升绳沿臂架系统构件的轴线布置，并从象鼻梁端点引出，就可以实现货物沿接近水平线轨迹移动。

刚性拉杆组合臂架补偿方案中，臂架系统刚性好；起升绳悬挂长度较短、磨损小，起升滑轮组的倍率大小对补偿系统没有影响；臂架下面的有效空间大。但臂架系统结构比较复杂，自重大；货物只能沿接近水平线轨迹运动；货物在变幅过程中的速度变化较大，往往在小幅度区域瞬时速度较大。这种补偿方案在港口门座起重机和浮式起重机上应用最多。

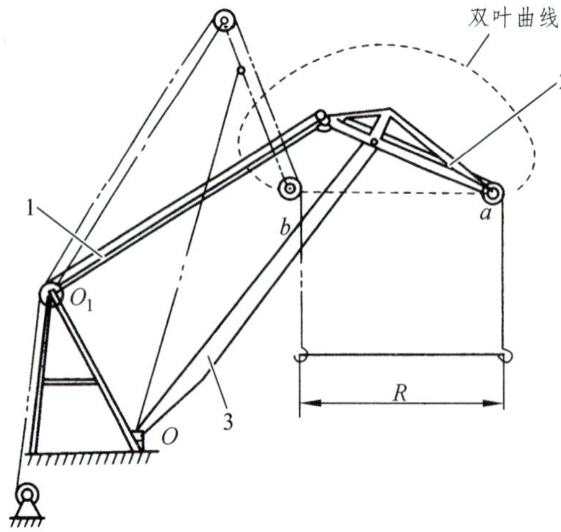

1—刚性拉杆；2—象鼻梁；3—臂架。

图 2-38 刚性拉杆组合臂架补偿原理

（2）平行四边形组合臂架补偿。

平行四边形组合臂架系统与刚性四连杆组合臂架系统在结构上相似，不同的是：它除了具有臂架、象鼻梁、刚性拉杆外，还有一根小连杆，且四个杆件形成平行四边形，其工作原理如图 2-39 所示，它是椭圆规和四连杆工作原理的综合。其臂架下铰 F 可沿垂直导轨移动，通过组合臂架系统结构尺寸的合理设计，可保证象鼻梁端部 A 在变幅过程中沿 DA 水平线移动。如果将起升钢丝绳沿臂架系统构件的轴线布置，并从象鼻梁端点引出，则理论上可实现货物沿严格的水平线轨迹移动。

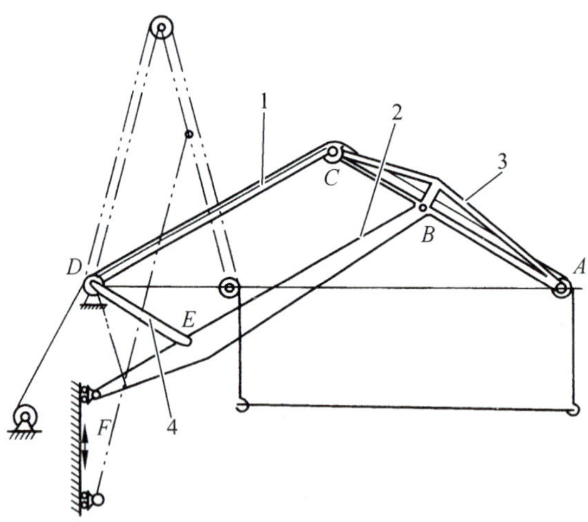

1—刚性拉杆；2—臂架；3—象鼻梁；4—连杆。

图 2-39 平行四边形组合臂架补偿原理

平行四边形组合臂架方案能使货物在变幅过程中完全水平移动，因而变幅机构的驱动功率较小；但结构复杂，臂架受较大弯矩。这种补偿方案应用较少。

（3）曲线象鼻梁组合臂架补偿。

曲线象鼻梁组合臂架方案的工作原理如图 2-40 所示，它由臂架、曲线象鼻梁、挠性拉索等组成。在变幅过程中，拉索与象鼻梁的接触位置是随着幅度变化而变化的；如果合理地设计象鼻梁后部的曲线，使任意幅度位置时，象鼻梁端点均严格位于同一水平高度上，理论上这种方案能够做到使货物完全沿水平线轨迹移动。

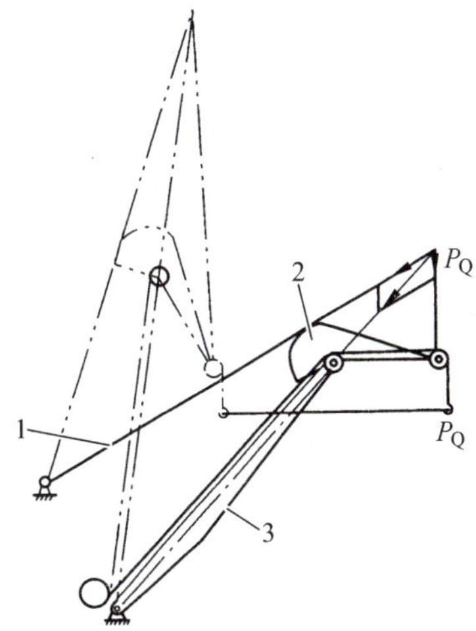

1—挠性拉杆；2—曲线象鼻梁；3—臂架。

图 2-40　曲线象鼻梁组合臂架补偿原理

曲线象鼻梁组合臂架补偿方案采用挠性拉索替代刚性拉杆，臂架系统自重较轻，迎风面积较小；设计合理可以实现货物严格沿水平线轨迹移动。但挠性拉索不能承受压力，设计时须保证拉索始终处于受拉状态；挠性拉索不能承受侧向力，当象鼻梁端部受水平力时，臂架承受较大的扭矩；象鼻梁的曲线段制造精度较难保证，实际上很难实现货物的完全水平移动。目前这种补偿方案已很少采用。

（二）货物水平位移系统设计

货物水平位移系统的设计是在已知幅度参数的条件下，确定臂架系统的形式和几何尺寸，以求得最佳的货物水平位移性能和最小的货物未平衡力矩。

实现变幅过程中货物水平位移的方案很多，下面介绍滑轮组补偿、导向滑轮补偿和刚性拉杆组合臂架补偿等三种常用方案的设计方法。

1. 滑轮组补偿方案的设计

设计任务：确定臂架系统的尺寸，起升滑轮组和补偿滑轮组的倍率，臂架下铰点及补偿滑轮组中定滑轮支点的位置。

设计原则：在满足总体要求的前提下，尽可能减小由货物产生的对臂架下铰点的未平衡力矩，使货物沿接近水平线轨迹移动。

设计方法：

（1）图解法。

① 根据设计任务书给出的最大幅度 R_{max}、最小幅度 R_{min}、起升高度 H 等参数及整机总体布置要求，并考虑参考已有设计经验，初步确定臂架长度 L，臂架下铰点 O 的位置，起升滑轮组倍率 mg 和补偿滑轮组倍率 mb。

为了使货物升降补偿获得较满意的结果，最大幅度时臂架轴线与水平线的夹角 α_{min} 宜取为

20°～40°，最小幅度时臂架轴线与水平线的夹角 α_{max} 宜取为 60°～80°（图 2-62）。

② 根据变幅过程中货物尽可能水平移动的原则，初步确定补偿滑轮组中定滑轮的装设位置，即图 2-41 中补偿点 O1 的位置。

图解确定 O1 点位置的原理：由起升载荷 *P*a 引起的作用在臂架端部处的合力 *F* 对臂架下铰点的力矩在各工作幅度位置上都等于零，即合力的作用线通过臂架下铰点。

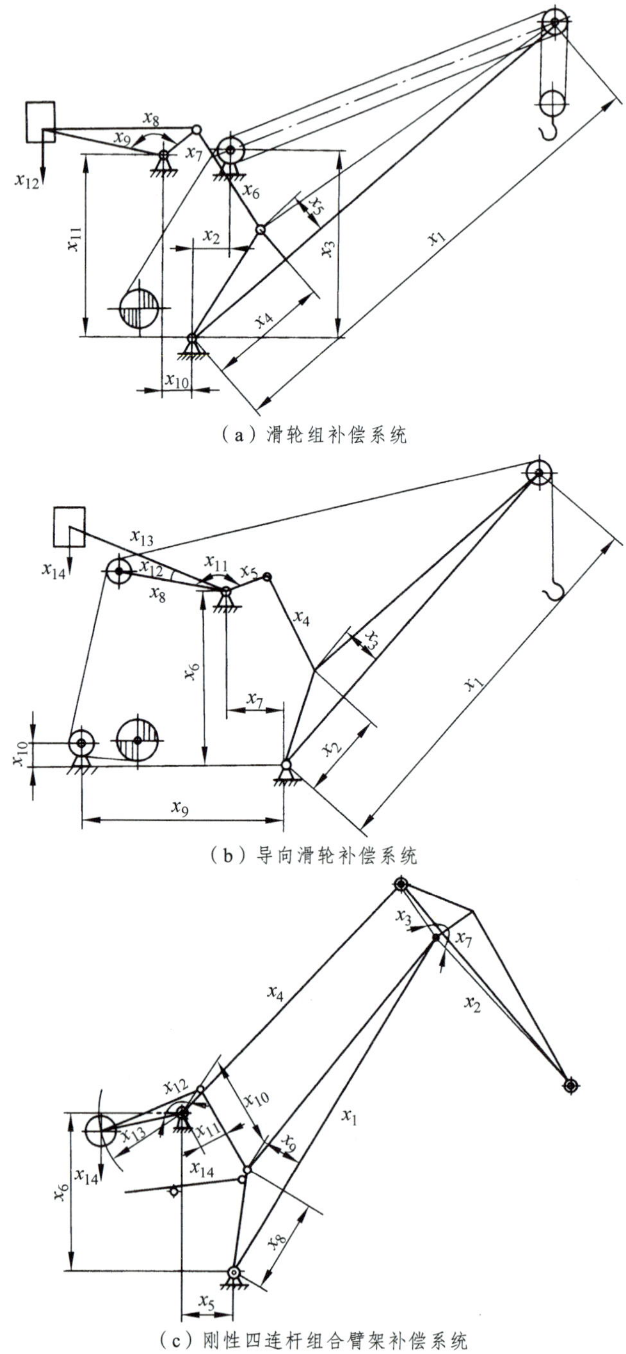

（a）滑轮组补偿系统

（b）导向滑轮补偿系统

（c）刚性四连杆组合臂架补偿系统

图 2-41　几种臂架自重平衡系统的综合优化设计变量

三、变幅驱动装置

（一）变幅驱动形式

变幅驱动装置的作用是通过驱动臂架系统摆动，从而达到改变起重机幅度的目的。为了适应各种起重机的变幅特性和要求，变幅驱动装置有绳索驱动、齿条驱动，螺杆驱动和液压驱动等多种驱动形式。

1. 绳索驱动

绳索驱动形式如图 2-42 所示，臂架通过变幅钢丝绳滑轮组连到变幅绞车的卷筒上，依靠变幅卷筒放出或卷入变幅钢丝绳，使臂架绕其铰轴摆动，实现变幅。

电动机、减速器、制动器、卷筒等传动装置位于机房内，布置方式与起升机构相类似，其零部件可与起升机构通用。变幅钢丝绳与起升钢丝绳常采用相同的规格型号，但是变幅钢丝绳所受到的载荷较大，所以变幅滑轮组的倍率通常比起升滑轮组大。

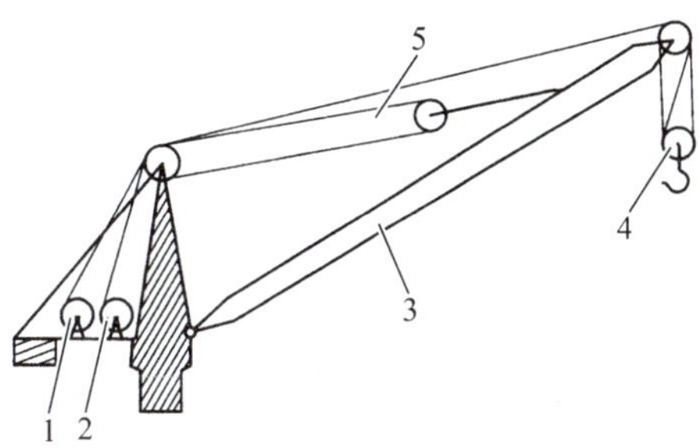

1—起升卷筒；2—变幅卷筒；3—臂架；4—起升滑轮组；5—变幅滑轮组。

图 2-42　绳索驱动变幅机构

绳索驱动形式结构简单、自重轻、布置方便，臂架受力好。但钢丝绳易磨损，且传动件中的钢丝绳是挠性件，只能受拉力而不能受压力，在小幅度时，若受到向后的外载荷作用，臂架有可能发生向后倾倒的危险，因此需要装设臂架防后倾装置，如图 2-43 所示。

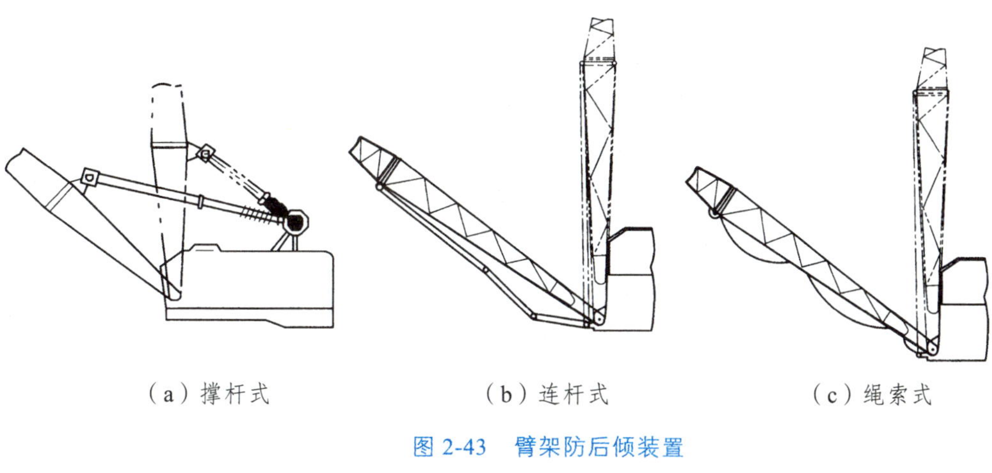

（a）撑杆式　（b）连杆式　（c）绳索式

图 2-43　臂架防后倾装置

绳索驱动形式一般用于没有平衡对重的单臂架起重机上，多数用于非工作性变幅机构，也可用于在变幅过程中不会产生双向受力的工作性变幅机构，如大起重量浮式起重机（单臂架）、造船起重机和流动式起重机等的变幅机构。

2. 齿条驱动

齿条驱动形式如图 2-44（a）所示，由电动机通过减速传动到最后一级小齿轮带动齿条前后移动，再由齿条直接推动臂架摆动，实现变幅。

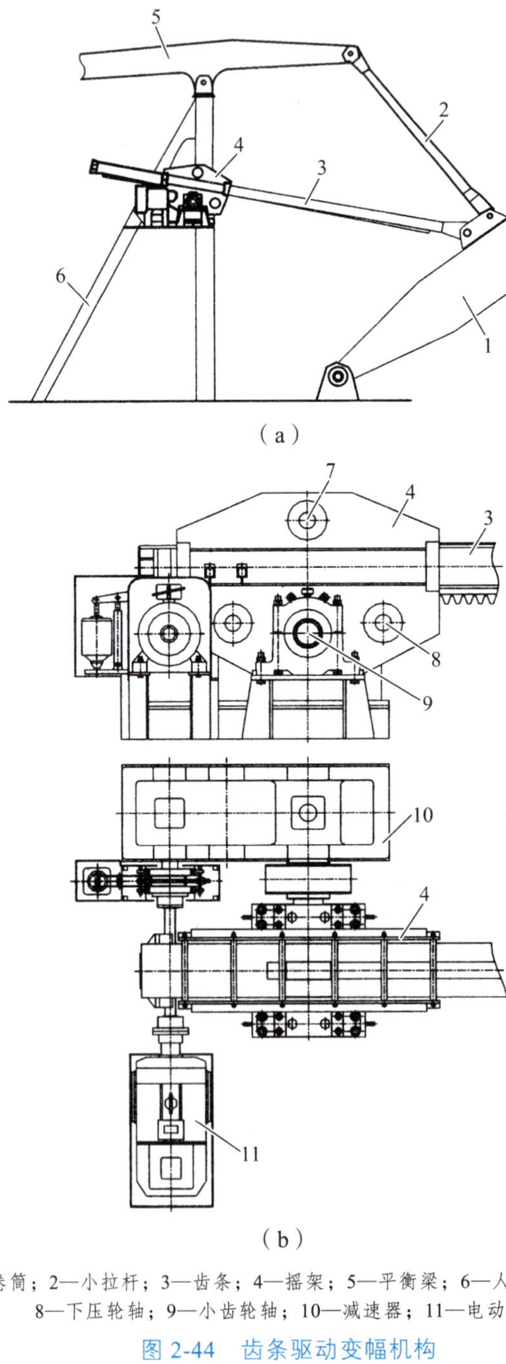

（a）

（b）

1—臂架起升卷筒；2—小拉杆；3—齿条；4—摇架；5—平衡梁；6—人字架；7—上压轮轴；8—下压轮轴；9—小齿轮轴；10—减速器；11—电动机。

图 2-44　齿条驱动变幅机构

图 2-44（b）为安放在起重机人字架中变幅平台上的齿条驱动装置，齿条由电动机通过减速器和驱动小齿轮带动作直线和摆动运动。变幅时齿条还绕小齿轮的轴线摆动，摇架及其上压轮和下压轮则保证了齿条在变幅过程中与小齿轮的正确啮合。

由于港口门座起重机的变幅速度较高，为了改善启动和制动时的冲击振动状况，使工作平稳，通常在齿条与臂架连接端装设缓冲装置，在传动系统中可采用双级制动。将齿条的直齿传动改为人字齿轮传动，可以提高齿轮的重叠系数。齿条传动可以采用单齿条传动，也可以采用双齿条传动。

大型起重机变幅齿条模数很大，当渐开线齿型加工有困难时，可改用针齿条、小齿轮改为摆线齿轮。当变幅力很大时，可采用双齿条，并通过均衡装置与臂架连接。

齿条驱动形式可以承受双向力，工作可靠，结构紧凑，传动效率高，安装维护方便。但齿条工作条件差，因而易磨损，启动和制动时有冲击；还必须装设可靠的安全限制装置，避免发生臂架超程坠落的危险。这种驱动形式可以在效率较高的条件下获得相当紧凑的结构，因而在工作性变幅机构中应用很广泛。

3. 螺杆驱动

螺杆驱动形式如图 2-45（a）所示，臂架直接由螺杆驱动，由电动机通过减速传动到最后一级大齿轮带动螺母转动，因螺母只作回转运动而不能移动，从而使螺杆前后移动，再由螺杆直接推动臂架摆动，实现变幅。

图 2-45（b）为安放在起重机人字架中变幅平台上的螺杆驱动装置，螺杆由电动机通过减速器、齿轮传动副和套筒螺母带动作直线和摆动运动。套筒螺母连同齿轮传动副、减速器和电动机安装在能绕水平和垂直轴线摆动的摇架上，以适应在变幅过程中螺杆的摆动、补偿螺杆的变形和螺杆螺母传动的间隙以及安装误差等需要，使螺杆与螺母啮合良好、螺杆免受额外弯曲。

螺杆驱动形式可以承受双向力。螺杆螺母传动具有较大的传动比，使传动机构紧凑、重量最轻；螺母传动平稳、冲击小。但传动效率低，正反向传动效率不一样；对润滑要求高。为了改善润滑条件，在螺杆外面设有可伸缩的密封套筒。为使套筒内的油能顺利返回油箱并防止泄漏，螺杆驱动位置的选择应能使螺杆在全幅度任意位置均处于上翘状态。为提高传动效率，螺杆螺纹多采用双头或多头；或采用滚珠螺杆代替普通螺杆，以滚动摩擦代替普通螺杆的滑动摩擦，使传动效率显著提高；在运动时，滚珠沿着滚道和螺母上的回珠孔循环流动，因此滚珠螺杆多采用单头螺纹。由于滚珠螺杆、螺母的滚道都须经过淬硬处理，特别是起重机上用的螺杆长度较大，对热处理设备和技术条件要求高，使其普及制造有一定的难度。为安全起见，螺杆传动也须设置可靠的安全装置，如行程限位器、止挡块等，以防止由于螺母“滑丝”而造成臂架的超程或脱落。这种驱动形式主要用于造船起重机、门座起重机和浮式起重机等的变幅机构。

4. 液压驱动

液压驱动形式如图 2-46 所示，由电动机带动液压泵从油箱中吸油，增压后的压力油经过管道和换向阀控制液压缸的活塞杆做伸缩运动，活塞杆一端固定在机座上，另一端与平衡梁相铰接，通过平衡梁和小拉杆带动臂架摆动，实现变幅。

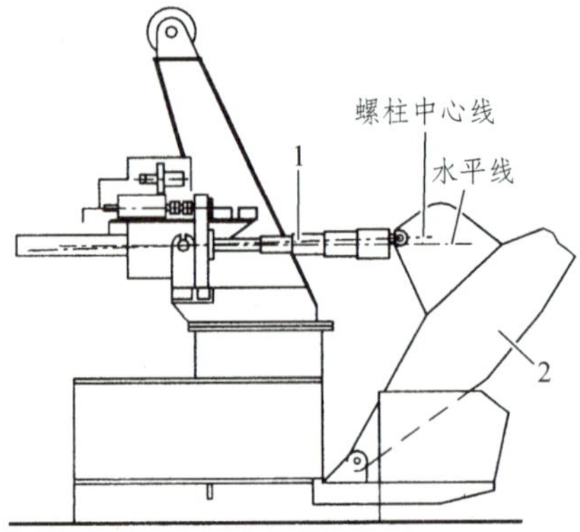

（a）

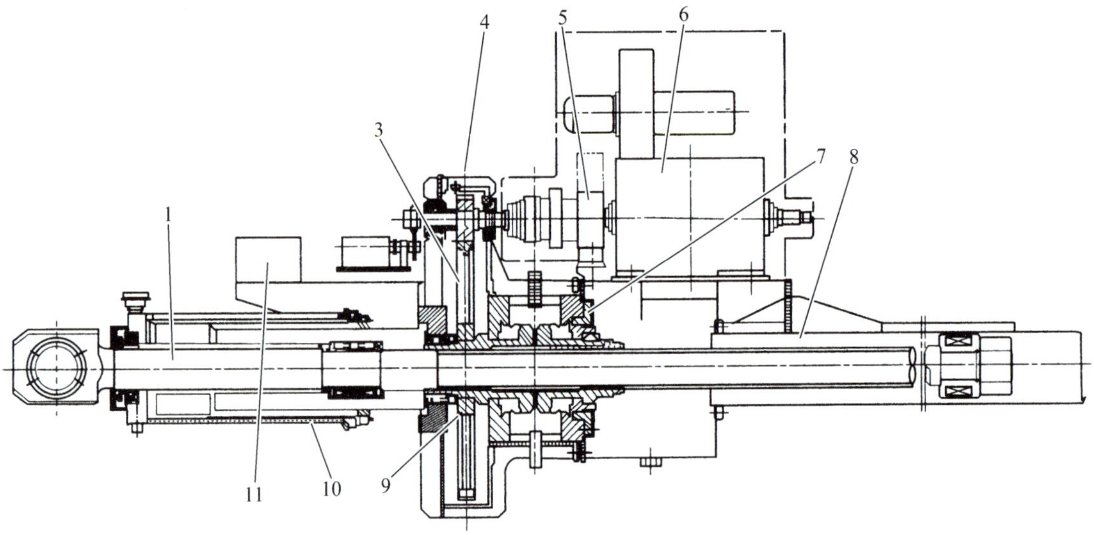

（b）

1—螺杆；2—臂架；3—从动大齿轮；4—主动小齿轮；5—联轴器；6—电动机；7—轴承；8—尾部护套；9—套筒螺母；10—伸缩套筒；11—平衡块。

图 2-45　螺杆驱动变幅机构

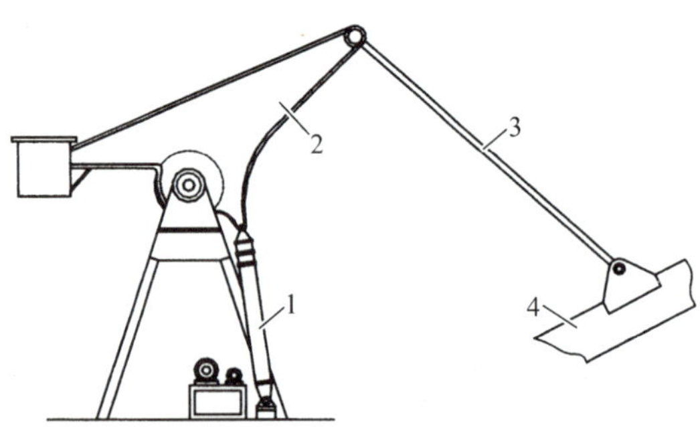

1—液压缸；2—平衡梁；3—变幅拉杆；4—臂架。

图 2-46　液压驱动变幅机构

液压驱动形式可以实现无级调速，工作平稳，结构紧凑，重量较轻，布置比较灵活，可驱动臂架，又可驱动平衡杠杆，但制造精度和密封防漏要求高。由于活塞杆行程有限，作用力臂小，受力较大；液压油的内部泄漏，难以使臂架长时间保持在任意幅度位置上；为保证双向受力的工作要求，液压系统要保证随时承受拉力或压力。这种传动形式主要用于轮胎起重机、汽车起重机的变幅和伸缩机构。

（二）变幅驱动装置的计算

变幅驱动装置计算的内容有：变幅阻力分析、载荷组合、选择电动机、选择减速器、选择制动器等。

所谓驱动装置，一般泛指用来拖动各种工作机构运动的动力设备。在某些采用复合驱动的特殊场合下，是指包括动力设备以及与之匹配的传动装置所形成的总成。驱动装置所形成的起开方案是起重机械的重要组成部分，很大程度上决定着整机的工作性能和构造特点。另外，驱动装置的工作性能、产品质量、投资和运行费用等，也对整机技术经济指标起着重大影响作用。因此，合理选择驱动装置是起重机械设计非常重要的工作内容。

实训任务　桥式起重机保养

为延长起重机的使用寿命，提高设备的利用率和保证安全生产，必须做好起重设备的日常保养和计划检修工作。

一、日常保养

切实做好检修间隔期间的起重机维护保养工作，是保证起重机正常连续运转的基础。正确地做好检修间隔期间的维护保养工作，可延长检修间隔期，减少检修工作量，提高设备的生产率。

起重机在检修间隔期间的维护保养分为：

1. 日检

该项工作与起重机操作人员交接班制度结合进行，主要由交接班的起重机操作人员共同对起重机的重要机电零部件，如吊钩、钢丝绳、各机构制动器、控制器、各机构限位器及各种安全开关动作是否灵敏可靠等进行检查。具体检查项目如下：

（1）检查保护箱的总电源开关是否已切断，严禁带电检查。

（2）钢丝绳有无破股断丝现象，卷筒和滑轮缠绕是否正常，有无脱槽、打结、扭曲等现象，钢丝绳端部的压板螺栓是否紧固。

（3）吊钩是否有裂纹，吊钩螺母的防松装置是否完整，吊具是否完整可靠。

（4）各机构制动器的制动瓦是否靠紧制动轮，制动瓦衬及制动轮的磨损情况如何，开位板是否齐全，磁铁冲程是否符合要求，杆件转动是否有卡住现象。

（5）各机构转动件的连接螺栓和各部件的固定螺栓是否紧固。各电气设备的接线是否正常，导电滑块与滑线的接触是否良好。

（6）起重机检查终点限位开关的动作是否灵活、正常，安全保护开关的动作是否灵活、工作是否正常。

（7）起重机各机构的转动是否正常，有无异常声响。

（8）并于下班前 15 min 清扫设备，保持良好的卫生环境。

2. 周检

由操纵该起重机的几位操作人员在每周末共同对起重机进行一次全面检查。周检内容包括：

（1）接触器、控制器触点的接触与腐蚀情况。

（2）制动器制动摩擦片的磨损情况。

（3）联动器上键的连接及螺钉的紧固情况。

（4）使用半年以上的钢丝绳的磨损情况。

（5）双制动器的起升机构，每个制动器制动力矩的大小。

（6）各电气限位开关是否灵敏可靠。

3. 月检

起重机操作人员与维修人员（电、钳工）共同对起重机进行检查。月检的内容除包括周检内容外，还包括以下内容：

（1）电动机、减速器、轴承支座、角形轴承箱等底座螺钉的紧固情况及电动机电刷的磨损情况。

（2）钢丝绳压板螺钉的紧固情况，使用 3 个月以上的钢丝绳的磨损及润滑情况。

（3）管口处导线绝缘层的磨损情况。

（4）各限位开关转轴的润滑情况。

（5）减速器内润滑油的油量。

（6）平衡轮处钢丝绳的磨损情况。

（7）开式齿轮转动的润滑情况。

4. 半年检查

可与起重机的一级保养结合起来进行，操作人员与修理人员共同进行。半年检查的内容除了包括周检、月检内容外，还应包括以下内容：

（1）控制屏、保护箱、控制器、电阻器及各接线座、接线螺钉的紧固情况。

（2）端梁螺钉的紧固情况。

（3）制动电磁铁汽缸的润滑情况，液压制动电磁铁的油量及油质情况。

（4）所有电气设备的绝缘情况。

（5）金属结构变形及有无开焊情况。

（6）车轮啃道情况。

5. 年度检查

可与起重机的二级保养结合起来进行，除半年检查的全部内容外，还应检查金属构件有无裂纹、焊缝有无锈蚀；大小车轮磨损状况；测量大车跨度及大车轨道跨度差；测量主梁的静挠度并进行静、动负荷试车；对起重机进行全面润滑。

二、计划检修

桥式起重机的计划检修是在计划规定的日期内对起重机进行维护和修理。其目的是防止起重机过度磨损或意外损坏，及时消除设备隐患，使起重机经常处于良好的技术状态，保证起重机的安全运转，达到以最短的停歇时间和最低限度维修费用来完成起重机的维修工作，从而实现增产节约、降低成本的目的。计划性检修按常规可分为小修、中修、大修。

1. 小修

小修的任务是排除在机构运行和保养中发现的故障，通过修理和更换部件使机械恢复正常工作。小修是局部的修理，花费时间短，坏什么修什么，其维修内容主要包括：

（1）对整台起重机的机械转动部分、电气设备部分和金属结构部分进行全面检查。

（2）对所有润滑点按各自的润滑周期进行清洗、换油润滑。

（3）对个别零部件的拆检、更换或修理。

（4）对某些电子元件的修理或更换。

（5）对于有破损趋势的机电零部件，应作为可预见性修理内容做好技术准备工作，以便在下一周期修理时进行处理。

2. 中修

中修是对起重机进行部分分解，修复或更换磨损的零部件，校正起重机的几何位置和精度，保持起重机的工艺性能。其维修内容除包括小修的全部内容外，还包括：

（1）对工作频繁、负荷较大的机电部件进行拆检、清洗、修理或更换并润滑。

（2）按计划对做好技术准备的机电部件进行更换。

（3）对起重机电气线路进行全面检查，更换部分老化接线和破损电气元件。

3. 大修

大修是全部解体、拆卸检查每个部件，修理可修的零件、更换不可修的零件或个别部件，要求起重机大修后达到或接近出厂规定的技术标准和力学性能。其维修内容主要包括：

（1）机构部分的各机构全部分解，包括减速器、联轴器、卷筒组、车轮组及取物装置等部件，更换损坏和已达到报废标准的零部件，清洗后重新装配并加油润滑，更换钢丝绳、各机构制动器及其打开装置。

（2）各机构电动机应进行分散、烘干、组装并加油润滑，更换破损严重的电动机。更换各机构制动器的打开装置；更换各机构破损的凸轮控制器；检修保护柜或更换保护柜；更换全部线路的接线，重新配线安装；更换照明信号系统的控制板等。

（3）金属结构部分，对已出现下挠或旁弯的主梁进行矫正修理并加固；对整台起重机全部清洗干净并涂漆两遍加以保护。

经大修后的起重机要进行调试，然后按静、动负荷试车程序进行鉴定，合格后方可投入生产使用。

三、起重机的润滑

1. 起重机润滑的基本要求

起重机的润滑是日常维护保养工作的重要内容之一，润滑情况的好坏不仅直接影响各机构的运转与机件寿命，而且还会影响安全生产和生产效率。因此，操作人员和检修人员必须经常检查起重机各润滑点的润滑情况，按时补充和更换润滑剂。

润滑工作应遵循的原则：凡有轴和孔动配合的地方，以及有摩擦面的机械部分，都要定期润滑。由于起重机使用条件（运用率和使用环境等）不同，对不同部位的润滑，应根据具体情况适当掌握。

2. 起重机润滑的方式

起重机各机构的润滑方式分为分散润滑和集中润滑。

中小型起重机一般采用分散润滑。润滑时使用油枪或油杯对各润滑点分别注油。分散润滑的优点是：结构简单，润滑可靠，维护方便，所用润滑工具易于购置，规格标准，成本较低等。

缺点是：润滑点分散，添加油脂时要占用一定时间，外露点多，易受灰尘覆盖或异物堵塞。

大起重量起重机、冶金专用起重机多采用集中润滑。集中润滑分手动泵加油和电动泵集中加油两种。集中润滑可以定时定量润滑，从一个地方集中供应多个润滑点，可减少维护工作量，提高安全程度和保持环境卫生。缺点是结构复杂，成本高。

3. 起重机需润滑的部件

三班制正常工作的桥式（龙门式）起重机需润滑部件和润滑周期见表 2-5。

表 2-5　桥式（龙门式）起重机需润滑部件和润滑周期

序号	零部件名称	润滑周期	润滑材料	备注
1	钢丝绳	15-30 天	合成石墨钙基润滑脂（SYB1405-65）、钢丝绳脂、黄干油	
2	减速器	6 个月	夏季：HL-30 齿轮油、HJ-50 机械油 冬季：HL-20 齿轮油、HJ-40 机械油	
3	齿轮联轴器	3 个月	钙基润滑脂（SYB1401-62）	
4	十字联轴器	每周	钠基润滑脂（SYB1401-62）	
5	滚动轴承	6 个月	钙基润滑脂（SYB1403-59）	
6	工作滑轮	3 个月	钙基润滑脂（SYB1403-59）	
7	制动电磁铁的汽缸	6 个月	钙基润滑脂（SYB1403-59）	
8	接触器、控制器、限位开关的转轴，主令控制器和凸轮控制器的滚轮	每周	40＃-50＃机械油	用小型油壶或用铁丝点注 2-3 滴即可

续表

序号	零部件名称	润滑周期	润滑材料	备注
9	控制器杠杆和各转动轴	每周	钙基润滑脂、钠基润滑脂 40＃-50＃机械油	少量
10	鼓形控制器的触头	每天	40＃-50＃机械油	把微量油倒在干净的布上擦
11	液压电磁铁、液压推动器	6个月-1年彻底更换	25＃变压器油（SY1351-65） 10＃航空油（SY1181-65）	
12	夹轨器齿轮和各转动轴	每周	40＃-50＃机械油	

4. 起重机润滑剂的种类

润滑剂分为润滑油、润滑脂和固体润滑剂三大类。润滑油是应用最广的液体润滑剂，起重机上常用的润滑油有机械油、齿轮油等。润滑脂是胶状润滑材料，俗称黄油、干油，它是由润滑油和稠化剂在高温下混合而成的，实际上是稠化了的润滑油，有的润滑脂还加有添加剂。固体润滑剂常用的有二硫化钼、石墨、二硫化钨等。

5. 起重机润滑的注意事项

（1）润滑剂在使用过程中必须保持清洁。

（2）使用前查看仔细，发现杂质或脏物时不能使用，使用时注意润滑剂的变化，如发现已变质失效，应及时更换。

（3）经常认真检查润滑系统和各部位密封状态和输脂情况。

（4）温度较高的润滑点要增加润滑次数并装设隔温或冷却装置。

（5）按情况选用适宜的润滑材料，不同牌号的润滑脂不能混合使用。

（6）各机构没有注油点的转动部位，应视需要用加油工具把油加进各转动缝隙中，以减少磨损和防止锈蚀。

（7）潮湿的地方不宜选用钠基润滑脂，因其吸水性强而且易失效。

（8）采用压力注脂法，应确保润滑剂进到摩擦面上。如因油脂凝结不通畅时，可采取稀释法疏通。

（9）凡更换油脂时，务必做到彻底以旧换新，清洗干净，封闭良好。

知识拓展　港口远程操控起重机

远控岸桥全国自动化程度最高、世界首台永磁直驱港口门座起重机

从山东港口日照港获悉，近期，世界首台永磁直驱港口门座起重机在山东港口日照港岚山公司正式投入使用，作为全国自动化程度最高的单小车远控岸桥也到港部署，提速山东港口日照港智慧绿色港口建设。

全国自动化程度最高的单小车远控岸桥

12月4日12时50分，运载着首批4台远控岸桥的“振华31”轮顺利靠泊山东港口日照港，作为全国自动化程度最高的单小车远控岸桥的来港，标志着山东港口日照港向全自动化码头迈出重要一步。

据悉，该批自动化远控岸桥前伸距60米，后伸距20米，轨上起升高度40米，额载70吨，采用了先进的自动化控制技术，配置船型扫描系统、负载定位系统、自动防摇防扭系统、集卡引导系统、操作视频监视系统等。

后台配置设备调度管理系统，能够接收来自于TOS的工作指令，并分发给相应的岸桥执行，同时将各台岸桥工作指令完成状态反馈至TOS，具备自动换贝、自动找位功能，能够高自动化完成集装箱船舶的智能装卸，同时在陆侧可配合无人集卡车及传统集卡车，完成全自动化、半自动化的抓放箱作业。

桥吊司机在远控中心通过远控台完成远程操作，无需上机作业，大大降低了工作强度和培训周期、准入门槛。此外，远控岸桥配备的智能润滑系统、钢丝绳自动润滑系统，可实现整机润滑状态的远程监控，大大提升了维修技术人员的工作效率，远控岸桥的整体运行状态较传统岸桥更加可控可靠。

世界首台永磁直驱港口门座起重机

近日，世界首台永磁直驱港口门座起重机在山东港口日照港岚山公司正式投入使用。永磁直驱港口门座起重机是在传统门机基础上，大幅度使用永磁直驱技术改造而成的，改造后的门机永磁直驱起升机构取消了减速机、联轴器、传动轴、轮式制动器等传动机构，实现了节能、降本。

改造后的门机实现了高效节能，起升机构的装机容量由400千瓦降为280千瓦，降低30%；实测单吨能耗较传统起升机构下降16%，单台门机年节约电费10万元以上；同时，有效节约了维修材料成本。按照设备润滑标准，改造前平均每2年（甚至更短）就要进行起升机构维修，两台起升齿轮箱检修一次需约10万元，改造后大幅降低了对减速机及相关装置的检修工作量。

此外，还实现智能控制。永磁直驱起升机构配备设备运行动态监测和自诊断系统，可感知故障自动语音报警。

据了解，起重机是在一定范围内垂直提升和水平搬运重物的多动作起重机械，而港口门座起重机是起重机领域的一个重要分支，山东港口日照港岚山公司现有65台门机，近年来，由于生产任务繁重、设备使用年限较长，设备零部件的老化使门机逐渐进入故障的高发期，特别是起升机构的故障率逐年上升，存在减速机齿面点蚀、断齿、漏油等难以彻底解决的问题，维护成本高。因此，对老旧设备进行技术改造升级势在必行。

山东港口日照港岚山公司，紧盯港口技术发展趋势，提出应用永磁直驱技术，建设世界首台永磁直驱港口门座起重机的重大课题。联合武汉理工大学、南京港机、海西重机、江西工埠等国内顶尖的起重机科研和制造单位成立了课题专班，经过一年多的技术攻关，最终决定将永磁直驱起升机构在25吨门机上安装试用，并取得成功。（搜狐网，2020-12-15）

桥式起重机日常检查保养记录

管理编号	机械名称	规格型号	使用单位/地点
司机	维保单位	审核人	
序号	检查项目		
1	安全保护装置	技术要求	实际检查情况
1.1	检查该机械上各种限位开关	有效、可靠	
1.2	有重量限制器的起重机，效核重量限制器	与实际重量相差小于+5%	
1.3	检查轨道端档、夹轨器缓冲装置及扫轨板	有效、可靠，扫轨板距轨道小于 10 mm	
2	金属构件		
2.1	检查门架各钢结构及焊缝	无变形，焊缝无裂纹	
2.2	检查运动构件的防护罩及栏杆	松动时对其紧固	
2.3	检查支腿上平台和主梁平台连接螺栓情况	发现异常及时处理	
3	吊具		
3.1	查看吊钩表面	光洁、无毛刺及裂纹或塑性变形	
3.2	检查吊钩转动情况	转动灵活	
3.3	紧固吊钩两侧锁紧螺母	如有松动，对其进行紧固	
4	钢丝绳		
4.1	检查钢丝绳	不得有笼状、断丝、弯折等	
4.2	检查钢丝绳润滑情况	钢丝绳表面无锈蚀，否则均匀涂抹润滑脂	
4.3	紧固钢丝绳两端的压板和钢丝绳卡子	无松动（小钩、大钩、行走小车、电缆盘等）	
5	滑轮及卷筒		
5.1	检查滑轮及滑轮组	运转灵活，无异常响声，滑轮外观无裂纹、缺口，防护装置无异常	
5.2	检查卷筒转动情况	转动灵活、无异常响声	
6	制动装置		
6.1	检查制动轮	表面光洁、干燥不得有裂纹	
6.2	检查制动器上摩擦垫片	制动轮与制动垫片接触均匀，制动块开度不超过 1 mm，摩擦垫片厚度不小于原厚度 50%	
6.3	润滑各转动铰点	对各转动铰点加 20 号机械油	
6.4	检查制动器上弹簧	无裂纹、否则更换	
6.5	检查推杆制动器的油位	达不到标准油位时加油	

续表

序号	检查项目		
7	联轴器		
7.1	检查联轴器	螺栓无松动、胶圈磨损严重应更换	
8	机械转动		
8.1	检查机械转动部位	运转平稳、无异响	
8.2	紧固电机和减速机并检查减速机油位	机构不得松动和跳动；减速机油位不足时添加	
8.3	查看开式齿轮	无断齿、尖齿及大面积点蚀	
8.4	检查钢轨上的行走轮（啃轨）	轮缘不得变形，踏面磨损正常无裂纹	
9	润滑		
9.1	按照润滑点图表对所有油嘴加注润滑脂	加注润滑脂，润滑良好	
10	电气系统		
10.1	检查导线电缆，电缆绞盘及电缆卷筒上导电环和碳刷磨损情况	不得破损、腐蚀、拉伤，碳刷接触均匀，否则应进行处理或更换	
10.2	清理各控制柜中电气元件上的尘土	干净、触头接触良好	
10.3	紧固各控制柜中电气元件端子的螺栓	牢固不得松动	
11	地基及轨道		
11.1	检查地基	不得有塌陷及坑凹不平现象	
11.2	检查钢轨、支腿	钢轨直线度，任意 2 mm 不小于 1.5 mm，支腿牢靠稳固	
12	其他		

检查情况及维保作业记录

维保负责人：　　　　年　　月　　日

注：检查后没问题的打钩“√”，发现问题的“×”，对问题及整改情况在作业记录中记录清楚，问题未整改的不允许继续作业。

项目三 起重机主要零部件

项目导入　小小缓冲器，避免大事故

传统码头的作业起重机防撞主要依靠司机眼睛观察、机械层防撞、电控层防撞来实现。在没有缓冲器的情况下，如果限制器发生故障，在惯性的作用下，会发生硬对硬的撞击，安全整改依据：依据中华人民共和国国家标准《起重机械安全规程第 1 部分：总则》(GB 6067.1—2010）第 9.2.10 缓冲器及端部止挡规定。

在轨道上运行的起重机的运行机构、起重小车的运行机构及起重机的变幅机构等均应装设缓冲器或缓冲装置。缓冲器或缓冲装置可以安装在起重机上或轨道端部止挡装置上。轨道端部止挡装置应牢固可靠，防止起重机脱轨。

机械层防撞通过安装在大车端部的缓冲器实现，如果 2 台轨道式门式起重机相撞，缓冲器会吸收轨道式门式起重机的部分动能，减少冲击。电控层防撞是在轨道式门式起重机上安装雷达、激光、超声波甚至视觉等测距传感器，并在传感器内设定减速距离和停止距离，传感器实时检测前方状况。现有的电控层防撞起作用后，只能低速运行，如果应用在自动化码头上，会严重影响效率，为了提高效率并保证安全性，需要从多个层面进行防撞设计。

思政案例　小岗位连着大使命——钢丝绳的“牵挂”

在日常生活工作中，我们经常可以遇见平凡的工人在平凡的岗位上从事着平凡的工作。但这些看似平凡的工作对于整个社会而言，是不可缺少的。在建设社会主义事业的过程中，各个领域、各个岗位、都需要像钢丝绳的“牵挂”一样，时刻不可松懈和大意。就像物流，没有交通运输保障岗位，快递运输司机无法顺利运输货品，快递小哥无法将包裹安全送到客户手中。滴水的平凡造就大海的磅礴，石头的平凡造就了高山的雄浑，做出自己的贡献，就能汇集起众志成城的强大力量。要完成小岗位的任务，也要掌握扎实的技能本领。就像起重机的钢丝绳，看似普通，但是对起重机的正常运行、安全生产工作起着不可或缺的重要作用。

知识目标　认识起重机主要零部件

起重机是一种能在一定范围内垂直起升和水平移动物品的机械，动作间歇性、作业循环性是起重机工作的主要特性。

知识储备

3.1　钢丝绳及其卷绕装置

一、钢丝绳

起重机械用钢丝绳

钢丝绳是起重机的重要构件之一，在起升机构、变幅机构中作为承载绳，如图 3-1（a）所示；有时也用于回旋机构、运行机构中，作为牵引绳，如图 3-1（b）所示。此外，钢丝绳还用作桅杆起重机的张紧绳、缆索起重机承载绳。系扎物品也多采用钢丝绳。

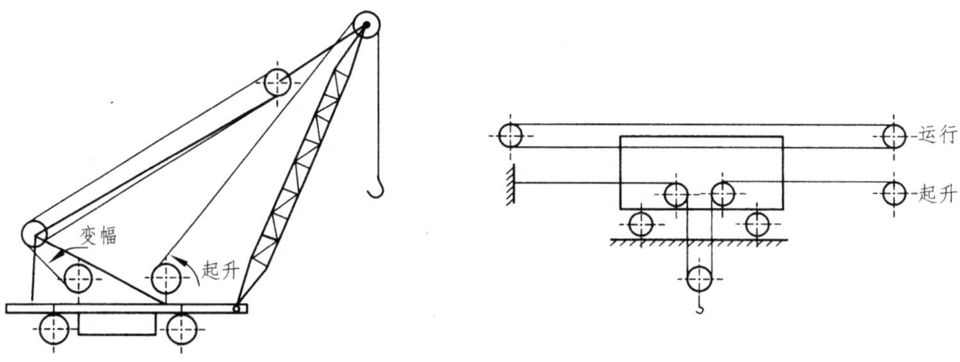

图 3-1　钢丝绳在起重机中的应用

1. 钢丝绳的构造和种类

钢丝绳是由多根钢丝围绕绳芯按一定规律捻制而成。捻制钢丝绳的钢丝其抗拉强度为 1400 ~ 2000 N/mm，钢丝的表面一般为光面，为适应潮湿环境以及具有腐蚀性环境条件下工作，可采用镀锌钢丝。根据许用弯曲次数，钢丝分为三级：特级，用于安全性要求较高的载客电梯；Ⅰ级，用于一般起重机；Ⅱ级，用于系扎、张紧绳等。

绳芯用以充填钢丝绳的中央断面，增加挠性。绳芯根据其材料不同，主要有机芯、石棉芯、金属芯几种。

钢丝绳的种类繁多，有多种分类方法。

根据捻绕次数，钢丝绳分为单、双绕及三绕组三种。

根据钢丝绳的捻制方向可分：同向捻（顺绕）、交互捻（交绕）和混合捻。

（1）同向捻（顺绕）：由钢丝捻制成股，股和成绳的捻向相同，如图 3-2（a）所示。这种绳挠性好，使用寿命长，但容易松散、扭转和打结，适用于经常保持张紧状态的牵引绳。

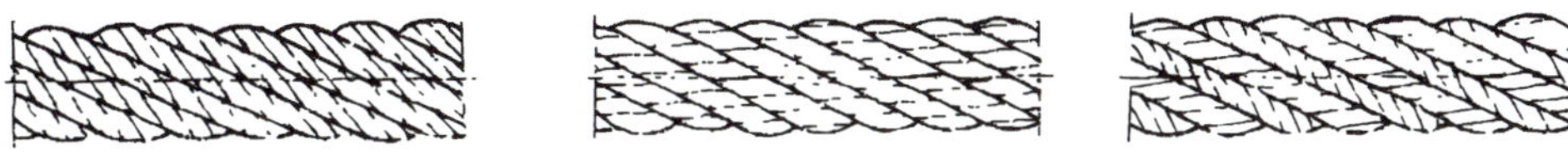

（a）同向捻（顺绕）　（b）交互捻（交绕）　（c）混合捻

图 3-2　钢丝绳的捻向

（2）交互捻（交绕）：如图 3-2（b）所示，这种钢丝绳，股和绳的捻向相反。在这种绳中，由于钢丝间的接触较差，挠性较差，使用寿命较低。但由于没有扭转，克服了顺绕钢丝绳容易松散的缺点，因而是常用的型式，常用于起升机构中。

（3）混合捻钢丝绳：这种钢丝绳由两种相反绕向的股捻成的钢丝绳。如图 3-2（c）所示。半数股为左旋，半数股为右旋，绳的性能介于上述二者之间，但制造复杂，很少应用。

钢丝绳根据绳的捻制方向，有右捻（绕）绳（标记为“右”或不标记）和左捻（绕）绳（标记为“左”），其特性无差别。如无特殊要求，一般用右捻绳。

无论是同向捻钢丝绳还是交互捻钢丝绳，当用作起升高度大的起升绳时，特别是悬挂钢丝绳分支较少时，经常由于钢丝绳旋转而出现起升绳扭缠现象。这种场合宜采用多层股不旋转钢丝绳（图 3-3）。这种钢丝绳的相邻层绳股的捻向相反，受载时，相邻层股的旋转力矩相反，其自由悬端不会发生旋转。

（a）多层圆型股不旋转钢丝绳　（b）多层异型股不旋转钢丝绳

图 3-3　多层股不旋转钢丝绳

根据股中钢丝间的接触情况，钢丝绳可分为点接触、线接触和面接触三种，如图 3-4，图 3-5 所示。

（a）点接触

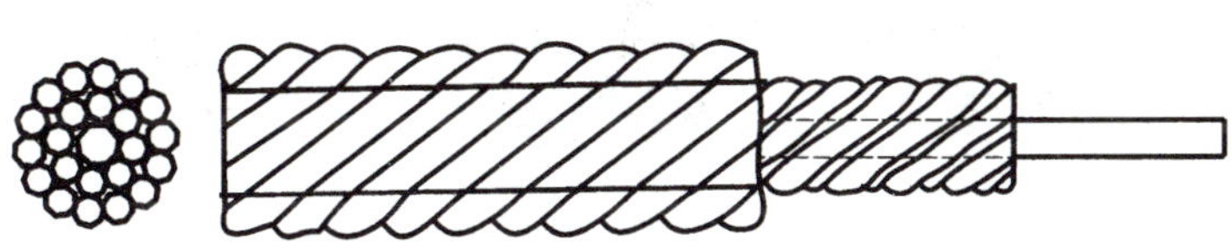

（b）线接触

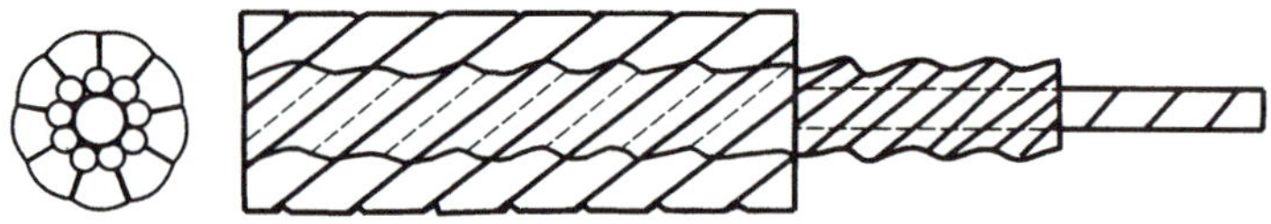

（c）面接触

图 3-4　点、线、面接触钢丝绳

（a）6 股 19 丝　　（b）6 股 37 丝

图 3-5　点接触钢丝绳

根据断面构造，线接触钢丝绳有西尔型、瓦林吞型及充填型。

西尔型：用“*X*”表示。其结构如图（3-6a）所示。西尔型钢丝绳由于外层钢丝较粗，因而挠性较差，需选用较大直径的滑轮和卷筒。但这种钢丝绳耐磨，适用于磨损较严重的场合。

（a）西尔型　　（b）瓦林吞型　　（c）充填型

图 3-6　线接触钢丝绳

瓦林吞型：又称粗细式，用“*W*”表示。其结构如图（3-6b）所示。因绳股截面的充填系数较高，且钢丝直径较西尔型均匀，挠性较好，承载能力相应较大，是起重机常用的型式。

充填型钢丝绳：用“*T*”表示，其结构如图 3-6（c）所示。

（3）面接触钢丝绳：面接触绳是用异型断面钢丝绕制成密封型结构，绳中钢丝间呈面接触如图（3-4c）所示。这种钢丝绳表面光滑，强度高，耐磨蚀，但制造工艺复杂，成本高。多用于特殊场合，如缆索起重机的承载绳。

根据股的形状，钢丝绳分为圆股绳和异形股绳。圆股钢丝绳，制造方便，最常用。异形股钢丝绳，有三角股、椭圆股及扁股等（见图 3-7）。

（a）三角股钢丝绳　　（b）椭圆股钢丝绳　　（c）扁股钢丝绳

图 3-7　异形股钢丝绳

2. 钢丝绳绳尾的联接固定

钢丝绳在起重机上常用的固定方法有以下几种：

（1）编结法。

编结法如图 3-8（a）所示。将钢丝绳绕过索具套环，绳尾各股分别编插于承载分支各股之间，每股编插 4 ~ 5 次，然后用软钢丝扎紧，捆扎长度 $l = (20 \sim 25)d$（d 为钢丝绳直径），但不应小于 300 mm。

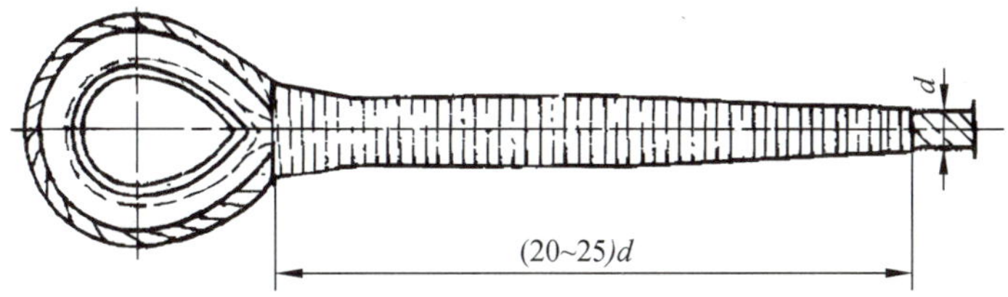

（a）

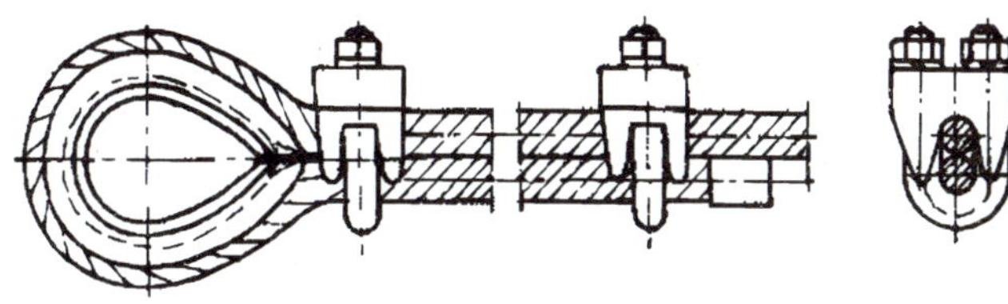

（b）

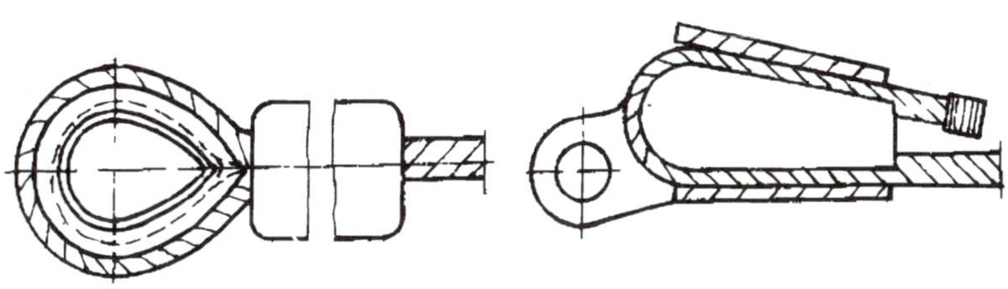

（c）

图 3-8　钢丝绳绳尾的联接固定

（2）绳卡固定法。

绳卡固定如图 3-8（b），此固定方法简单、可靠，故广泛被采用。绳卡的数量和型号与钢丝绳直径有关，但不应少于 3 个。通常 $d \leqslant 16$ mm 可用 3 个；$16 < d \leqslant 20$ 时，用 4 个；$20 < d \leqslant 26$ 时，用 5 个；$d > 26$ 时，用 6 个。绳卡方位应按图示方法，以免圆钢卡圈将钢丝绳工作分支压伤。绳卡的间距要布置适当。

（3）铝合金压套法。

铝合金压套法如图 3-8（c）所示。将绳尾与工作分支套入一个圆形的铝合金套管中，用压力机压紧即可。

（4）楔形套筒固定法。

套筒固定如图 3-8（d）所示，将钢丝绳尾端绕过楔块，利用楔块自动锁紧作用固定钢丝绳。这种方法简单，装拆方便。

二、滑轮与滑轮组

滑轮的主要作用是导向和文承，以改变钢丝绳的走向或达到省力的目的。根据滑轮的轴线是否运动，有定滑轮和动滑轮之分。只利用滑轮的转动来均衡钢丝绳拉力的滑轮叫均杨滑轮。

1. 滑轮的构造、材料和种类

滑轮由轮毂、轮辐和有绳槽的轮缘所组成，如图 3-9 所示。

起重机滑轮一般支承在心轴上，大多采用滚动轴承，低速滑轮或均衡滑轮也可采用滑动轴承。

根据制造方法，滑轮有铸造滑轮、焊接滑轮、热轧滑轮等。

（1）铸造滑轮[图 3-9（a）]，有铸铁和铸钢两类。一般制成实体的滑轮，这种滑轮具有较高的强度和冲击韧性。

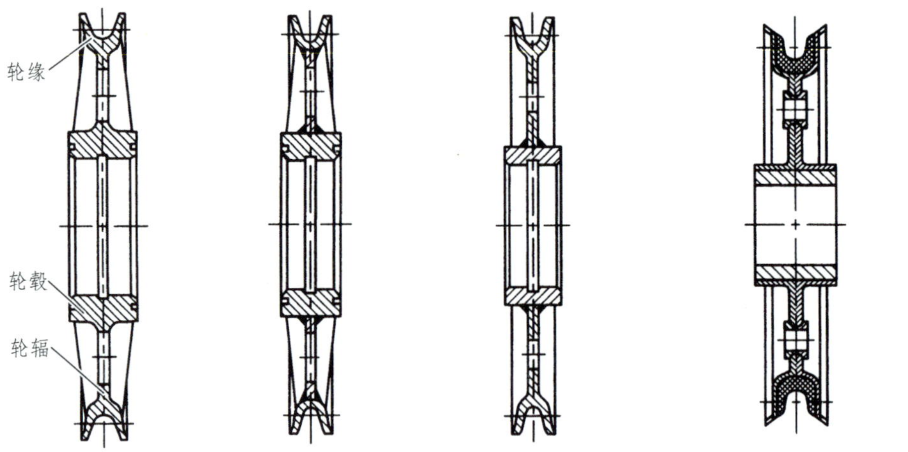

（a）铸造滑轮　（b）焊接滑轮　（c）热轧滑轮　（d）双辐板压制滑轮

图 3-9　滑轮的构造和分类

（2）焊接滑轮[见图 3-9（b）]，这种滑轮结构简单，强度高，抗冲击性能好，材料利用率高，重量轻（比同规格的铸钢滑轮轻约 40%），特别是轧制绳槽钢滑轮，绳槽几何精度高，硬度适中，可提高钢丝绳使用寿命。

（3）热轧滑轮[见图 3-9（c）]，热轧滑轮重量轻、强度好、精度高，绳槽表面硬度较高。热轧滑轮已在我国港口起重机中大量使用，已有系列产品。

（4）带尼龙绳槽衬垫双辐板压制滑轮[见图 3-9（d）]，其优点自重轻，绳槽耐磨性好，无噪声。

2. 滑轮直径和绳槽

（1）滑轮的直径。

为提高钢丝绳的使用寿命，滑轮的卷绕直径应满足

$$D_{0\min} \geqslant h \cdot d \tag{3-1}$$

式中，D_{0min}——滑轮的最小卷绕直径（mm），$D_0=D+d$；h——与机构工作级别和钢丝绳结构有关的系数，见表 3-1；d——钢丝绳直径（mm）；D——滑轮槽底直径（mm）。

表 3-1　系数 h

机构工作级别	卷筒 h_1	滑轮 h_2	机构工作级别	卷筒 h_1	滑轮 h_2
$M_1 \sim M_3$	14	16	M_6	20	22.4
M_4	16	18	M_7	22.4	25
M_5	18	20	M_8	25	28

注：① 当采用不旋转钢丝绳时，按此机构工作级别高一级的值选取。
② 对于流动式起重机，建议 $h_1=16$，$h_2=18$，与工作级别无关。

均衡滑轮的直径，对桥式类型起重机取与 D_{0min} 相同，对于臂架起重机应不小于 $0.6D_{0min}$。

（2）滑轮的绳槽形状和尺寸。

滑轮绳槽的形状和尺寸应满足：钢丝绳与绳槽有足够的接触面积；钢丝绳在绕进绕出滑轮时，能顺利通过而不会卡住，也不会脱出，钢丝绳相对绳槽有一偏角（≤4°）时，不脱槽、不磨边，能正常工作。

3. 滑轮组的类型、倍率

钢丝绳依次绕过若干定滑轮和动滑轮所组成的装置称为滑轮组。

（1）滑轮组的类型。

滑轮组按其作用可分为省力滑轮组和增速滑轮组。

省力滑轮组如图 3-10 所示，通过它可以用较小的驱动力产生很大的提升力，即用较小的力吊起较重的货物。它是起重机中最常用的滑轮组。

增速滑轮组如图 3-11 所示，它可使被驱动的货载获得高于驱动部件的速度，驱动部件以较小的行程，可使被驱动的货载得到较大的行程。增速滑轮组主要用于液压和气力驱动的起升机构中，如叉车的起升机构。

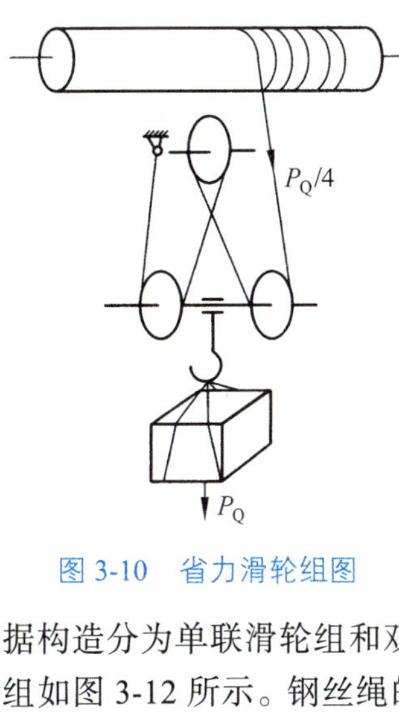

图 3-10　省力滑轮组图

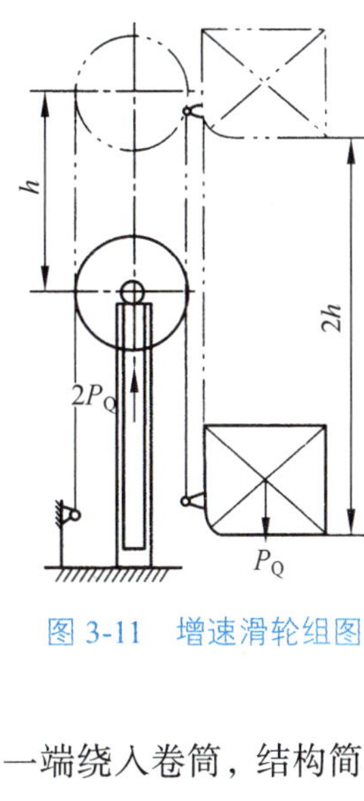

图 3-11　增速滑轮组图

滑轮组根据构造分为单联滑轮组和双联滑轮组。

单联滑轮组如图 3-12 所示。钢丝绳的一端固定，而另一端绕入卷筒，结构简单、重量轻，但当卷筒卷入或放出钢丝绳时，钢丝绳沿卷筒轴向移动，货物作垂直运动的同时还伴随有水平运动，用于桥式起重机时，会使货重载荷在两主梁上分配不均匀，给装卸、安装作业的操作带来不便。因此单联滑轮组多用于臂架类型的起重机（见图 3-13）。

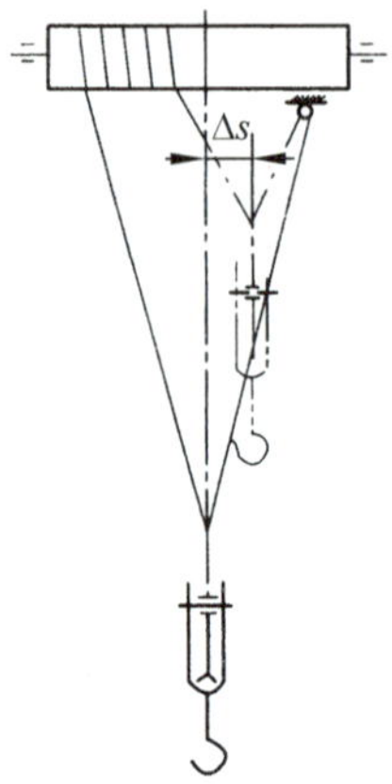

图 3-12　单联滑轮组起升时水平位移

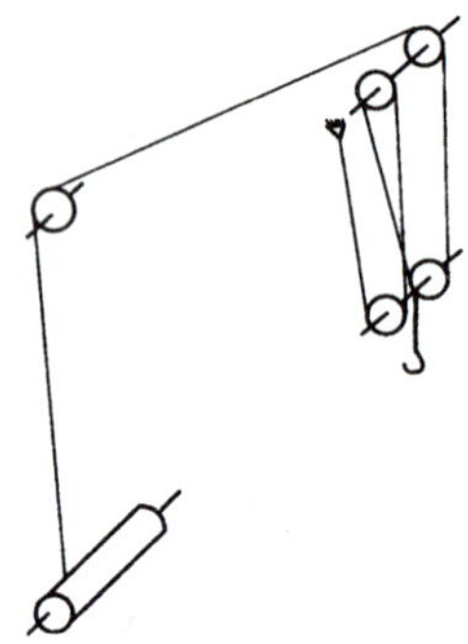

图 3-13　装设导向滑轮的单联滑轮组

双联滑轮组如图 3-14 所示，我们可以将其看作由两个单联滑轮组对称布置而成。每个单联滑轮组承受起升载荷的 1/2。为了均衡两个单联滑轮组的拉力和长度，设有均衡滑轮或均衡梁。因为两根钢丝绳对称绕入卷筒，所以避免了单联滑轮组中卷筒支座受载不均和货物水平移动的缺点，但体积大，重量增加，这种滑轮组多用于桥架类型起重机。

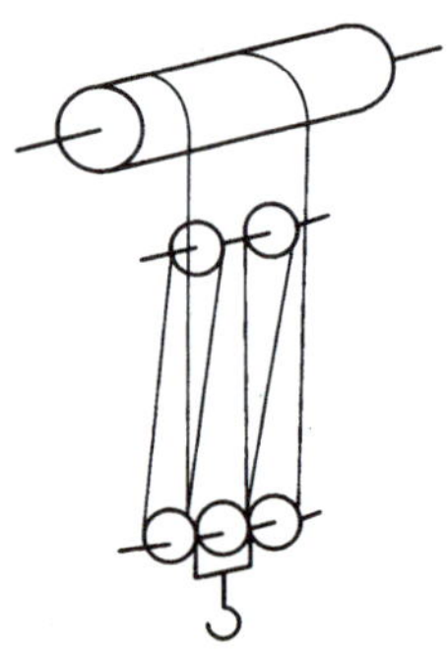

图 3-14　双联滑轮组

（2）滑轮组的倍率。

滑轮组的倍率 m 就是滑轮组省力或增速的倍数。

对省力滑轮组：

$$m=Q/S_0=\text{起升载荷/理论钢丝绳拉力}$$

$$=v_{\text{绳}}/v_{\text{货}}=\text{钢丝绳卷绕速度/货物起升速度}$$

对增速滑轮组：

$$m=v_{\text{货}}/v_{\text{驱}}=\text{货物起升速度/驱动部件速度}$$

$$=F_{\text{驱}}/Q=\text{理论驱动力/起升载荷}$$

图 3-15 是省力单联滑轮组展开图。如果不计及钢丝绳绕过滑轮的阻力，则钢丝绳每一分

支所受的力相等，根据平衡条件

$$m=Q/S_0$$

$$S_0=Q/i$$

式中，Q——起升载荷；i——滑轮组钢丝绳的承载分支数。

由此可见，单联滑轮组的倍率数值等于承载分支数，即 $m=i$。

同理，双联滑轮组的倍率数值等于承载分支数的二分之一，即 $m=i/2$。

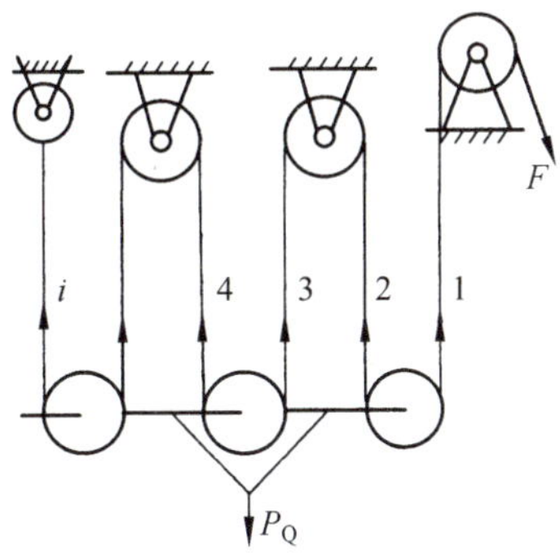

图 3-15　滑轮组展开图

4. 滑轮和滑轮组的安全技术要求及使用维护

（1）滑轮应能自由转动，并对钢丝绳提供足够的支持，避免钢丝绳承受过度的弯曲应力、径向压力和惯性。

（2）滑轮应有防止钢丝绳脱出绳槽的装置或结构。滑轮罩的侧板和圆弧顶板等于滑轮本体的间隙应不超过钢丝绳公称直径的 50%。

（3）人手可触及的滑轮组，应设置滑轮罩壳。对可能摔落到地面的滑轮组，其滑轮罩壳应有足够强度和刚性。

（4）每周应检查一次滑轮及滑轮组，滑轮润滑按使用说明书要求进行。

5. 滑轮的报废标准

滑轮出现下列情况之一时，应报废：

（1）影响性能的表面缺陷，如裂纹或铆接管松动。

（2）轮缘破损，轮槽不均匀磨损达 3 mm。

（3）轮槽壁厚磨损达原壁厚的 20%，因磨损使轮槽底部直径减少量达钢丝绳直径的 50%。

（4）双福板压制滑轮绳衬的磨损量超过原厚度的 50%，滑轮轴磨损量达原直径的 3%，绳衬和滑轮轴应报废。

三、卷筒

卷筒是起重机的重要零件之一，它用以收存钢丝绳，把电机的回转运动变为钢丝绳的直线运动，同时把驱动装置的驱动力传递给钢丝绳。

1. 卷筒的构造和类别

起重机中常用的卷筒多为圆柱形（图 3-16）。特殊要求时，也可做成圆锥形或其他曲面形式。

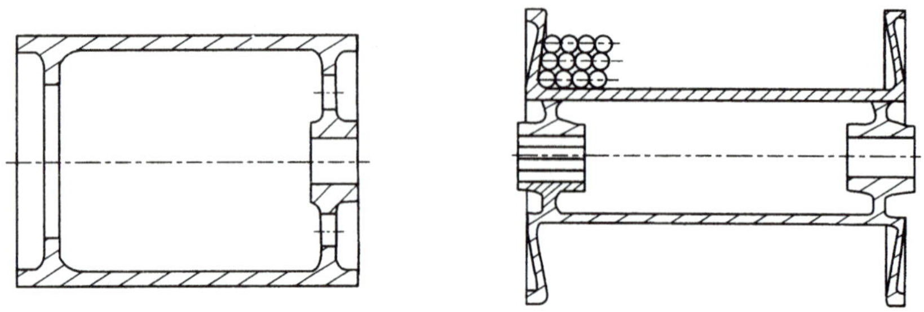

（a）单层卷绕卷筒　　（b）多层卷绕卷筒

图 3-16　卷筒构造

按卷绕层数，卷筒分为单层卷筒和多层卷绕。单层卷绕卷筒是港口起重机广泛应用的型式。卷筒表面切有螺旋绳槽，以增加钢丝绳和卷筒的接触面积，提高钢丝绳的使用寿命，也可保证钢丝绳排列整齐。

卷筒的绳槽有标准槽和深槽两种，螺旋绳槽的旋向有左旋和右旋。

在起重机中，一般采用标准槽，如果钢丝绳卷入卷筒偏斜角较大，或钢丝绳向上引出的卷筒，以及在作业中钢丝绳脱槽的可能性较大的场合，如抓头起升机构，宜采用深槽或者采用标准槽，同时加设压绳装置，以防钢丝绳脱槽。

多层卷绕卷筒用于起升高度大或者结构尺寸受到限制情况下，如汽车起重机。多层卷绕卷筒表面通常是光面的，钢丝绳呈紧密排列，相邻层钢丝绳绕向不同，相互交叉[图 3-17（a）]，接触情况恶劣，卷绕过程中，钢丝绳互相摩擦，降低了钢丝绳的使用寿命。

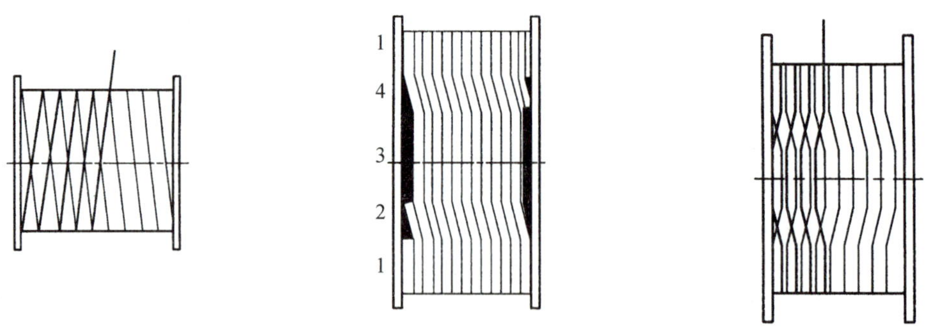

（a）普通多层卷绕卷筒卷绕简图　　（b）莱—布斯卷筒表面展开图　　（c）莱—布斯卷筒卷绕简图

图 3-17　多层卷绕卷筒卷绕简图

近年来，在国外的一些大型起重机中采用一种新型结构的多层卷绕卷筒——莱—布斯（Le-Bue）卷筒。图 3-17（b）为莱—布斯卷筒的表面展开图，卷筒的每一圈绳槽分成四段，卷筒侧壁设有特殊的导向台阶。当钢丝绳依次进入 1—2—3—4 段绳槽后，正好卷绕一周，并沿卷筒轴线方向前进一个节距。钢丝绳绕满一层后，沿导向台阶升至第二层，同时从第二层起始圈起改换了该层的卷绕方向，该层钢丝绳交叉越过底层螺旋区段钢丝绳后进入直线区段［图 3-17（c）］。

卷筒的两端多用辐板支承，辐板的筒体可铸成一体（见图 3-19），也可以分别铸造加工后用螺栓连接（见图 3-18）。卷筒筒体中间不宜布置任何纵向或横向加强筋，因为在加强筋附近会产生很大的局部弯曲应力，使卷筒在该处开裂。

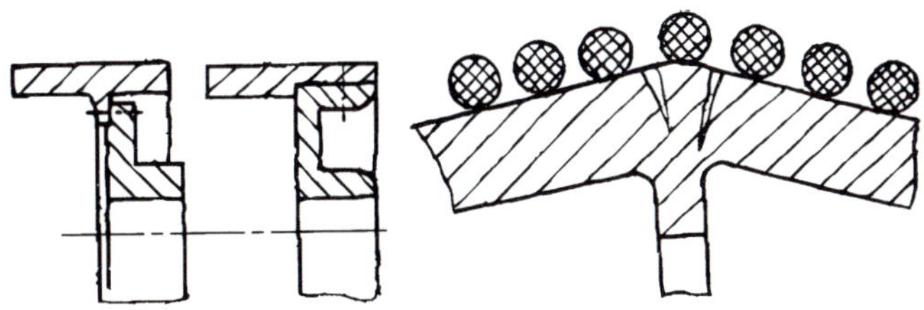

（a）轴向螺栓连接（b）径向螺栓连接　（c）卷筒横筋处的褶裂

图 3-18　卷筒体与辐板的连接

单层卷绕卷筒一般没有侧边。多层卷绕卷筒为了挡住钢丝绳都带有侧边，其高度应比最外层钢丝绳高出 1～1.5 倍的钢丝绳直径。

卷筒一般采用不低于 *HT*200 的铸铁制造，重要的卷筒可采用球墨铸铁。

2. 卷筒主要尺寸计算

（1）卷筒槽底直径 D:

$$D \geqslant (h-1)d \tag{3-2}$$

式中，h——系数，取值见表 3-3；d——钢丝绳直径。

卷筒直径 D 的大小影响钢丝绳的弯曲程度。为了提高钢丝绳寿命，要求 D 愈大愈好。但是在起升速度和电机转速一定的情况下，卷筒直径愈大，要求卷筒转速愈低，这就必须加大减速器的速比，增大减速器结构尺寸。

（2）卷筒长度：

① 单层卷绕卷筒的长度。单层卷绕卷筒有单联卷筒（图 3-19）和双联卷筒（图 3-20）。单联卷筒用于单联滑轮组，双联卷筒用于双联滑轮组。

单联卷筒的长度（图 3-19）

$$L=L_0+l_1+2l_2 \tag{3-3}$$

$$L_0=\left(\frac{Hm}{\pi D_0}+n\right)t \tag{3-4}$$

$$D_0=D+d$$

式中，L_0——螺旋绳槽部分长度；H——起升高度；D_0——卷筒直径；n——附加安全圈数，其作用是减小绳尾拉力，便于固定，一般 n=1.5～3 圈；t——绳槽节距；l_1——绳尾固定部分长度，按固定方法确定，一般取 l_1=3 t；l_2——卷筒两端空余部分长度，根据结构需要确定。

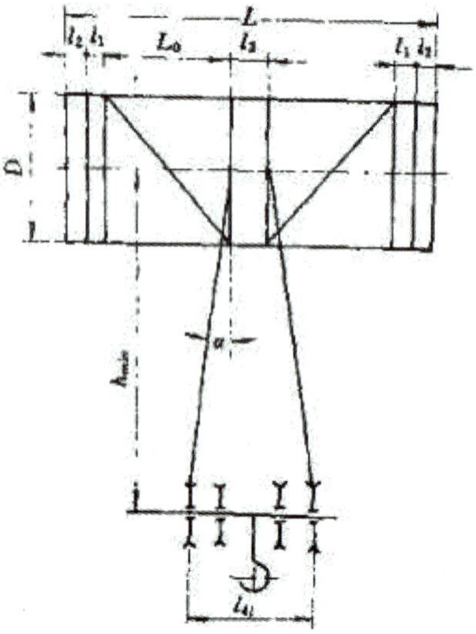

图 3-19　单联卷筒

双联卷筒的长度（图 3-20）

$$L=2（l_0+l_1+l_2）+l_3（3-l_3）$$

l_3 为卷筒中间无绳槽部分的长度，由钢丝绳允许偏角（允许偏斜度约为 1∶10）以及取物装置中引出钢丝绳的两滑轮的间距 L_4 确定。根据图示几何关系可得

$$l_3-0.1H_{min}\leqslant l_3\leqslant l_4+0.1H_{min} \quad (3-5)$$

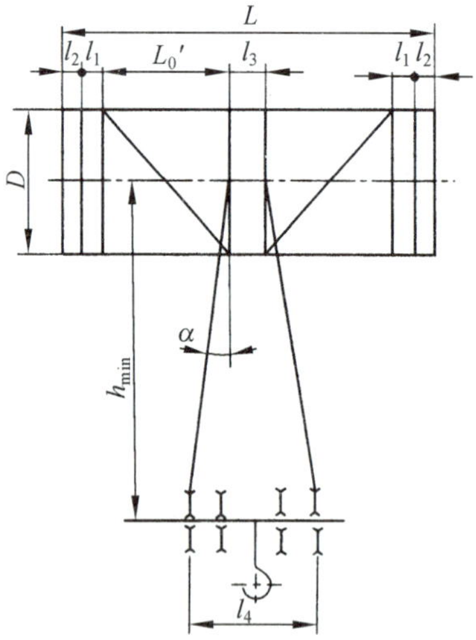

图 3-20　双联卷筒

② 多层卷绕卷筒的长度（见图 3-21）。

设多层卷筒的各层卷绕直径分别为：D_1、D_2、D_3、…、D_n，共 n 层，每层为 Z 圈，则卷筒总的绕绳为：

$$L_1=\mathrm{m}\cdot H=Z\pi（D_1+D_2+\cdots+D_n）$$

其中，$D_1=D+d$，$D_2=D+3d$，…，$D_n=D+（2n-1）d$。

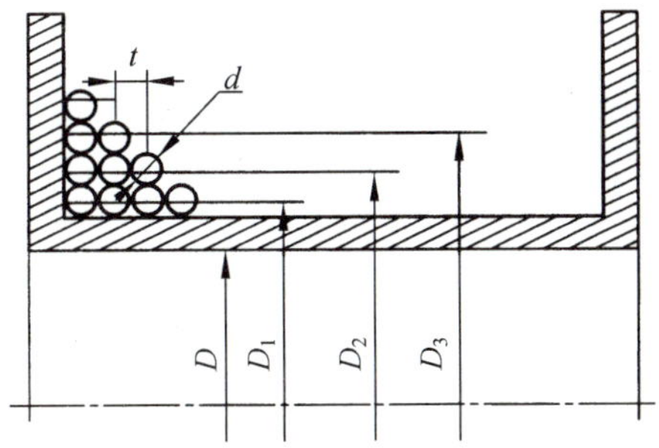

图 3-21 多层卷绕卷筒

代入上式得

$$L_1 = mH\{nD + d[1+3+5+\cdots+(2n-1)]\} = Z\pi\{nD + d\frac{n}{2}[1+(2n-1)]\}$$

$$= Z\pi n(D+nd)$$

故
$$Z = \frac{mH}{\pi n(D+nd)} \tag{3-6}$$

卷筒长 $L=1.1Zt$

而 $t \approx d$

故
$$L = 1.1Zd = 1.1\frac{mHd}{\pi n(D+nd)} \tag{3-7}$$

式中，系数 1.1 考虑钢丝绳排列不均匀。

3. 钢丝绳绳尾在卷筒上的固定

钢丝绳绳尾在卷筒上的固定应当保证工作安全可靠，便于检查、更换钢丝绳，并且在固定处不应使钢丝绳过分弯折。目前所采用的固定方法是运用摩擦原理实现的。在港口起重机上，常采用压板将绳尾固定在卷筒的外表面上，如图 3-22（a）所示。这种方法构造简单，安全可靠，钢丝绳的检查和更换都比较方便。但所占用的空间位置较大，且不能用于多层卷绕卷筒。

图 3-22（b）所示为一种用螺钉和压板固定方法。钢丝绳引入卷筒内特制的槽内，然后拧紧螺钉，使压板紧压钢丝绳而固定，采用这种固定方法，卷筒较短，但其构造复杂，且只适用于单层绕卷筒。

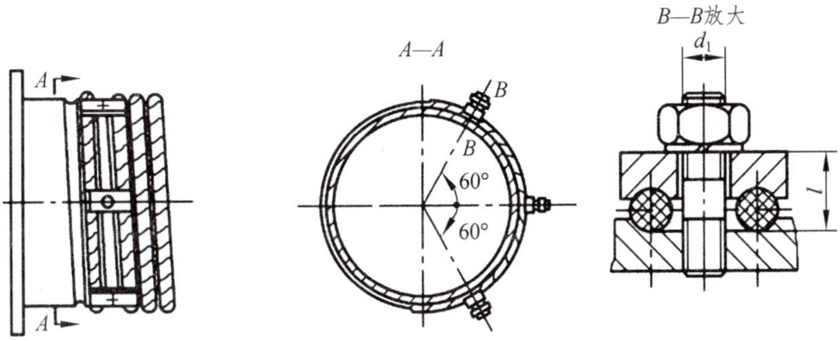

（a）

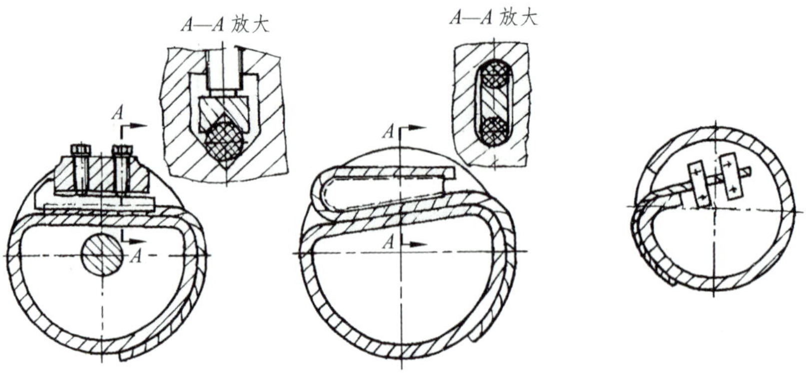

（b）　　（c）　　（d）

图 3-22　钢丝绳绳尾在卷筒上的固定

楔块固定法如图 3-22（c）所示。钢丝绳绕过模块后打入卷筒内特制的楔形孔内。楔块的斜度一般为 1∶4～1∶5，以满足自锁条件。楔块固定结构紧凑，并可用于多层绕卷筒。缺点是卷筒构造复杂。

图 3-22（d）所示是将绳尾引入卷筒里面，再用压板固定在卷筒辐板上。这种方法结构紧凑，适用于多层卷绕。

4. 卷筒的安全技术要求及使用维护

（1）钢丝绳在卷筒上应能按顺序整齐排列。只缠绕一层钢丝绳的卷筒，应有绳槽；用于多层缠绕的卷筒，应采用排绳装置或便于钢丝绳自动转层缠绕的凸缘导板结构等。

（2）多层缠绕的卷筒，应有防止钢丝绳从卷筒端部滑落的凸缘。当钢丝绳全部缠绕在卷筒后，凸缘应超出最外面一层钢丝绳，超出的高度应不小于钢丝绳直径的 1.5 倍（对塔式起重机，应不小于钢丝绳直径的两倍）。

（3）卷筒上钢丝绳尾端的固定装置，应安全可靠并有防松或自紧的功能，如果钢丝绳尾端用压板固定，固定强度应不低于钢丝绳最小破断拉力的 80%，且至今应有两个相互分开的压板夹紧，并用螺栓将压板可靠固定。

（4）每周检查一次卷筒，重点检查钢丝绳尾端压板与螺栓的固定情况，不得松动。

（5）卷筒应按使用说明书要求润滑。

（6）卷筒的报废情形。

① 影响性能的表面缺陷，如裂纹等。

② 筒壁磨损达原壁厚的 20%。

3.2　取物装置

一、概述

起重机必须通过取物装置将起吊物品与起升机构联系起来，从而进行这些物品的装卸吊运和安装等作业。

对于取物装置主要有以下要求：

（1）提高生产率。减轻自重，缩短装卸时间。

（2）减轻体力劳动。

（3）安全作业。对于吊运的物品应当防止坠落或其他损伤，对于作业人员应防止发生人身伤亡事故。

二、吊钩与吊环

吊钩和吊环是起重机中应用最广泛的取物装置，通常与滑轮组的动滑轮组合成吊钩组，与起升机构的挠性构件联系在一起。

1. 吊钩

（1）吊钩的材料。

吊钩断裂可能导致重大的人身及设备事故，因此，吊钩的材料要求没有突然断裂的危险。从减轻吊钩自重的角度出发，要求吊钩的材料具有高强度。大起重量的吊钩可采用钢板，称为叠片式吊钩。目前大起重量的吊钩也有采用锻造成形的。叠片式吊钩一般不会因突然断裂而破坏，因此，叠片式吊钩比锻造吊钩具有更大的安全性。但是叠片式吊钩自重较大，因为它的截面形式不如锻造吊钩合理。

用铸造方法制造的吊钩由于工艺上尚不能排除铸造缺陷，不合乎安全要求，因此目前不允许使用。由于钢材在焊接时难免产生裂纹，因此也不允许使用焊接制造和修复的吊钩。

使用的吊钩需经过检查，打上合格印记，并在使用中进行定期检查。

（2）吊钩的种类。

根据制造方法的不同，吊钩可分为锻造吊钩和叠片式吊钩；根据形状的不同，吊钩又可分为单钩和双钩，如图 3-23 所示。

（3）吊钩的构造图。

把吊钩的外形已表示清楚，下面将各部分的形状作一简单介绍。

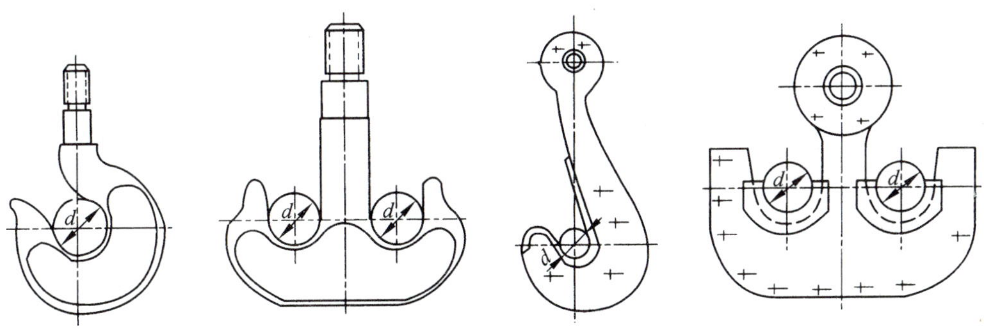

（a）锻造单钩　（b）锻造双钩　（c）片式单钩　（d）片式双钩

图 3-23　吊钩的种类

吊钩钩身（弯曲部分）的截面形状有圆形、矩形、梯形、T 形与工字形等，

为了防止系物脱钩，有的吊钩装有闭锁装置[图 3-24（a）]。轮船装卸用的吊钩通常制成图 3-24（b）所示的形状。

（a）有闭锁装置吊钩　　（b）装卸用吊钩

图 3-24　吊钩形状

2. 吊环

起重量极大的货物采用吊环起吊，它比吊钩的自重轻。在吊运一般货物时，系物绳难以穿过吊环的孔，这是它极少应用的原因。

根据构造形式的不同，吊环可分为铰接吊环和整体吊环。

三、抓斗

起重机械用抓斗

1. 抓斗的种类及工作原理

（1）概述。

抓斗是一种自动的取物装置，它的抓取与卸料动作由起重机司机操纵，不需要辅助人员协助，因而避免了繁重的人力劳动，同时也节省了辅助时间，大大提高了装卸生产率。典型抓斗的构造如图 3-25 和图 3-26 所示。抓斗主要用于装卸大量的散粒物料，也有用于抓取圆木的抓斗（图 3-27）。抓斗广泛应用于矿山、冶金厂、港口、车站、煤场及其他散粒物料仓库。

图 3-25　双绳抓斗

图 3-26　四绳抓斗

图 3-27　圆木抓斗

抓斗的缺点是自重大，设计抓斗时应努力减轻它的自重，在这方面尚需进行许多研究工作。

抓斗起重机的起重量是抓斗载荷与抓取物料自重之和。即

$$P_Q=P_{QNA}+P_{QPL}$$

式中，P_Q——抓斗起重机的额定起升载荷（P_{QPc}）；P_{QNA}——抓斗自重载荷；P_{QPL}——抓斗物料自重载荷。

在水中抓取物料的抓斗，例如疏浚用的泥抓斗，因为有真空吸力的作用，应适当增大起

重机的起重量，通常

$$P_Q \approx 1.3(P_{QNA}+P_{QPL})$$

（2）抓斗的种类。

根据抓取物料的不同，抓斗可分为矿石抓斗、煤抓斗、粮食抓斗等。

根据抓斗开闭方式不同可分为单绳抓斗、、双绳抓斗及马达抓斗。最常用的是双绳抓斗，其生产率高。单绳抓斗可以用于普通单卷筒绞车，但结构与操作复杂，生产率低，用于兼运成件物品及散粒物品的起重机。马达抓斗不需要专门的双卷筒绞车，自身带有闭合机构，但需附属的电缆卷筒，它的特点是抓取能力大。

（3）双绳抓斗工作原理。

双绳抓斗由头部、撑杆、颚板及横梁组成。双绳抓斗的抓取及卸料动作是利用两个卷筒（起升卷筒和闭合卷筒）及两根钢丝绳 （起升绳与闭合绳）来操纵的。起升绳系在抓斗的头部，闭合绳以滑轮组的形式绕于头部和横梁之间，倍率通常为 2～6。抓斗颚板挖入料堆，抓取物料。当抓斗完全闭合时，立即开动起升卷筒，这时起升卷筒与闭合卷筒共同旋转，将满载抓斗提升到适当高度。当抓斗移动到卸料位置时 *AR* 向下降方向开动闭合卷筒，起升卷筒停止不动，抓斗张开卸料。总之，当起升绳与闭合绳速度相同时，抓斗就保持一定的开闭程度起升或下降；当起升绳与闭合绳速度不同时，抓斗就开闭。其动作见表 3-2。

表 3-2　双绳抓斗的开闭升降

抓斗	开	闭	升	降
起升绳	停	停	升	降
闭合绳	降	升	升	降

双绳抓斗的起升绳与闭合绳常常成双布置，这样使得抓斗工作时更为稳定，同时钢丝绳较细，可使卷筒与滑轮直径减小，这时共有四根绳，称为四绳抓斗。

（4）单绳抓斗的工作原理。

单绳抓斗用于只有一个起升卷筒的普通起重机上。单绳抓斗由头部、撑杆、颚板及横梁组成。它的开闭动作基本上与双绳抓斗相同，只是这里只有一根钢丝绳，它应当轮流担负起升绳与闭合绳的任务。任务的转换是通过特殊的锁扣装置来实现的。锁扣的不同结构产生有多种多样的单绳抓斗。例如，依靠卸料钟卸料的单绳抓斗；依靠操纵绳卸料的单绳抓斗；依靠抓斗落到料堆上，然后进行卸料的单绳抓斗等。下面以最后一种形式为例说明单绳抓斗的工作原理。

（5）马达抓斗的工作原理。

马达抓斗本身带有闭合机构，它的样式繁多，我国主要采用图 3-28 所示的形式，其原理是把标准电动葫芦装到抓斗上作为开闭机构。

马达抓斗可以看作将闭合卷筒移到抓斗本身上去，由于马达抓斗在闭合时不再像双绳抓斗那样受闭合绳向上的拉力，抓斗自重全部都起挖掘作用，因而抓取能力大，最适用于抓取矿石等难抓的物料。

图 3-28　马达抓斗

近年来随着液压传动技术的发展，越来越广泛地采用液压抓斗，其优点是结构紧凑。

2. 影响抓斗抓取能力的因素

（1）抓斗自重的影响。

如前所述，抓斗抓取物料的能力是靠抓斗的自重产生的。

设计抓斗时必须保证有足够的自重，不同的物料需要不同的抓斗自重。密度大与难抓的物料，如大块矿石与坚实料堆，需要自重大的抓斗；而粮食和煤则需要较轻的抓斗；现有的抓斗如果要抓取更重、更难抓的物料，则可以在抓斗上附加重物。

一般来说，抓斗的质量与抓取的物料质量相近。即

$$m_{NA} \approx \mathrm{p}V \tag{3-8}$$

式中，m_{NA}——抓斗质量；V——物料体积。

双绳抓斗的自重分配见表 3-3。

表 3-3　双绳抓斗的自重分配

头部	撑杆	颚板	横梁
22%	15%	45%	18%

自重分配对于抓取能力的影响，在滑轮组倍率较小时比较明显，随着滑轮组倍率的增加，其影响越来越小。对于马达抓斗，其抓取能力完全由抓斗总自重决定，自重的分配对于抓取能力无任何影响。

（2）闭合滑轮组倍率 m 的影响。

增大闭合滑轮组的倍率 m 可以降低闭合绳在抓取过程中的张力 $S2$，使挖掘压力 P 增大，从而提高抓斗的抓取能力。应当综合考虑各种情况；如果设计时有使抓斗最轻的要求，可以先从强度出发设计抓斗，然后再从最轻自重出发确定滑轮组的倍率。

（3）抓斗最大开度 L 的影响。

抓斗在某一限度内增大开度可以提高抓取能力，当开度过大时，抓取深度急剧降低，抓取能力反而减小。这时在抓斗闭合的后阶段，由于已抓取的物料所产生的阻力增加，使闭合绳张力 S 急剧增大，甚至将抓斗提起，使刃口离开料堆，反而吐出了原先已经刮集的物料，只有当料堆很薄时才适于采用开度很大的抓斗。收集舱底剩余物料的耙集式抓斗的一个特点就是开度很大。

（4）物料性质的影响。

物料的密度、块度与内摩擦因数对于抓斗的抓取量有很大的影响。密度大、块度大与内摩擦因数大的物料是最难抓取的，因而抓取量最低。一方面是由于这种物料阻碍抓斗的刃口向深处挖掘，另一方面由于闭合过程中阻力也大，使闭合绳张力 S 增大，从而降低挖掘压力 $P\mathrm{r}$，使抓取深度减小。

如前所述，对于难抓取的物料，即密度大、块度大或内摩擦因数大的物料，例如大块矿石，应当采用重的抓斗，并且选用较大的滑轮组倍率；对于容易抓取的物料、例如粮食，则采用自重较轻、滑轮组倍率较小的抓斗。

（5）闭合速度的影响。

一般来说，闭合速度提高，物料的阻力增大，从而使抓取量减小。这主要是因为物料空隙中空气的溢出导致阻力增大，此外也由物料的惯性力增大以及抽空现象影响增大等原因所致。对于一般的松散物料来说，若颚板几何尺寸合理，则在通常的闭合速度范围内，闭合速度对于抓取能力无显著的影响。

（6）抛掷速度的影响。

将抓斗以高速落于料堆上，可以帮助抓斗插入物料，从而提高抓取能力。但这种作用只是对于抓斗不易插入的物料才有显著的效果，例如大块物料、坚实的料堆以及结有坚实硬壳的料堆。对于松散物料，抛掷速度对于抓取能力影响不大，虽然在最初阶段抓取得较多，但在后一阶段刃口又向上退出，使得抓取量增加甚少。

四、集装箱吊具

近些年来集装箱运输事业发展很快，相应地出现了集装箱起重机，如集装箱装卸桥、集装箱门式起重机、集装箱卸船机、集装箱跨运车以及集装箱叉车等，其起吊对象都是标准尺寸的集装箱（GB/T 1413—2008），这就需用专用的集装箱吊具进行作业。常见的集装箱吊具有整体式和伸缩式两种。图 3-29 所示为整体（固定）式集装箱吊具，它是按确定规格的集装箱尺寸设计而成的，使用范围受到一定限制。图 3-30 所示为伸缩式集装箱吊具，其特点是在吊具上装有机械式或液压式伸缩机构，并能在 6 ~ 12 m 范围内进行伸缩调节，以适应 6 ~ 12 m 长度的集装箱装卸要求，使用方便。

集装箱吊具

图 3-29　所示为整体（固定）式集装箱吊具

图 3-30　所示为伸缩式集装箱吊具

上海振华重工（集团）股份有限公司还开发了可一次吊三只 40 m（l_{in}=0.0254 m）集装箱的高效吊具。它既可以进行三箱作业，还可以进行单箱和双箱作业，此时，不工作的其他吊具可在顶部锁牢。

五、起重吸盘

起重吸盘

黑色金属及其制品在特定的温度下具有导磁性，利用起重电磁盘对其进行装卸作业，不需辅助劳动力，可自动作业，效率高且安全。例如，400～600*C* 的黑色金属热轧制品的搬运工作由于操作工人无法接近，起重电磁盘便成为唯一的取物装置，如图 3-35 所示另外，对于宽大尺寸的薄板类物品，还可使用起重真空吸盘。

3.3 制动装置

起重机械是通过各种机构如起升、大车和小车运行、回转和臂架俯仰等机构）协调运动来完成物料搬运作业的，具有间歇动作、频繁正逆运动、经常起动和制动的工作特征，因此，制动装置及技术是保证起重机械正常运行和安全工作的关键环节。制动装置可分为制动器和停止器两大类。

一、基本概念及分类

所谓制动，就是对运动物体（机构）施加一个与原运动方向相反的阻力《或阻力矩），从而使其减速或停止运动的过程。根据所施加阻力（或阻力矩）的性质，制动可分为机械制动、电气制动和液力制动等。

1. 机械制动

通过机械装置向运动物体（机构）施加制动力或制动力矩，从而使其减速、停止运动或支持（维持）不动的制动过程称为机械制动，广泛应用于各种起重机械。机械制动属于直接接触式制动，主要采用各种机械式制动装置来进行，如各种形式的鼓式（盘式或带式）制动器、阻尼制动装置等。由于机械制动常伴有能量热转换过程，为了改善系统的制动性能，减少摩擦副的发热及磨损，提高制动系统的安全性和可靠性，最好采用电气制动与机械制动组合的制动系统，前者用于机构的减速制动阶段，后者主要用于机构的停车制动阶段。

2. 电气制动

通过改变电动机电动状态的接线形式，使其进入发电制动状态，产生与机构转动方向相反的、起阻碍作用的电磁转矩，从而形成电气制动。电气制动有多种形式，包括能耗制动、反接制动、再生-反馈制动以及专门制造的电气制动装置（如涡流制动器、变频调速装置等）。电气制动属于非直接接触式制动，多用于机构减速制动、调速制动（如重物恒速下放）以及水平停车制动等场合。由于电气制动不具有支持制动功能，并且不能应用在失电状态，因此，起重机械上的电气制动应与机械制动组合使用。

3. 液力制动

通过液力偶合器、离合器等组成的液力装置，或各种液压泵、液压阀等组成的液压装置，利用液体（油、水等）介质及装置所产生的流体阻尼（如黏滞阻尼、涡流阻尼等）进行能量转换（机械能转换为液压能及热能），从而形成与运动系统运转方向相反的、起阻碍作用的阻尼（制动）力矩的制动过程称为液力制动。液力制动主要用于减速制动或调速制动（如重物恒速下降）等场合。由于泄漏等因素的存在，液力制动一般不具有支持制动功能（液压缸驱动除外）。若系统需要支持制动功能，则可采用液力制动与机械制动组合的制动系统。液力制动的应用常见于流动式起重机（也可用于连续输送系统中）。

比较上述三种制动类型，机械制动具有安全可靠，功能齐全，装置简便价廉，适应面广，宜于生产和使用等优点，故各类起重机械上广泛使用着各种类型的机械制动器。另外，随着起重机械和制动技术的不断发展，将越来越多地采用各种形式的复合制动方式（不同制动类型组合、双制动组合及安全制动组合等）形成制动系统，如冶金起重机和港口起重机上广泛使用机械制动和电气制动组合的制动系统。

二、机械制动在起重机械中的作用

在起重机的各个机构中，制动器几乎是不可缺少的组成部分。综合起重机械上不同类型的制动器，其作用总体上表现为以下四个方面：

1. 减速及停车制动

通过制动系统消耗机构运动的机械能（动能和位能），从而使机构以相应的制动减速度（制动时间或行程等）实现减速及停车（机）制动，如各工作机构的就位停车等。减速及停车制动可由制动器（或电气制动、液力制动）来完成。减速及停车制动系统的设计准则应以实现相关制动性能（如合适的制动减速度、制动时间、制动路程和制动温升等）为主要原则。

2. 支持制动

停车后的工作机构利用制动器的制动力（制动力矩）防止其在位能性外力（重力、下滑力和风力等）的持续作用下作不必要的运动，从而使机构较长时间维持静止不运动状态即为支持制动，如重物悬停、臂架保持固定位置、起重机等在露天风载荷或坡道载荷作用下停止不动等（包括下运输送系统的止动）。

3. 落重调（限）速制动

在某些特殊情况下，起升机构可以采用控制制动器（或其他制动方式）的制动力与货物重力相平衡同时吸收位能，从而使物品以可调控（或限定）具有的速度无动力可控下降运行，即为落重调（限）速制动，如某些汽车或轮胎式起重机、淬火起重机、内河码头抓斗卸船起重机等的无动力重物可控下放。落重调（限）速制动常采用综合式可操纵制动器与离合器并用的形式，布置在起升机构末端的起升卷筒上，所需制动力矩较大。

4. 紧急安全制动

在安全性要求特别高的使用场合，为了防止某些紧急状况或特定气象状况出现而发生后果非常严重的特殊事故（如重物坠落、整机吹跑等），需在相应机构低速轴末端专门装设有别于工作制动器的失效保护制动器，以实现事故状态下最后的紧急安全制动。如吊运诸如钢包等高温液体（或易燃易爆危险品、放射性物品以及非常重要的物品等）的起升机构、岸边集装箱起重机起升和臂架俯仰机构、浮式起重机锚机机构（需防止航行中脱锚事故）等应在起升卷筒上专门装设紧急安全制动器。

起重机械各工作机构中的制动系统视实际需要可能会具有上述一种或多种制动作用，因而装设的制动器类型和数量也应与其相对应。

三、起重机械对制动系统的要求

1. 起重机械的制动要求

设计规范规定：动力驱动的起重机械（液压缸驱动的除外），其起升、变幅、运行、回转机构都应装设可靠的制动装置；当机构要求具有载荷支持作用（功能）时，应装设机械常闭式制动器；变速机构换挡到中间位置时，制动器或其他装置应能自动地支持住物品；对于需要控制下降制动距离的起重机，其制动距离（控制器转回零位后，从制动器断电至物品停止时的下滑距离）一般可控制为不大于 1 min 内稳定起升距离的 1/65。

设计规范还对各机构制动系统的形式、制动安全系数等作了相关规定。无防风装置的室外运行机构，应选择常闭式制动器，以起到防风制动作用。另外，起重机械在以下特定情况时也可不装设制动器：

（1）机构由作直线运动的液压缸驱动，锁闭油路能可靠地制动机构。

（2）在运行、回转机构的传动装置中设有自锁环节，且能确保不会发生超额定应力运动的特殊场合。

（3）不受风力和坡道分力作用的桥式起重机的手动运行机构。

2. 起重机械对制动器的性能要求

起重机械对制动器的性能要求主要包括制动性能、安全可靠性、控制性能三个方面，具体要求如下：

（1）制动系统安全可靠，具有机构所需要的制动功能和足够的制动力矩。

（2）制动过程平稳，释放和闭合动作应符合机构的相关匹配要求。

（3）在规定的制动工况下，制动力矩稳定性好，工作可靠。

（4）制动衬垫应有与机构制动工况相适应的耐温性能，耐磨性好，使用寿命长，调整与更换方便。

（5）制动器受力构件具有足够的强度和刚度。

（6）常闭式制动器制动弹簧一般要求为压缩式弹簧，制动力矩应便于调整和检查。

（7）具有与起重机械技术和控制要求相适应的制动器附加功能。如对自动化控制水平高的大型、专用起重装卸机械，制动器应具有释放联锁保护和故障显示功能、退距和大自动补偿功能、制动衬垫磨损极限报警功能和手动释放功能等。

（8）具有良好的人机工效，安装方便，使用可靠。

另外，制动器制动衬垫起着保证制动力矩的重要作用，其性能与质量、寿命与可靠性、自动补偿性与更换方便性等应引起特别关注。

3. 制动器的装设要求

制动器是起重机械重要的安全部件和安全装置，应特别关注制动器的作用与合理配置问题。为减小制动力矩和制动器规格，降低制造成本，同时又提高制动系统可靠性，通常将工作制动器安装在机构的高速轴（电动机轴）上，并尽可能地靠近减速器的输入轴端。如出于安装布置方便性考虑，某些场合下也有将制动器安装在减速器的中速轴上，例如需要浸入油中的重载制动器。有些电动葫芦为了减轻发热与磨损，其制动器就装设在减速器箱体内。如果起升机构通过制动器和离合器实现落重调速制动，制动器应安装在低速轴的卷筒上，以确保安全。在特殊情况下装设的紧急安全制动器，则应尽可能装在低速轴上，如将紧急安全制动器装设在低速轴的卷筒上，以防传动系统断轴时物品坠落。

四、起重机械制动器分类

不同种类的起重机械上可以见到各类机械摩擦式制动器，但其常用的主要类型相对比较固定，多属于工业制动器范畴，目前已实现高度的标准化、通用化和系列化。

1. 根据制动器主要制动作用（功能）分类

（1）减速及停车制动器。

（2）支持制动器。

（3）落重调（限）速制动器。

（4）紧急安全制动器。

前两项也统称为工作制动器，是起重机械正常工作状况下根据运行状态需求而装设的制动器，一般选用通用标准制动器即可。紧急安全制动器是为防范某些紧急状况和特殊事故而装设的失效保护制动器，其在正常工作状况下应处于常开状态而不参与工作制动。

2. 根据制动器驱动装置类型分类

（1）电力液压制动器。它以电力液压推动器作为驱动装置。

（2）电磁制动器。它以电磁铁作为驱动装置。

（3）液压制动器。它以液压动力装置（液压缸、液压泵站等）作为驱动装置。

（4）气动制动器。它以压缩空气动力装置（气缸、气囊、气泵等）作为驱动装置。

3. 按制动器工作状态分类

（1）常闭式制动器。

常闭式制动器在机构失去驱动力时应处于抱闸状态，即上闸装置闭合并向机构施加制动力矩；而在机构驱动装置驱动时（机构工作）应处于松闸状态，即松闸装置动作解除制动。起重机械一般多采用常闭式制动器，尤其是需要支持制动作用的场合（如起升机构等），必须采用常闭式制动器以确保安全。

（2）常开式制动器。

常开式制动器经常处于松闸状态（机构不需要制动时），只有在机构需要制动时司机才根据实际需求操纵制动器进行抱闸。常开式制动器一般不具有支持制动作用，可用于起重机械的运行和回转机构。

（3）综合式制动器。

综合式制动器是常闭式与常开式的综合体，既具有常开式可以任意操纵控制的特点，又具有常闭式安全可靠的长处，通常表现为机构通电工作时为常开式，可通过操纵系统随机制动，机构断电不工作时，制动器抱闸成为常闭式。

4. 按制动器动作方式分类

（1）自动作用式制动器。自动作用式制动器的上闸与松闸都是自动进行的，常与驱动装置（电动机等）联动，从而保证机构具有更高的安全性。起重机械上常用的自动作用形式为电动推杆、电磁铁、液压装置等（某些电动葫芦上也曾用过载重式、离心式等）。

（2）操纵式制动器。操纵式制动器的制动时机（上闸与松闸）、制动力矩大小是可人为控制的，其制动力矩能在较大范围内改变，适用于载荷变化范围较大、制动平稳性要求较高的场合，如需要准确就位停车的运行机构等。操纵方法常用手柄或足踏板，传动方式可为机械式（如拉索或刚性杠杆与连杆）、液压式或气动式。

（3）综合作用式制动器。综合作用式制动器在通电正常工作时为操纵式，在断电时为自动作用式以保证系统安全。

5. 制动器标准

由于起重机械上常用的机械摩擦式制动器大多是高度通用的标准化配套产品，在非特殊情况下一般均采用标准制动器，因此，熟悉和掌握起重机械用制动器标准对设计人员有非常重要的实用意义。国内工业制动器目前已基本形成比较完整的标准体系。

五、起重机械常用制动器的构造特点和应用

1. 电力液压制动器

所谓电力液压制动器，是指以电力液压推动器为驱动装置的一大类工业制动器，在各种类型起重机械的工作机构高速轴上使用最多，常见类型包括鼓式、盘式、带式等不同的对偶件结构形式，以及常闭式、常开式等不同的作用方式，各种类型的制动器一般为立式安装方式，特殊情况下也可采用卧式安装方式。

（1）常用电力液压制动器组成及工作原理。

常用电力液压制动器由制动机架（制动臂、底座等），杠杆机构（制动拉杆、弹簧拉杆、三角杠杆等），电力液压推动器，制动瓦块（匹配制动轮盘）以及附件（松闸退距均等装置、松闸退距补偿装置、手动释放装置、制动衬垫磨损限位开关等）组成。其中，常闭式时电力液压推动器为松闸装置、制动弹簧为上闸装置，而常开式时电力液压推动器则为上闸装置。

常闭式电力液压制动器的工作原理：当机构断电停止工作时，其电力液压推动器也同时联动断电（或延时断电），并停止驱动，松闸推力消除，则受压缩的制动弹簧的弹簧力通过杠杆机构由两侧制动臂传递到制动瓦块上，使制动覆面产生规定的压力并建立规定的制动力矩，从而起到制动作用；当机构通电工作时，推动器同时联动通电驱动，其迅速产生的足够大推

力通过杠杆机构迫使制动弹簧进一步压缩，制动臂向两侧外张，使制动瓦块制动覆面脱离制动轮（盘），消除制动覆面的压力和制动力矩，停止制动作用。

常开式电力液压制动器的工作原理：电力液压推动器为上闸装置，其工作逻辑性与常闭时相反，即机构断电，推动器同时通电，机构通电，推动器同时断电。

另外，当电力液压制动器采用卧式安装时，其底座为支承架和安装支架形式，此时的常开式制动器常带有手动装置（上闸用），以实现支持功能。

（2）电力液压制动器功能。

在确定制动器功能需求时，除了规格参数和制动力矩外，有些机构对制动器还可能提出一些特殊功能需求。制动器的特殊功能指的是制动器必备的基本功能以外的功能，主要包括以下功能：

① 自动补偿功能。制动器在工作过程中，当制动衬垫出现磨损导致制动瓦退距增大和制动力矩减小时，应能够自动对制动瓦退距和制动力矩进行补偿，保持制动瓦退距和制动力矩的基本恒定。

② 手动释放（制动）功能。机构在工作过程中出现失电或其他故障停机时，需要采用手动释放装置释放（常闭式）制动器或使制动器处于制动（常开式）状态。

③ 释放状态发信和联锁功能。对于常闭式制动器，当机构需要驱动时，首先要检测制动器是否释放正常，只有制动器释放正常并发信后，机构控制系统方可使机构驱动电动机接电驱动。如果制动器未正常释放，机构未得到正常释放发信（故障状态），机构控制系统应能自动锁住对应驱动机构电动机（联锁），同时可在监视系统记录并显示故障状态。

④ 衬垫磨损极限发信和联锁。当制动衬垫磨损到极限状态时，制动器发信报警，或由机构控制系统自动锁住对应驱动机构电动机（联锁），同时可在监视系统中记录并显示故障状态。

（3）电力液压制动器特点。

① 动作特性优异。释放时间为 0.25 ~ 0.6 s，闭合时间为 0.15 ~ 0.3 s；动作平稳，闭合时的动力冲击系数为 1.1 ~ 1.25，对机构的冲击较小。

② 驱动控制非常简单。由三相交流电动机直接驱动，在一般应用中无中间控制环节，电动机接线无相序要求，维护工作较少，可基本免维护，运行和维护成本（使用成本）低

③ 具有不过载特点。电力液压推动器的输出为液力，液力的大小由推动器内部电动机参数和内部离心泵等结构参数决定，当出现外载过载时不会传递至其驱动电动机，驱动电动机也不会出现因外载过载而过载的现象，具有自保护性，所以具有可靠性高和寿命长等特点。

（4）电力液压制动器应用。

电力液压制动器由于具有优良的动作性能和使用维护简便、寿命长等优点，广泛应用于各种起重装卸机械和带式输送机械中各种机构的减速和维持制动，是目前起重机械各种机构使用最多的主流配套制动产品。其主要应用如下：

① 常闭式电力液压鼓式制动器广泛应用于各种起重机械和装卸机械的各种机构高速轴制动。

② 常闭式电力液压盘式制动器主要应用于各种大中型起重机械和港口装卸机械的各种机构高速轴制动，尤其在大功率和超大功率驱动机构中被广泛应用。

③ 常开式电力液压鼓式和盘式制动器主要应用于要求制动可控的起重机大车运行和小车运行，以及门座式起重机等的回转机构等惯性负载类机构的制动。

④ 常闭卧式电力液压鼓式制动器主要应用于大中型门座起重机回转机构高速轴制动。

⑤ 常开卧式电力液压盘式制动器主要应用于各种门座起重机回转机构和大车运行机构高速轴制动。

2. 电磁制动器

电磁制动器是 20 世纪 80 年代以前起重机上普遍采用的主要制动产品。

电磁鼓式和钳盘式制动器的工作原理为：当机构断电停止工作时，电磁铁也同时断电（或延时断电），并停止驱动（电磁推力消除），这时制动弹簧的弹簧力通过杠杆机构由两侧制动臂传递到制动瓦上，使制动覆面产生规定的压力并建立规定的制动力矩，起到制动作用；当机构通电驱动时，电磁铁也同时通电驱动，并迅速产生足够的电磁推力，通过杠杆机构迫使制动弹簧进一步压缩，制动臂向两侧外张，使制动瓦制动覆面脱离制动轮（盘），消除制动覆面的压力和制动力矩，停止制动作用。

圆盘式电磁制动器的工作原理与电磁鼓式制动器基本类似。

3. 液压制动器

（1）常用典型液压制动器结构及工作原理。

液压制动器常用作重要机构（或需要安全保护制动场合）的安全（紧急）制动装置。常闭式液压制动器工作原理：当机构停止工作或需要制动时，驱动装置--液压站常开型二位二通电磁换向阀和常闭型二位二通电磁换向阀断电，驱动液压缸压力油路阻断并接通回油箱油路卸压，制动弹簧的弹簧力传递到制动瓦上，使制动覆面产生规定的压力并建立规定的制动力矩，完成制动过程；当机构通电并开始驱动工作时，制动器的驱动装置--液压站常开型二位二通电磁换向阀和常闭型二位二通电磁换向阀也同时（或提前）得电使电磁阀动作，关闭液压缸回油箱油路，接通压力油路，驱动并迅速产生足够大的推力推动制动弹簧进一步压缩 制动瓦向两侧外张，使制动覆面脱离制动轮（盘），消除制动覆面的压力和制动力矩，结束制动过程。

（2）液压制动器的特点及应用。

液压制动器是一种大功率、大力矩的制动装置，其主要特点为：

① 动作平稳。释放时间为 03 ~ 0.6 s，闭合时间 0.2 ~ 0.6 s；动作平稳，闭合时的动力冲击系数为 105 ~ 115，对机构的冲击很小。

② 驱动控制复杂。一般由液压站集中驱动，通过阀组进行控制，所以控制比较复杂，使用维护也相对复杂，运行和维护成本（使用成本）相对较高。

③ 引起故障的因素较多。故障环节较多，运行过程中具有故障率较高、可靠性相对较差的特点。

常闭式液压盘式制动器主要用于铸造起重机、港口装卸机械等特种和专用设备起升机构以及带有臂架的起重装卸机械臂架俯仰机构的安全保护制动，还广泛用于倾角式、长距离带式输送机械低速轴的减速和安全制动，广泛用于风电机组的主轴制动和偏航制动。

常开式液压盘式制动器主要用于起重装卸机械回转机构的减速制动和一些需要控制速度的位能负载机构（如大型锚绞机和钻机提升机构等），也可用于风电机组的偏航制动。

4. 带式制动器

（1）带式制动器类型。

带式制动器从动作原理上可分为简单式、差动式和综合式三种类型；根据驱动特征可分为液压式和电磁式两种；根据作用方式可分为常闭式和常开式两种。

目前起重装卸机械上使用的带式制动器主要具有简单、液压、常闭的特点。

（2）带式制动器工作原理。

液压常闭式带式制动器的驱动原理与液压盘式制动器相同，当机构停止工作或需要制动时，其驱动装置——液压站常开型二位二通电磁换向阀和常闭型二位二通电磁换向阀断电，这时驱动液压缸压力油油路阻断，并接通回油箱油路卸压，制动弹簧力通过杠杆机构拉紧制动带，并将弹簧力传递到制动带上，使制动覆面产生规定的压力并建立规定的制动力矩，起到制动作用；当机构通电驱动开始工作时，制动器的驱动装置——液压站常开型二位二通电磁换向阀和常闭型二位二通电磁换向阀同时（或提前）得电使电磁阀动作，关闭液压缸回油箱回路，接通压力油油路，驱动并迅速产生足够大的推力推动制动弹簧进一步压缩，制动带松带并脱离制动带轮消除制动覆面的压力和制动力矩，停止制动作用。

（3）带式制动器主要特点及应用。

① 制动力矩大。带式制动器由于具有行很大的制动包角（一般为 270° ~ 630°），所以在其平均制动比压和制动直径与制动轮/盘相同的情况下，制动力矩是鼓式和盘式（单盘）制动器的 2.5 ~ 8 倍。

② 施力和释放过程相对缓慢。由于带式制动器的制动包角大、制动带长，在闭合施加制动力矩时不仅要消除正常的制动带退距，还要消除施力过程中制动带的弹性变形，所以从施力到建立规定制动力矩的过程相对较长，为 0.6 ~ 1 s。同样，释放过程也较长。因此，带式制动器的动作平稳，闭合时对机构的冲击较小。

③ 结构比较复杂。由于带式制动器包角大，而退距又不能过大，所以往往需要辅助装置来保证制动器释放状态下整个制动覆面处的退距均匀，并且不附贴到制动带轮上。对于大型的带式制动器，其辅助装置比较复杂。

④ 简单式和差动式带式制动器具有双向异性特征。对于简单式带式制动器，在制动驱动力（操作力）相同的情况下，当制动驱动力方向与带轮运转方向相反时的制动力矩是与带轮运转方向相同时的“e”倍（μ 为摩擦因数，a 为制动带包角）。所以，简单式带式制动器特别适用于位能负载机构（如起升和臂架俯仰机构）的制动。

3.4 安全防护系统及设置要求

起重机械安全防护系统是针对起重机械及起重作业时可能产生的各种危险（危险源和危险因素）进行事故危险控制的主动预防技术措施，其不同的归属部分及防护对象物等都会使安全防护装置发生变化。

一、起重机械安全防护装置类型

（1）按安全防护装置的归属部分（或区域）分类。起重机械的组成和构造十分复杂，机上不同部分或区域可能存在的危险（危险源和危险因素）不尽相同，故不同归属部分的安全防护装置的类型及防护要求也不同。

① 起升（变幅）机构的安全防护系统。该系统主要针对的是起重物坠落的事故类型。超载，吊具损坏，物件捆绑不牢，挂钩不当，电磁吸盘突然失电，起升机构的零件故障、损坏（特别是制动器失灵、钢丝绳断裂） 等都可能引发起重物坠落。如双制动、双重双向限位等。

② 运行（回转）。机构安全防护系统。该系统主要针对的是夹挤、碰撞和碾轧、失稳倾覆等事故类型。其安全防护装置包括行程限位器、偏斜指示和限制器、极限力矩限制器、轨道清扫器、缓冲器及轨道端部止挡、防风装置、栏杆等。对运行 （回转）机构的防护要求应考虑工作期间和非工作期间两种状态。

③ 金属结构部分的安全防护系统。该系统主要针对的是金属结构破坏、垮塌、失稳倾覆、人员高空跌落等事故类型。引发这类事故的原因有：操作不当、支腿未找平或地基沉陷等，导致起重机倾覆：坡度或风载荷作用，使起重机沿倾斜路面或轨道发生不应有的位移；金属结构破坏，导致坠臂、倒杆、主梁或支腿垮塌等。

④ 电气部分的安全防护系统主要针对的是配电系统、电动机、供电线路、错相和断相、零位和失压、异常失电、超速、行程限位、接地、避雷、触电、空中障碍、照明、舱门开关以及其他控制部分等。电气保护一般应具有自动性、联锁、警告和一触即发等工作原理。

另外，还应针对物料导致的危险、飞出物体伤人及其他机械、电气危险等事故类型建立防护系统，其安全防护工作原理主要是隔离和屏蔽、联锁、警告等，包括危险物隔离及防护栏杆、防护罩、导线滑线防护板、检修吊笼、登机信号、舱口安全装置等。

（2）按安全防护装置的防护对象物（危险源和危险因素）分类。起重机械安全防护装置按防护对象物可分为防止超载的安全防护装置、限制运动行程和特定位置的安全防护装置、防止起重机械危险运动的安全防护装置、防止起重机械处于危险状态的安全防护装置、防止其他危险因素的安全防护装置、电气系统安全防护装置、起重机械的安全防护警示。

安全防护装置的防护对象物 （危险源和危险因素） 不同，其所针对的事故类型、频发性、严重性、防护要求和防护原理等都会不同，并且在起重机械上的装设要求也不相同。

二、起重机械安全防护原理及设置要求

针对起重机械及起重作业安全和事故特点，在起重机械上积极配置不同类型且功能齐全的主动安全防护系统是实现本质安全化的主要技术措施之一。起重机械安全防护装置按系统安全级别的要求，可分为“应装”和“宜装”两个等级，按具体防护对象物（危险源和危险因素）的不同可分为七大类。

1. 防止超载的安全防护装置

（1）起重量（起升载荷）限制器。

除试验状况下，正常工作的起升机构不允许吊运超过额定起重量的货物，否则可能引发重物坠落、金属结构垮塌、起重机械倾覆等严重事故。因此，工作中有超载可能的起升机构（动力驱动的 1 t 及以上无倾覆危险的，或有倾覆危险且在一定幅度变化范围内额定起重量不变化的）应装设起重量限制器。内燃机驱动的起升和/或非平衡变幅机构，如果中间没有电气、液压或气压等连接环节而直接与机械连接，则该起重机械可以配备灯光或声响报警装置来替代起重量限制器。

起重量（起升载荷）限制器属超载保护安全装置，按工作原理可分为机械式（杠杆式弹簧式、摩擦式等）、液压式、电子传感器式和复合式等；按功能可分为报警型、自动停止型、综合（复合）型“黑匣子”（故障自诊断、记忆）型等；按信号采集传送方式可分为有线型和无线型：按载荷信息表现形式可分为指示信号（信号灯等）、声响、数字显示以及组合形式等。传感器安装位置一般可为吊具上部、定滑轮组支承处、卷筒组轴承座等部位。起重量（起升载荷）限制器功能设置为：当实际起重量超过95%额定起重量时，起重量限制器宜发出报警信号；当实际起重量在100%～110%额定起重量之间时，起重量限制器应自动切断起升动力源并上闸制动停车，从而避免超载所引发的各种危险。但应允许机构作物品下降运动。

（2）起重（载重）力矩限制器。

臂架式起重机械是用载重（起重）力矩特性来反映载荷状态的，因此，额定起重量随工作幅度变化的起重机械，应装设起重（载重）力矩限制器。内燃机驱动的起升和/或平衡变幅机构，如果中间没有电气、液压或气压等连接环节而直接与机械连接，则该起重机可以配备灯光或声响报警装置来替代起重力矩限制器致起重力矩限制器也属于超载保护安全装置，是起重量限制器和幅度指示器的组合体，载重力矩值由起重量、幅度（臂长与臂架倾角余弦的乘积）和作业工况等多个参数决定，归结起来大体有机械式、电子传感器式和综合（复合）式三种。

起重力矩限制器功能设置为：当实际起重量超过实际幅度所对应的起重量的额定值的95%时。起重力矩限制器宜发出报警信号：当实际起重量大于实际幅度所对应的额定值但小于110%的额定值时，起重力矩限制器应自动切断不安全方向（上升、幅度增大、臂架外伸或这些动作的组合）的动力源并上闸制动停车，但应允许机构作安全方向的运动。

（3）极限力矩限制装置。

当臂架起重机械发生回转阻力矩大于设计规定力矩值的现象时，同样有可能使臂架或回转机构出现超载现象从而引发坠臂、垮塌等严重事故。因此。对于有自锁作用的回转机构或臂架回转中可能发生碰触钩挂周围固体物时，回转机构应设极限力矩限制装置，以保证当回转运动受到阻碍时，能由此力矩限制器发生的滑动而起到去玖润低特野代市对超载的保护作用。

极限力矩限制装置也属于超载保护安全装置，其工作原理大多是摩擦传动原理，使系统内的摩擦元件在超载时发生滑动（出现打滑现象），从而切断回转机构后部分的动力输入，使臂架旋转运动停止而起保护作用。另外，系统中的摩擦传动也能使回转机构的起制动过程工校平稳。极限力矩限制装置包括极限力矩联轴器和极限力矩限制器。

2. 限制运动行程和特定位置的安全防护装置

行程限位器是用来限制各机构超越运动行程范围的一种安全防护装置，一般由执行机构和触发装置两部分构成。起重机械的工作机构对运动行程有所要求时，均应装设行程限位器。

（1）起升高度限位器。

起升高度限位器属于起升行程限位器，主要用来防止过卷扬（越程冲顶）危险事件，因此，起升机构均应装设起升高度限位器。采用内燃机驱动，中间无电气、液压、气压等连接环节而直接进行机械连接的起升机构，可配备灯光或声响报警装置，以替代限位开关。

常用的起升高度限位器包括重锤式、螺杆式、蜗杆蜗轮直 （斜）齿轮变速器式等。起升机构常采用双重及双向行程限位，起升高度限位器的冗余设置可极大地提高系统的安全可靠性；吊运危险品的场合如能具有起升行程末端预警提示功能则效果更好。

起升高度限位器功能设置：当取物装置上升到设计规定的上极限位置时，应能自动切断起升动力源并上闸制动停车；在此极限位置的上方，还应留有足够的空余高度，以满足上升制动行程的要求；在特殊情况下，还可装设防止越程冲顶的第二级起升高度限位器，但两者应分级间隔动作；需要时，还应设下降深度限位器，当取物装置下降到设计规定的下极限位置时，应能自动切断下降动力源。电动机作上述运动方向的电源切断后，仍需保留接通作相反方向运动的电源。

（2）运行机构行程限位器和回转限位器。

运行机构行程限位器由安全撞尺和行程限位开关组成，装设在规定的轨道极限位置旁。

起重机和起重小车（悬挂型电动葫芦运行小车除外）应在每个运行方向装设运行机构行程限位器，在达到设计规定的极限位置时自动切断前进方向的动力源。在运行速度较高（如大于 100 m/min）或停车定位要求较严的情况下，宜根据需要装设两级运行机构行程限位器：第一级发出减速信号并按规定要求减速，第二级应能自动断电并停车。如果在正常作业时起重机经常到达运行的极限位置，则司机室的最大减速度不应超过 2.5 m/s。不设回转集电滑环或需要限制回转行程范围时，回转机构应装设回转角度（行程）限位器。

（3）幅度指示器和幅度限位器。

幅度指示器和幅度限位器安装在具有变幅机构的起重机械上，用来准确地动态指示（或控制）起重臂架所在的幅度位置及其幅度变化，并限制变幅极限行程，同时为起重力矩限制器提供幅度信息，使臂架类起重机械能按照设定的起重性能安全作业。其指示功能和限位功能可分离实现，也可合为一体，通常由幅度信号发送装置和幅度信号接收装置（执行机构）两部分组成，一般可分为机械式（重力摆针刻度盘式、四连杆式等） 和余弦电位器式（重锤式连杆式等）两种工作原理。由于利用电气仪表可同时进行信号检测、运算及随机控制，故现在多采用电气控制型。为了确保起重臂架在最大和最小幅度附近的运动可靠无误，常采用冗余限位控制（除幅度限位器外，另加设行程限位开关）。对于伸缩架型起重机械，其臂架长度是可变参数，此时幅度是倾角和臂长的双变量函数，幅度指示和限制装置中应同时具有倾角和臂长变化测量装置。

幅度指示器和幅度限位器功能设置：具有变幅机构的起重机械，应装设幅度指示器（或臂架仰角指示器）。对于动力驱动的动臂变幅起重机械（液压变幅除外），应在其臂架仰行程的极限位置处装设臂架低位置和高位置幅度限位器。对于采用移动小车变幅的塔式起重机，应装设幅度限位装置以防止可移动的起重小车快速达到其最大幅度或最小幅度处；最大变幅速度超过 40 m/min 的起重机，在小车向外运行且当起重力矩达到额定值的 80%时应自动转换为低速运行。

（4）特定位置锁定（限制）装置。

① 回转锁定装置。流动式起重机及其他回转起重机械的回转部分应装设回转锁定装置，以使上车部分在整机运行过程中保持在固定位置不动。

② 支腿回缩锁定装置。工作时利用垂直支腿支承作业的流动式起重机械，其垂直支腿伸出定位应由液压系统实现，并保证起重机械作业中支腿承重时不发生“软腿”回缩现象。另外，还应装设支腿回缩锁定装置，使支腿缩回后能可靠地锁定，以防止起重机械在运动状态下支腿自行伸出而引发事故。

3. 防止起重机械危险运动的安全防护装置

（1）防止臂架向后倾覆及向前脱落的装置。

具有臂架俯仰变幅机构（液压缸变幅除外）的起重机械，尤其是在挠性卷绕变幅驱动机构的起重机械上，应装设防止臂架后倾的装置（其工作原理主要是机械式，例如一个带缓冲的机械式止挡块等），当出现变幅机构行程开关失灵故障时，或工作在“抬头区”时，能阻止臂架在高位置发生向后倾覆。对具有螺杆和齿条等变幅驱动机构的起重机械，应在变幅齿条和变幅螺杆的末端装设带缓冲的端部止挡式防脱装置，以防止臂架在低位置发生坠落。

（2）防碰撞装置。

当两台或两台以上的起重机或起重小车运行在同一轨道上时，应装设防碰撞装置。在发生碰撞的任何情况下，司机室内的减速度不应超过 5 m/s。常见的防碰撞装置类型（工作原理）为机械式（行程限位开关）、激光式、超声波式、电磁波式、红外线式等。为了防止运行速度较高的轨行式起重机械在轨道上运行时与同一轨道上邻近的起重机械或其他物体发生碰撞，防碰撞装置应能在设定危险距离范围内自动发出警报，并进而切断电路使其减速至停止运行，避免相互碰撞引发意外事故。

（3）缓冲器及端部止挡。

缓冲器及端部止挡装置是通过弹性介质吸收运动系统碰撞动能并转化为弹性势能，从而减缓碰撞冲击防止脱轨倾覆的安全防护装置。常用的缓冲器类型为木材式、弹簧式、橡胶式、聚氨式、液压式以及复合式等，还可采用动能-势能转化构造。与缓冲器同一水平高度配合使用的端部止挡装置有金属止挡、木止挡、土建止挡等类型。

在轨道上运行的起重机械（或起重小车）运行机构及起重机的变幅机构等，均应装设缓冲器或缓冲装置。缓冲器或缓冲装置可以安装在起重机上或轨道端部止挡装置上。轨道端部止挡装置应牢固可靠，防止起重机脱轨。

（4）偏斜指示器或限制器。

大跨度门式起重机和装卸桥等两侧支腿，经常由于金属结构和车轮轨道等制造安装误差、传动系统运动偏差、载荷或驱动力不均衡等原因造成起重机偏斜运行，严重的偏斜运行可能导致起重机啃轨并使相关结构和机构部分受到损坏。因此，跨度大于 40 m 的门式起重机和装卸桥应装设偏斜指示器或限制器。当两侧支腿运行不同步而发生偏斜时，偏斜指示器和限制器能向司机指示出偏斜情况，在超过设定的允许偏斜值时，应能使运行偏斜自动得到调整和纠正，以控制在允许值内。

偏斜指示器和限制器通常采用机械和电气联锁的工作原理，一般有凸轮式、链条式、钢丝绳-齿轮式、电动式、自动式等

（5）轨道清扫器。

当物料或其他物品有可能积存在轨道上成为运行障碍时，在轨道上行驶的起重机和起重小车，在台车架（或端梁）下面和小车架下面应装设轨道清扫器，其扫轨板底面与轨道顶面之间的间隙一般为 5 ~ 10 mm。

4. 防止起重机械处于危险状态的安全防护装置

采用标准系列制动器抵抗风载荷对起重机的吹袭的方法简便易行，但从原理上讲制动器

制动只能抗风而不能最终防滑，并且此方法容易受到制动打滑、较大的防非工作风载荷制动力矩、二次制动等因素的影响。抗风制动器可分为抗工作风制动器、抗非工作风制动器和抗风安全制动器。

压轨器是利用起重机械自身重力（如铁鞋）或其他形式的垂直载荷，使摩擦楔（顶）块紧压在轨顶上产生摩擦力来实现抗风止动作用的，一般可分为铁鞋（防爬器）。压轨器从原理上讲不能最终防滑，且抗风制动力较小，通常只用在露天工作的桥式起重机上。夹轨器（夹轨式防风装置）是通过夹钳水平开合动作夹住轨道头部两侧而产生摩擦阻力来实现抗风止动作用的，大多为机械式，按工作原理不同可分为手动式（垂直螺杆、水平螺杆等）、电动-自动式（重锤式、弹簧式等）液压式等。夹轨器从原理上讲也不能最终防滑，但抗风止动力量较大，故应用广泛。

别轨器（自锁式）是利用自锁原理由风载吹动车体而在轨道头部两侧自动产生夹紧力来实现抗风止动作用的，风载越大，夹紧力也越大，但会由于轨道对中问题影响夹紧力的恒定。

锚定（锚泊）装置是利用机械式止挡结构（如锚等）固定起重机械来实现抗风止动防滑作用的，常见形式有插销（插板）式、链条式、顶杆式和牵揽式等。这类装置由于动作受到限制（如手动、定点等因素）而不能及时起到抗风防滑作用，通常作为其他抗风防滑装置的补充措施以防止有预报的特大暴风。

综上所述，在室外工作的轨道式起重机应装设可靠的抗风防滑装置，并应满足规定的工作状态和非工作状态抗风防滑要求，理想的抗风防滑系统应是上述各类抗风防滑装置的合理组合，并应考虑系统与运行机构联锁动作问题。

迎风面积较大且露天作业的轨行式起重机械，在大风作用下可能发生沿轨道滑行（跑车）或碰撞其他物体（撞车）或在轨道端头倾覆（翻车）等严重事故，故应装设抗风防滑安全防护装置。此类装置应能独立抵抗工作（或非工作）状态最大风力作用并确保起重机械不被风吹走而移动。常见的抗风防滑装置按作用方式不同可分为手动式、半自动式、自动式，按工作原理不同可分为制动器、压轨器、夹轨器、别轨器 （自锁式）、锚定（锚泊）装置等。

抗风防滑装置功能设置为：

（1）工作状态下的抗风制动装置可采用制动器、轮边制动器、夹轨器、顶轨器、压轨器、别轨器等，其制动与释放动作应考虑与运行机构联锁并应能从控制室内自动进行操作。

（2）起重机只装设抗风制动装置而无锚定装置的，其抗风制动装置应能承受起重机非工作状态下的风载荷。当工作状态下的抗风制动装置不能满足非工作状态下的抗风防滑要求时，还应装设牵揽式、插销式或其他形式的错定装置。起重机有错定装置时，错定装置应能独立承受起重机非工作状态下的风载荷。

（3）非工作状态下的抗风防滑设计，如果只采用制动器、轮边制动器、夹轨器、顶轨器、压轨器、别轨器等抗风制动装置，其制动与释放动作也应考虑与运行机构联锁并能从控制室内自动进行操作。

（4）错定装置应确保在下列情况下起重机及其相关部件的安全可靠：a 起重机进入非工作状态并且锁定时；b 起重机处于工作状态，进行正常作业并实施锁定时，c 起重机处于工作状态且进行正常作业，突然遭遇超过工作状态极限风速的大风而实施锚定时。

抗风防滑装置的类型：

（1）风速仪及风速报警器。对于在室外作业的高大起重机，应在起重机上部迎风处安装风速仪。同时，司机室内还应装有显示瞬时风速的风速报警器，当风力大于工作状态的计算风速设定值（内陆 5 级、沿海 6 级）时应能发出报警信号。

（2）水平仪。利用支腿支承或履带支承进行作业的起重机，应在下车架或底座上装设水平仪（常用气泡式水平仪），用来检查起重机底座的倾斜程度并将其调整至水平状态。

（3）防倾覆安全钩。起升吊钩装在主梁一侧的单主梁起重机、有抗振要求的起重机及其他有类似防止起重小车发生倾覆要求的起重机，应装设防倾覆安全钩。

（4）防小车坠落保护。塔式起重机的变幅小车及其他起重机要求防坠落的小车（如铸造起重小车等），应设置使小车运行时不脱轨的装置，即使轮轴断裂小车也不能坠落。

5. 防止其他危险因素的安全防护装置

（1）起联锁保护作用的安全装置和措施。

① 进入桥式和门式起重机的门以及从司机室登上桥架的舱口门等，应能联锁保护。当门打开时，应断开由于机构动作可能会对人员造成危险的机构的电源。

② 司机室设在起重机的运动部位上时，进入司机室的通道口，应能联锁保护。当通道口的门打开时，应断开由于机构动作可能会对人员造成危险的机构的电源。

③ 可在两处或多处操作的起重机，应有联锁保护，以保证只能在一处操作，防止两处或多处同时都能操作。

④ 当既可以电动驱动，也可以手动驱动时，相互间的操作转换应能联锁。

⑤ 夹轨器等制动装置和锚定装置应能与运行机构联锁。

⑥ 回转锁定装置应能与回转机构联锁。

⑦ 对小车在可俯仰的悬臂上运行而工作的起重机，悬臂俯仰机构与小车运行机构应能联锁，使俯仰悬臂放平后小车方能运行。

（2）防护罩在正常工作或维修时，为防止异物进入或防止其运行对人员可能造成危险的零部件，应设有保护装置。起重机上外露的、有可能伤人的运动零部件，如开式齿轮联轴器、传动轴、链轮、链条、传动带、带轮等，均应装设防护罩/栏。在露天工作的起重机上的电气设备应采取防雨措施。

（3）防止起重机零部件掉落的措施。

设计上应采取有效措施防止起重机上的零部件在静止或运动时从空中掉落。

（4）导电滑触线的安全防护。

① 桥式起重机司机室位于大车滑触线一侧，在有触电危险的区段，通向起重机的梯子和走台与滑触线间应设置防护板进行隔离。

② 桥式起重机大车滑触线一侧应设置防护装置，以防止小车在端部极限位置时，因吊具或钢丝绳摇摆而与滑触线意外接触。

③ 多层布置桥式起重机时，下层起重机应采用电缆或安全滑触线供电。

④ 其他使用滑触线的起重机，对易发生触电的部位应设置防护装置。

（5）检修吊笼或平台。

需要经常在高空进行自身检修作业的起重机，应装设安全可靠的检修吊笼或平台。

6. 电气系统安全保护装置

（1）电动机的保护。

电动机应具有如下一种或一种以上的保护功能，具体应由电动机及其控制方式来确定。

① 瞬时动作或反时限动作的过电流保护，其瞬时动作电流整定值应约为电动机最大起动电流的 1.25 倍。

② 在电动机内设置热传感元件。

③ 热过载保护。

（2）线路保护。

所有线路都应具有短路或接地引起的过电流保护功能，在线路发生短路或接地时，瞬时保护装置应能分断线路。对于导线截面较小，外部线路较长的控制线路或辅助线路，当预计接地电流达不到瞬时脱扣电流值时，应增设热脱扣功能，以保证导线不会因接地而引起绝缘烧损。

（3）错相和断相（或缺相）保护。

当错相和断相会引起危险时，应设置错相和断相保护

（4）零位保护。

起重机各传动机构应设有零位保护。运行中若因故障或失压停止运行后，重新恢复供电时，机构不得自行动作，应人为将控制器置回零位后，机构才能重新启动。

（5）失压保护。

当起重机供电电源中断后，凡涉及安全或不宜自动开启的用电设备均应处于断电状态，避免恢复供电后用电设备自动运行。

（6）电动机定子异常失电保护。

起升机构电动机应设置定子异常失电保护功能，当调速装置或正反向接触器故障导致电动机失控时，制动器应立即上闸。

（7）超速保护。

对于重要的、负载超速会引起危险的起升机构和非平衡式变幅机构应设置超速开关。超速开关的整定值取决于控制系统性能和额定下降速度，通常为额定速度的 1.25 ~ 1.4 倍。

（8）接地保护。

① 起重机本体的金属结构应与供电线路的地线可靠连接。大车与小车的车轮、任何其他的滚轮或端梁连接采用的铰链均不能替代必需的导电连接，而应另外用专门的接地线将各部分结构件上的接地点连接。起重机械的钢轨可连接到保护接地电路上，但它们不能取代从电源到起重机械的保护导线（如电缆、集电导线或滑触线）。司机室与起重机本体接地点之间必须用双接地线连接。

② 起重机所有电气设备的金属外壳、金属导线管、金属支架及金属线槽等均应可靠接地。宜采用专门设置的接地线，保证电气设备的可靠接地。

③ 接地线及用作接地设施的电导，一般不小于本线路中最大相电导的 1/2，向小车供电的接地线不小于小车上最大用电设备相电导的 1/2。

④ 严禁用起重机械金属结构和接地线作为载流零线（电气系统电压为安全电压除外）。

（9）避雷保护。

对于安装在野外且相对周围地面处在较高位置的起重机，应考虑避除雷击，以免对其高位部件和人员造成损坏和伤害，特别是如下情况：

① 易遭雷击的结构件，如臂架的支承缆索等。

② 连接大部件之间的滚动轴承和车轮，如支承回转大轴承、运行车轮轴承等。

③ 为保证人身安全，起重机运行轨道应可靠接地。

（10）其他电气保护。

① 从起重机外部上、下起重机的门应装设门开关，当人员上、下起重机时，应断开运行机构电源；会发生人身安全的通道门也应装设门开关，门打开时应断开相应机构的电源。

② 起重机上的电气控制设备中可能触及的带电裸露部分，应有防止触电的防护措施。

③ 当室外起重机的总高度大于 30 m，且周围无高于起重机顶尖的建筑物和其他设施时，两台起重机之间有可能相碰，或起重机及其结构可能妨碍空运或水运时，应在其端部装设红色障碍灯，灯的电源不应受起重机停机影响而断电。

④ 起重机应设单独的照明变压器。照明变压器应是隔离变压器，禁止采用自耦变压器。照明变压器二次侧一端应接地，照明线路总电源开关应设置断路器及漏电保护开关

⑤ 安全照明电压不应超过 50 V。

实训任务　钢丝绳穿插

1. 把钢丝绳（6 股）分成两大股，一股是 3 小股，另一股是 4 小股（含一芯股），分开一定长度。

2. 把两大股合编成环。

3. 把一股分为 1、2、3 三股，每股用细铁丝或胶带缠好，以防散股。

4. 把第 3 股（靠环后面的）用扁头錾子穿进环与直绳各一股，第 2 股在第 3 股穿的前一股穿进，第 1 股在第 2 股穿的前一股穿进，这样一边即完成；（每次必须穿越两股）。

5. 将绳翻转后，再把另一股分为 4、5、6 三股（把芯股去掉）按 1、2、3 股穿插的方法将 4、5、6 股穿进，穿好后，再依次 1、2、3 股，4、5、6 股反复穿插即可；（绳径 13 mm 以下的穿插两次，13 ~ 22 mm 的穿插三次，22 mm 以上的穿插四次）。

6. 每次穿插后应将绳头收紧，并用木槌敲打顺股。

7. 编插好后，将多余的钢丝去处。

知识拓展　钢丝绳的安装和使用

1. 正确安装

钢丝绳应在预紧状态下进行安装、卷筒上的每层钢丝绳都应进行预紧安装，这样可以去除钢丝绳的弯曲刚度，提高载荷作用下钢丝绳结构稳定性。安装钢丝绳时，应在洁净的地方拖线，不应绕在其他物体上，要防止划、磨、碾压和过度弯曲。卷绕钢丝绳时，应严格按有关安全操作规程作业，卷绕时若钢丝绳绕乱，应立即停止卷绕，否则将损坏钢丝绳，以致不

能复原甚至报废，此时应拆开绳端进行调整，一次调整不好，应反复调整 2～3 次，调整时不得将手放在卷筒附近作业，以免造成人身伤害、卷绕时可用榔头适度敲打钢丝绳，使其整齐地排列在卷筒上、在卷筒上安装钢丝绳时，绳端与卷筒绳槽应同高或低 5 mm，若绳端高出卷筒绳槽，则第 2 层及以后各层的钢丝绳容易出现层次混乱现象，导致钢丝绳作业中滑动，引起钢丝绳振动甚至断线。

2. 合理使用

起升机构和变幅机构不得使用编结接长的钢丝绳、在接长钢丝绳时，必须保证接头连接强度不小于钢丝绳破断拉力的 90%。起升高度较大的起重机，宜采用不旋转、无松散倾向的钢丝绳，采用其他钢丝绳时，应有防止钢丝绳和吊具旋转的装置或措施。当吊钩处于工作位置最低点时，钢丝绳在卷筒上缠绕圈数，除去固定绳尾的圈数，应多于 3 圈。为了延长钢丝绳的使用寿命，应尽可能选用较大直径的卷筒和滑轮，一般可按以下公式计算：D=35d 为卷筒或滑轮直径，d 为钢丝绳直径。卷筒和滑轮的材料硬度也对钢丝绳寿命有一定影响，使用铸铁卷筒和滑轮比铸钢的要好；应当尽量减少钢丝绳的弯曲次数，即不要使钢丝绳通过太多的滑轮；钢丝绳在卷筒上，应能按顺序整齐排列；载荷由多根钢丝绳支承时，应设有使每根钢丝绳均衡受力的装置。

3. 钢丝绳端部连接方法

钢丝绳在使用时需与其他承载零件连接，以传递载荷，为此需要将钢丝绳端部进行固定连接，其方法大致有以下几种：

（1）编结法。

编结法是最常用的一种钢丝绳端部连接方法。这种方法利用心形套环先将钢丝绳末端折返回来，再将端部各股分别编结于钢丝绳各股中，每股穿插编结 4～5 次，最后用细钢丝扎紧。捆扎长度应为钢丝绳直径的 20～25 倍，且不应小于 300 mm。

（2）楔形套筒法。

楔形套筒法如图 3-31 所示，即钢丝绳端部用钢材制造的楔块和楔套连接，此种连接方法可保持钢丝绳 80%破断拉力。

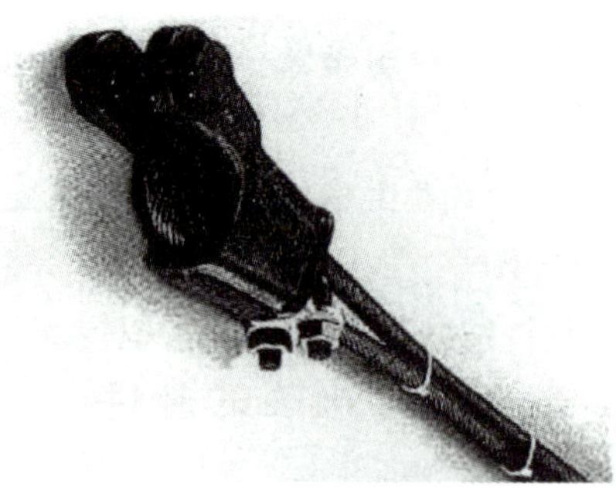

图 3-31　钢丝绳端部楔套连接

（3）绳卡固定法。

绳卡固定法即将钢丝绳端部套在心形套环上，用特制的钢丝绳卡头固定。用绳卡固定连接时，应满足一定的数量要求，同时应保证连接强度不小于钢丝绳破断拉力的 85%。绳卡压板应在钢丝绳工作段上，U 形螺栓扣在钢丝绳靠近端部一侧，间距不小于钢丝绳直径的 6 倍。

（4）铝合金压头法。

铝合金压头法如图 3-32 所示，钢丝绳端部用铝合金套压缩法连接时，先将钢丝绳端头拆散，各股留头错开，使各股留头长度不超过铝套长度；再切去绳芯，弯转，后用钎子分别插入主索中；最后套入铝套，在气锤上压成椭圆形，用模具压制成型，此种连接方法加工工艺性好，质量小，安装方便，可保持钢丝绳 90%破断拉力。

（5）锉形套浇铸法。

锉形套浇铸法如图 3-33 所示，使用锉形套浇铸法连接时，其连接强度可达到钢丝绳的破断拉力，即可保持钢丝绳 100%破断拉力。

（6）可拆卸接头连接法。

可拆卸接头连接法如图 3-34 所示钢丝绳端部用可拆卸式接头连接时，其接头连接处可自由转动，在使用中可解除钢丝绳部分旋转力。此种连接方法可保持钢丝绳 90%破断拉力。

图 3-32　钢丝绳端部铝合金套压缩法连接

图 3-33　钢丝绳端部锉形套浇铸法连接

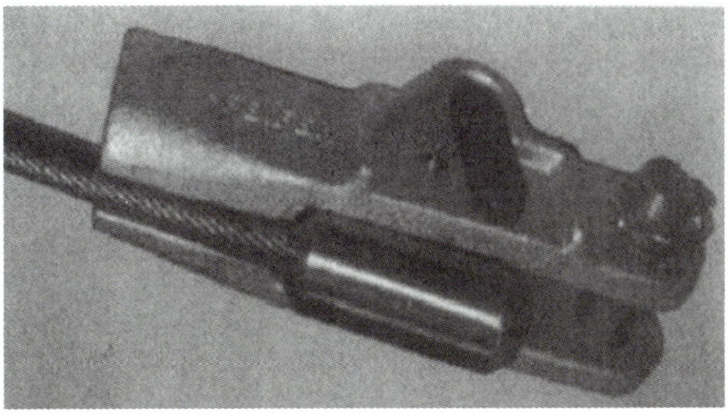

图 3-34　钢丝绳端部可拆卸式接头

4. 钢丝绳的维护保养

对钢丝绳进行维护保养的目的是延长其使用寿命，提高设备的安全性和经济效益。使用中的钢丝绳每月至少应润滑 2 次，润滑剂不宜采用润滑脂，应使用钢丝绳油，亦可用中等浓度的机油。润滑前，要先用钢丝刷子刷去钢丝绳上的污物，并用煤油清洗，然后用加热至 80 ℃以上的润滑油进行浸润，使润滑油浸透到绳芯，润滑时应特别注意不要漏过不易看到和不易接近的部位，如平衡滑轮处的钢丝绳。使用中的钢丝绳应每天进行检查，包括检查端部固定连接处。平衡滑轮处的运行状态，并做出安全性能判断，使用中的钢丝绳若开卷时，应防止打结或扭曲，未使用的钢丝绳必须存放在干净、凉爽、干燥的室内，不能直接堆放在露天场地。

5. 起吊绳和捆绑绳的安全要求

由于起吊和捆绑钢丝绳直接与吊运物件相接触，受力情况比较复杂，磨损特别严重，所以其安全系数要取得大一些一般取 10；在起重作业中，若只用 1 根钢丝绳起吊长形货物时，即使其直径选得很大，也往往因为起吊货物处于不稳定状态而产生安全隐患。因此除在吊运有固定钩扣的小型货物可使用 1 根起吊绳外，其余都应使用两根或两根以上起吊绳吊运货物，而且货物的质心最好在两根起吊绳中间。两根钢丝绳之间的夹角不同时，钢丝绳起吊总量也不同。两根钢丝绳之间的夹角越小，就越能充分利用钢丝绳的承载能力。但夹角增大也增大了起吊绳的垂直高度，给起吊工作带来不便，且货物不稳定；夹角越大，则钢丝绳张力也越大，还会给起吊工作带来安全隐患；因此用两根钢丝绳起吊时，其夹角一般选择在比较理想的 60°～90°之间。虽然两根或两根以上起吊绳能平稳吊运货物，但捆绑钢丝绳与铅垂线的夹角直接影响捆绑绳的张力，而且夹角越大张力也越大。所以在捆绑绳不变时，其允许的起重能力，也随着夹角的增大而减小。

6. 钢丝绳报废条件

钢丝绳在使用过程中经常反复受到拉伸和弯曲，当拉伸和弯曲次数超过一定数值后，就会出现金属疲劳和损坏，当钢丝绳受力伸长时，将产生绳股之间、绳与滑轮槽底之间、绳与起吊件之间的摩擦，造成钢丝绳出现磨损、断丝现象；此外由于使用，贮存不当，也可造成钢丝绳扭结、退火、变形、锈蚀、表面硬化和松股等后果。

（1）断丝。

钢丝绳在 1 个捻距内的断丝数达到表 3-4 所列数值时，应予以报废，吊运灼热金属或危险品的钢丝绳，其报废断丝数取一般用途起重机械所用钢丝绳报废断丝数的 1/2。若其表面有腐蚀或磨损，应为折减后报废断丝数的 1/2。

（2）腐蚀或磨损。

钢丝绳有腐蚀或磨损时，应将表 3-4 中的报废断丝数乘以表 3-5 的折减系数后，作为钢丝绳的报废断丝数。若断丝现象集中发生于 6 倍钢丝绳直径长度内，应按表 3-4 所规定断丝数值的 1/2 进行报废；钢丝绳出现直径减小达 7%、钢丝绳有明显的内部腐蚀、钢丝绳局部外层呈“笼”形态，以及钢丝绳纤维芯的直径增大较严重情况之一时，应予以报废。

钢丝绳发生扭结、弯折塑性变形、麻芯脱出时，以及受到电焊渣或高温作用影响其性能指标时，应予以报废。

表 3-4　钢丝绳报废断丝数

钢丝绳结构 / 钢丝绳原有安全系数	6W（19）	6×（19）	6×（39）	
	交捻	顺捻	交捻	顺捻
<6	12	6	22	11
6～7	14	7	26	13
>7	16	8	30	15

表 3-5　钢丝绳报废时断丝折减系数

钢丝绳表面磨损或锈蚀量/mm	10	15	20	25	30 ~ 40	>40
折减系数/%	85	75	70	65	50	0

（3）应立即报废的条件。

如图 3-35 所示，若发现钢丝绳有下列一项或多项缺陷，必须立即报废更换：1 股断裂；形成 1 簇断裂；断掉的钢索线达到了表 3-4 中限定的数目：螺旋形变形超过钢索直径的 1/3，如图 3-35（a）所示；球状变形，如图 3-35（b）所示；1 股或 1 簇钢索出现明显的突出，如图 3-35（c）所示；钢索的直径减小量为公称直径的 15%；有 10%腐蚀或磨损，如图 3-35（d）所示；钢索出现结构松散现象或结构变化，如图 3-35（e）所示；有明显弯曲或撞伤，如图 3-35（f）和（h）所示；1 股突出的缠绕，如图 3-35（g）所示。

（a）（b）（c）（d）（e）（f）（g）（h）

图 3-35　必须报废更新的钢丝绳

钢丝绳穿插任务记录

序号	步骤	操作方法	穿插次数	相关数据	备注
1	钢丝绳准备	选择合适的钢丝绳，清理表面杂物和油污		钢丝绳直径：____mm	
2	钢丝绳分开	使用钢丝绳切割器或钳子将钢丝绳分成两股	1 次	分开后的每股长度：____m	
3	编成环	将两股钢丝绳平行放置，然后使用编绳器或手工编织成环	1 次	环的直径：____mm	
4	穿插	将其中一股钢丝绳从环的下方穿过，然后从上方穿过另一股钢丝绳的下方	2 次	穿插时的张力：____N	
5	检查	检查穿插后的钢丝绳是否均匀受力，无明显的扭曲或松动			

注意：

1. 在进行穿插之前，请确保钢丝绳没有受到损伤或腐蚀。
2. 穿插过程中，注意保持钢丝绳的张力适中，避免过紧或过松。
3. 完成穿插后，务必检查锁定装置是否牢固可靠，以确保安全。

备注：本表用于记录钢丝绳穿插的过程和相关数据，以便后续检查和参考。请在完成每个步骤后，根据实际情况填写相应的数据。

项目四 熟悉典型港口起重机械及其检修与保养

项目导入 山东港口青岛港

山东港口青岛港始建于1892年，是世界第四大港、中国第二大外贸口岸，位于环渤海地区港口群、长江三角洲港口群和日韩港口群的中心地带，港阔水深、不冻不淤，是天然深水良港。主要从事集装箱、原油、铁矿石、煤炭、粮食等各类进出口货物的装卸、储存、代理、保税、分拨、加工、运输等综合物流服务和国际客运服务，与世界上180多个国家和地区的700多个港口有贸易往来，拥有中远海运、马士基、迪拜环球等众多世界级战略合作伙伴，与全球30个港口建立友好港关系，先后在香港联交所和上海证交所上市。2023年，货物吞吐量突破7亿吨、位居全球第四，集装箱吞吐量完成3000万标准箱、位居全球第五。

青岛港由青岛大港港区、黄岛油港区、前湾港区、董家口港区和威海港区五大港区组成，拥有万吨级以上深水泊位114个，包括世界最大的40万吨矿石码头、45万吨原油码头、可停靠世界最大2.4万TEU船舶的集装箱码头、22.7万总吨级的邮轮专用码头等。世界有多大的船舶，青岛港就有多大的码头。除全球最大的原油码头之外，青岛港还拥有中国沿海港口单体容量最大的油品库区，罐容1166万立方米；拥有集装箱航线超过220条，航线密度位居中国北方港口第一位。全国产全自主自动化集装箱码头投产运营，连续十次刷新全球自动化码头最高纪录，海铁联运箱量连续九年保持全国第一，矿石接卸单船单机卸率第26次刷新铁矿石接卸世界纪录。

思政案例 践行劳模精神，淬炼大国工匠

竺士杰，男，汉族，1980年3月生，中共党员，浙江宁波北仑第三集装箱码头有限公司桥吊班大班长。竺士杰能在49米高空中“穿针引线”，创下每小时起吊185个自然箱的世界纪录。他敢为人先、开拓创新，“竺士杰桥吊操作法”在全国港口推广；他言传身教，成立创新工作室，带领着一大批职工奋勇向前；他在集装箱装卸一线创造了骄人业绩。

他是装卸集装箱的“大工匠”。1998 年入职以来，竺士杰始终扎根在港口生产一线，立足岗位，精研技艺，不断探索桥吊集装箱操作方法，自创“竺士杰桥吊操作法”，创造了每小时起吊 185 个自然箱的世界纪录，可提高桥吊一次着箱命中率 7%以上，一年增加 100 万标箱吞吐量。2013 年，竺士杰带领团队实现了超大型集装箱船舶的全天候无候潮作业，为宁波舟山港年货物吞吐量连续 12 年位列全球第一作出了重要的贡献。

他是抢险救援的“急先锋”。竺士杰凭借精湛桥吊技术，多次参与重大海上事故抢险救援任务。2005 年 3 月 8 日，在黄海海域航行的“克里斯蒂娜”轮船发生集装箱轮严重碰撞事故。整整 4 天 4 夜、96 个小时，竺士杰坚守在桥吊机上抢险装卸，1735 只集装箱全部被安全地卸到堆场。2021 年 2 月 10 日，“地中海白羊座”集装箱货轮遭遇剧烈风浪影响，集装箱堆垛坍塌，大量箱体倾斜。竺士杰现场指挥，经过 20 多小时的紧张抢险，圆满完成救援任务。

他为经济复苏贡献力量。2020 年初，由于新冠肺炎疫情影响，宁波舟山港穿山港区集装箱量迅速下滑。为响应国家号召，推动复工复产，竺士杰鼓励带动同事继续抓好创新研发，提升工作效率。当年 5 月 1 日，公司单班作业量持续维持在 2 万标准箱以上，首次实现了 45 路同时作业，并逐步实现常态化。2020 年公司完成 1050 万标箱的年度生产任务，2021 年一季度同比增长 25.2%，实现世界港口货物吞吐量唯一正增长。

他牢记嘱托当好“金牌导师”。竺士杰积极发挥劳模的典型引领作用，筹建了“竺士杰创新工作室实训基地”，打造“金牌导师”团队，为一线工人搭建成长成才的“快车道”，先后培训职工 1500 余人次，培养技能人才 17 名，带领团队成功完成了 30 多个自主创新研发项目。竺士杰荣获全国劳动模范、全国青年岗位能手、全国技术能手等称号。来源：解放军报

学习目标　熟悉典型港口起重机

1. 掌握门座起重机的结构原理与日常维护。
2. 掌握岸边桥式起重机的结构原理与日常维护。
3. 了解卸船机的结构原理与应用。
4. 掌握通用桥式起重机的结构原理、操作与日常维护。
5. 了解流动式起重机械的种类、结构原理与日常检查与维护。

知识储备

4.1　门座起重机

一、概述

门座起重机俗称“门吊”，是指港口码头前沿传统使用的起重机，主要用于港口件杂货、散货、集装箱、成套设备等货物装卸作业。在沿地面轨道上运行的门形底座上，设置可回转的起重臂架，具有起升、回转、变幅、运行四个协同工作的机构，门座下可通行铁路列车或其他车辆，可进行车船装卸及过驳直取作业，如图 4-1 所示。

门座起重机是随着港口事业的发展而发展起来的。1890 年，人们第一次将幅度不可变的

固定式可旋转臂架型起重机装在横跨于窄码头上方的运行式半门座上，成为早期的港用半门座起重机。随着码头宽度的加大，门座和半门座起重机并列发展，并普遍采用俯仰臂架和水平变幅系统。第二次世界大战后，港用门座起重机迅速发展，为便于多台起重机对同一条船进行并列工作，普遍采用了转动部分与立柱体相连的转柱式门座起重机，或转动部分通过大轴承与门座相连的滚动轴承式支承回转装置，以减小转动部分的尾径，并采用了减小码头掩盖面的门座结构。在发展过程中，门座起重机还逐步推广应用到作业条件与港口相近的船台和水电站工地等处。

图 4-1　门座起重机

二、型式分类和基本参数

1. 典型型式分类

（1）按臂架结构型式分类：

① 刚性拉杆式组合臂架式门座起重机，如图 4-2 所示；

② 柔性拉索式组合臂架式门座起重机，如图 4-3 所示；

③ 单臂架式门座起重机，如图 4-4 所示。

（2）按门架结构型式分类：

① 圆筒式门座起重机。

② 交叉式门座起重机。

③ 撑杆式门座起重机。

④ 析架式门座起重机。

（3）按回转支承的形式分类：

① 转盘式回转支承门座起重机。

② 柱式回转支承门座起重机。

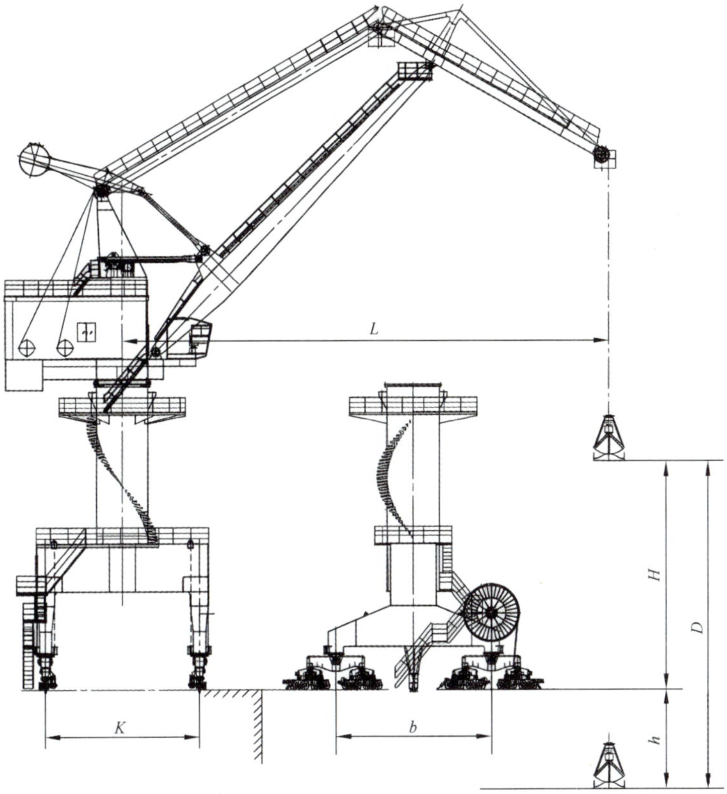

图 4-2 刚性拉杆式组合臂架式门座起重机

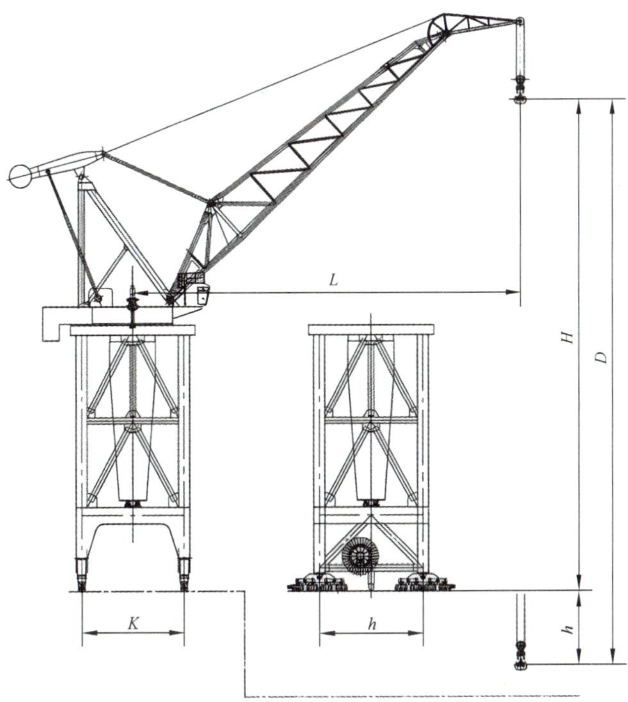

图 4-3 柔性拉索式组合臂架式门座起重机

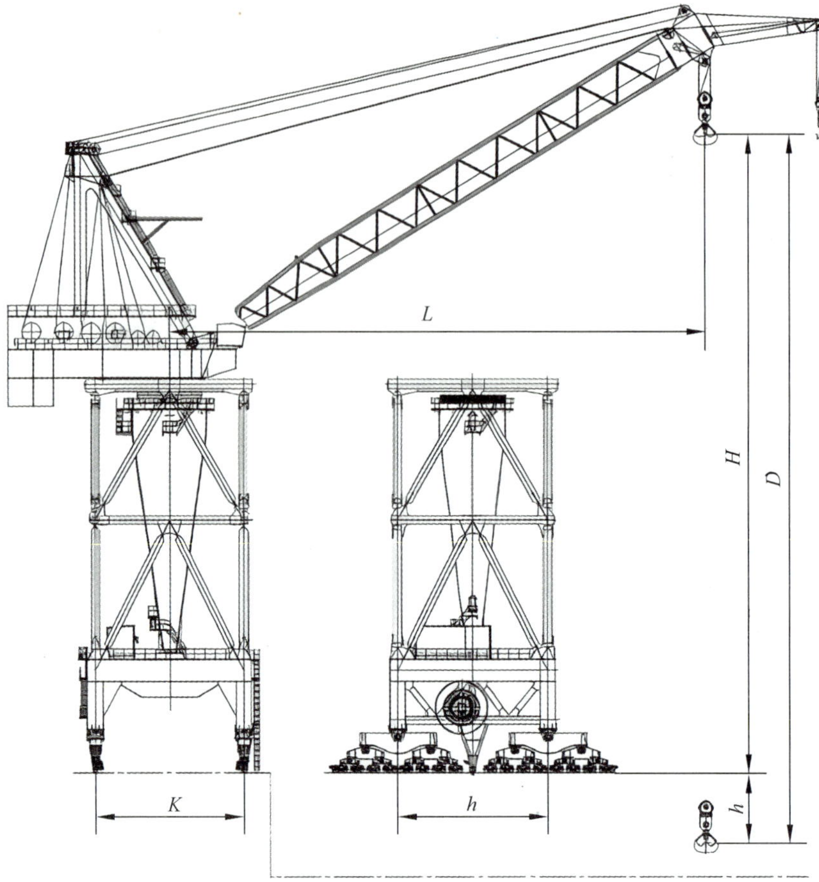

图 4-4 单臂架式门座起重机

（4）按照用途和使用场合分类：

① 港口门座起重机：配备有可以更换的吊钩、抓斗、集装箱吊具等属具的港口通用门座起重机。

② 船厂门座起重机：装在高门座上的门座起重机，用于船厂的吊装工作具有较大的起重能力和较大的起升高度。通常备有两个或多个起重吊钩。主钩的起重量应能随工作幅度的变化而变化。工作速度一般比港口用的门座起重机要低。

③ 水利电力门座起重机：用于电站建设的门座起重机，具有较大的工作幅度和起重能力，且易于拆卸和拼装，便于转移工地。

2. 基本参数

（1）整机工作级别与机构工作级别。

门座起重机的整机工作级别分为 $A1\sim A8$，见表 4-1，门座起重机整机工作级别与起重机机构工作级别举例，见表 4-2。

表 4-1　门座起重机整机的工作级别

载荷状态级别	载荷谱系数 K_p	使用等级									
		U_0	U_1	U_2	U_3	U_4	U_5	U_6	U_7	U_8	U_9
Q_1	$K_p \leqslant 0.125$	A_1	A_1	A_1	A_2	A_3	A_4	A_5	A_6	A_7	A_8
Q_2	$0.125<K_p \leqslant 0.250$	A_1	A_1	A_2	A_3	A_4	A_5	A_6	A_7	A_8	A_8
Q_3	$0.250<K_p \leqslant 0.500$	A_1	A_2	A_3	A_4	A_5	A_6	A_7	A_8	A_8	A_8
Q_4	$0.500<K_p \leqslant 1.000$	A_2	A_3	A_4	A_5	A_6	A_7	A_8	A_8	A_8	A_8

表 4-2　门座起重机整机工作级别与起重机机构工作级别举例

类型	取货装置	使用情况	整机级别	工作机构级别			
				H	S	L	T
港口用	吊钩	较频繁中等载荷使用	A_6	M_5	M_5	M_4	M_3
	吊钩	较频繁重载使用	A_7	M_7	M_6	M_5	M_4
	抓斗、电磁吸盘、集装箱吊具	较频繁重载使用	A_7	M_7	M_6	M_6	M_4
	抓斗、电磁吸盘、集装箱吊具	频繁重载使用	A_8	M_8	M_7	M_7	M_4
船厂用	吊钩	不频繁较轻载使用	A_4	M_5	M_4	M_4	M_5
水利电力用	吊钩	不频繁较轻载使用	A_4	M_4	M_3	M_3	M_3
	吊罐	中等频繁重载使用	A_6	M_6	M_5	M_5	M_4

注：H——起升机构；S——回转机构；L——变幅机构；T——起重机运行机构（纵向）。

（2）额定起重量 G_n。

额定起重量是指起重机安全工作时所允许的最大起吊货物的质量，单位为“kg”或“t”。起重量不包括吊钩、吊环之类吊具的质量，但包括抓斗、料斗、料罐、工属具之类吊具的质量。门座起重机额定起重量系列，见表 4-3。

表 4-3　门座起重机额定起重量系列

取物装置		额定起重量 G_n
吊钩	固定吊具	3.2，5，8，10，16，20，25，32，40，50，（56），63，80，（90），100，125，160，200，250，（280），320，400，（450），500
抓斗	可分吊具	3.2，5，8，10，16，20，25，32，40
电磁吸盘	可分吊具	3.2，5，8，10，16，20，25，32，40，50，63
集装箱吊具	可分吊具	25，32，40，50
吊罐	可分吊具	10，20，（30），32

注：1. 对于固定吊具，额定起重量中不含吊具自重；对于可分吊具，额定起重量中包含吊具自重。
2. 设有主、副钩的起重，主、副钩起重量的匹配一般为 3∶1～5∶1。
3. 表中所列数值为额定起重量常用值，也可按供需双方协商确定。

（3）起升范围 D。

起升高度是指起重机取物装置上、下极限位置之间的距离，单位是“m”。下极限位置通常取为工作场地的场面或运行轨道顶面，吊钩以钩口中心为准，抓斗以最低点为准。港口门座起重机的取物装置必须下降到船舱底工作，它的下极限位量在地面以下，此时，需要标出轨面上和轨面下的起升高度，如 *M*10—30 门座起重机起升高度 H 为 43 m，其中轨面以上起升高度 H: 为 28 m，轨面以下起升高度 H 为 15 m。在确定起重机的起升高度时，要考虑到下列因素：起吊物品的最大高度、需要越过障碍的高度、吊具所占的高度等。对于港口门座起重机还要考虑船舶在低潮、高潮、空载、满载时的不同情况。门座起重机起升范围系列，见表 4-4。

表 4-4　门座起重机起升范围系列

取货装置	起升范围 D	
	起升高度 H	下降深度 h
吊钩	12，13，15，16，18，19，20，22，25，26，28，30，32，35，45，55，60，65，70，90，95，100	5，8，10，12，15，16，18，20，22，25，30，40，50，60，70
抓斗电磁吸盘	12，13，15，16，18，19，20，22，23，24，25，26，28，30	8，10，12，15，16，18，20，22，25
集装箱吊具	12，13，15，16，18，19，20，22，23，24，25	8，10，12，15，16，18，20，22，25
吊罐	12，13，15，16，18，19，20，22，25，26，28，30，32，35，40，55，60，65，70，90，95，100	8，10，12，15，16，18，20，22，25，30，40，50，60，70

注：表中所列数值为起升范围常用值，也可按供需双方协商确定。

（4）变幅幅度 L。

幅度是指起重机旋转轴线至取物装置中心线之间的距离，单位是“m”，用“R”表示。绝大多数起重机的幅度是随起重臂所处的位置在一定范围内变化的。当起重臂外伸处于最远极限位置时，从起重机旋转中心到取物装置中心线中间的距离称为最大幅度；当起重臂收回处于最近极限位置时，从起重机旋转中心到取物装置中心线之间的距离称为最小幅度。旋转起重机的幅度是在最小幅度和最大幅度之间变化的。这类起重机的名义幅度指的是最大幅度值。

门座起重机变幅幅度系列，见表 4-5。

表 4-5　门座起重机变幅幅度系列

取货装置	幅度 L	
	最大	最小
吊钩	16，20，22，24，25，28，30，32，33，35，37，38，40，43，45，50，55，60，65，70，75，80，90，100，110，120	8，8.5，9，9.5，10，11，12，14，15，16，18，20，22，24，25，28，30，32，33，35
抓斗电磁吸盘	16，20，22，24，25，28，30，32，33，35，37，38，40，43，45，50	8，8.5，9，9.5，10，11，12，14，15，16

续表

取货装置	幅度 L	
	最大	最小
集装箱吊具	20，22，24，25，28，30，32，33，35，37，38，40，43，45，50	8，8.5，9，9.5，10，11，12，14，15，16
吊罐	16，20，22，24，25，28，30，32，33，35，37，38，40，43，45，50，55，60，65，70，75，80，90，100，110，120	8，8.5，9，9.5，10，11，12，14，15，16，18，20，22，24，25，28，30，32，33，35

注：表中所列数值为幅度常用值，也可按供需双方协商确定。

（5）起重机轨距（K）、基距（b）及尾部半径（r）。

轨距指的是门座起重机大车运行轨道中心线之间的水平距离，单位是“m”。港口码头上的门座起重机的轨距多数是 10.5 m。

基距是指起重机同一轨道上前后两组行走轮中心线之间的距离，单位是“m”。轨距和基距的数值对有些起重机设计时选取是一样的。例如 M10—30 门座起重机，基距和轨距就是相等的，都是 10.5 m。

轮距是指起重机相邻两轴心线之间的距离，单位是“m”。

轮压：所谓轮压就是起重机的一个运行车轮对运行轨道的压力。它是设计车轮装置的依据，是轨道支承结构和土建设计的重要原始数据。起重机每条支腿上的压力都不是一个常数。门座起重机由于臂架的幅度及旋转角度的改变，引起支腿的压力变化。因此，要在最不利工作条件下或最不利非工作条件下算出支腿最大腿压，从而求出最大轮压，最大轮压不能超过码头的承载能力。

门座起重机轨距、基距及尾部半径，见表 4-6。

表 4-6　门座起重机轨距、基距及尾部半径

轨距 K	6，7，8，9，10，10.5，12，13.5，14，15.5，16，20，22
基距 b	8，10，10.5，12，13.5，14，16，20，22
尾部回转半径 r	6，6.5，7，7.5，8，8.5，9，10，12，14，16，20

注：表中所列数值为常用值，也可按供需双方协商确定。

（6）机构工作速度。

起重机的工作速度包括起升、变幅、旋转和运行四个机构的工作速度。

起升速度是指起吊额定重量的物品时，吊具上升的速度，单位是“m/s”，用“$V_{升}$”表示。

旋转速度是指起重机旋转部分每分钟的转数，单位是"r/min"，用 n 表示。

变幅速度是指吊具自最大幅度至最小幅度间的平均速度，单位是“m/s”，用“$V_{变}$”表示。门座起重机的变幅速度一般控制在 0.75 ~ 0.92 m/s 之间。

运行速度是指整台起重机沿固定轨面每秒钟运行的距离，单位是“m/s”，用“$V_{行}$”表示。

门座起重机机构工作速度范围及指标值，见表 4-7。

表 4-7　门座起重机机构工作速度范围及指标值

机构名称		速度范围及指标值		
		港口用	船厂用	水利电力用
起升速度/（m/min）	范围	10～90	3～30	3～63
	数值	10，20，30，40，45，50，55，60，70，80，90	3，4，5，6，8，10，12，15，16，20，25，30	3，4，5，6，8，10，12，15，16，20，25，30，46，50，63
变幅速度/（m/min）	范围	20～60	3～30	3～30
	数值	20，30，40，45，50，55，60	3，5，8，10，12，15，20，25，30	3，5，8，10，12，15，20，25，30
回转速度/（r/min）	范围	0.5～2	0.1～0.5	0.1～0.75
	数值	0.5，1.0，1.2，1.3，1.4，1.5，1.6，1.8，2.0	0.1，0.15，0.2，0.25，0.3，0.33，0.4，0.5	0.1，0.15，0.2，0.25，0.3，0.33，0.4，0.5，0.75
运行速度/（m/min）	范围	15～35	15～35	15～35
	数值	15，20，25，30，35	15，20，25，30，35	12，15，20，25，30，35

注：1. 起升速度是指在稳定运行状态下，额定工作载荷的垂直位移速度。
2. 变幅速度是指在稳定运行状态下，额定工作载荷在变幅平面内从最大幅度到最小幅度过程中水平位移的平均速度。
3. 回转速度是指在稳定运行状态下，起重机带额定工作载荷于相应最大幅度处，回转部分的回转转速。回转速度的选取应综合考虑幅度、吨位等因素。推荐满载、大幅度时的回转速度取额定回转速度的 0.6 倍～0.7 倍。
4. 运行速度是指在起重机稳定运行状态下，不带载（港口门座起重机和水利电力门座起重机）或带额定工作载荷（船厂门座起重机）沿水平路径运行的速度。
5. 表中所列数值为速度常用值，亦可按供需双方协商确定。

（7）生产率。

生产率是表明起重机工作能力的重要指标，单位是“t/h”，通常以符号“*A*”表示。起重机的生产率，不仅决定于起重机本身的性能，而且与货物的种类、工作条件、生产组织以及司机的熟练程度等多种因素有关。

（8）外形尺寸。

门座起重机的外形尺寸是指起重机外部的轮廓尺寸，主要包括最小幅度时起重臂最高点距轨道顶面的尺寸、最大幅度时起重臂最远点距旋转中心线的尺寸、尾部旋转半径尺寸、门架净空尺寸、司机室高度以及在一条运行轨道上运行机构台车的边缘长度等。

三、基本构造

门座起重机的构造大体上可以分为两大部分：上部旋转部分和下部运行部分。上部旋转部分安装在一个高大的门形底架（门架）上，并相对于下部运行部分可以实现 360°任意旋转。门架可以沿轨道运行，同时它又是起重机的承重部分。起重机的自重和吊重均由门架承受，并由它传到地面轨道上。上部旋转部分包括臂架系统、人字架、旋转平台、司机室等，还安装有起升机构、变幅机构、旋转机构。下部运行部分主要由门架和运行机构组成。门架底部能通火车，轨距有 3 种：能通过一列火车轨距为 6 m，称单线门架，能通过并排两列火车的轨距为 10.5 m，称双线门架，能通过并排三列火车的轨距为 16 m，称三线门架。码头前沿的门座起重机门架多属双线门架。门座底部装有行车车轮或运行台车，运行机构门座起重机的工作原理是：通过起升、变幅、旋转 3 种运动的组合，可以在一个环形圆柱体空间实现物品的升降、移动，并通过运行机构调整整机的工作位置，故可以在较大的作业范围内满足运移物品的需要。门座起重机基本构造如图 4-5 所示。

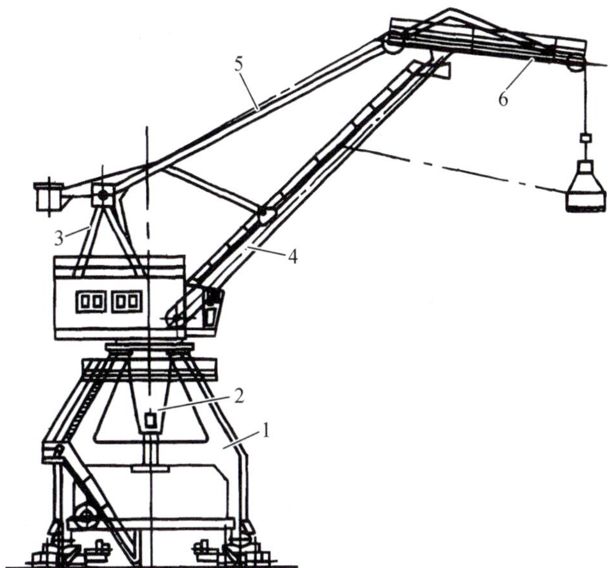

1—门架；2—转柱；3—人字架；4—主臂架；5—刚性拉杆；6—象鼻梁。

图 4-5 门座起重机基本构造

1. 金属结构部分

（1）门架。

门架结构支承着上部旋转部分的全部自重和所有外载荷。门架结构对整个起重机的稳定性和减轻自重有着重要意义。为保证起重机正常平稳运转，门架必须有足够的强度，尤其是要有较大的刚度。门架结构分为转柱式门架和大轴承式门架两大类型，转柱式门架结构分为交叉门架和八杆门架。采用大轴承式门架，如图 4-6 所示。

图 4-6 大轴承式门架的门座起重机

（2）人字架、旋转平台与转柱。

人字架：臂架的支承部分，变幅机构的推杆，组合臂架的拉杆及其对重杠杆等都与人字架相连，人字架支承在旋转平台上。

旋转平台与转柱：旋转平台的金属结构由两根纵向主梁及一些横梁和平板组成。根据受力大小，这些梁可做成箱形断面或工字形断面，臂架和人字架都支承在平台上。还有起升机构和旋转机构等机电设备，都安放在平台上。旋转平台和转柱相连接。臂架的两个下支承座焊在平台的主梁端部。转柱常被做成棱锥形薄壁箱形结构，刚度大，自重轻。

（3）臂架系统。

臂架系统是门座起重机把货载传送到旋转平台的主要构件，可以做成单臂架系统或组合臂架系统。

① 单臂架系统。

刚性传动变幅的单臂架：刚性传动变幅的单臂架门座起重机的特点，是整个臂架系统只需臂架这一刚性部件。由于装有臂架自重平衡系统和刚性传动安装，因此变幅拉点布置在接近臂架根部，依托螺杆、螺丝传动实现臂架俯仰。

柔性拉索变幅的单臂架：没有臂架平衡安装，变幅钢丝绳固定于臂架头部，依托柔性拉索的收进与放出实现臂架的俯仰。

② 组合臂架系统。

门座起重机的四连杆臂架系统是组合式起重臂架的一种典型方式：其特点一是有效空间较小，影响运用；二是悬挂钢丝绳过长，不利于装卸作业；三是为了实现程度变幅需求借助钢丝绳进展补偿。

柔性拉索式：采用钢丝绳作为拉杆，并借助象鼻架尾部一定几何尺寸外形的曲线，实现变幅过程中货物的程度挪动。

刚性拉杆式组合臂架：由象鼻架、刚性拉杆及臂架三部分经过铰轴组合而成，并与机架拼成四连杆机构，以实现变幅过程中货物的不同程度挪动。

2. 机构部分

（1）起升机构。

任何起重机械都是依靠起升机构升降货物的。电动机通过联轴节与减速器的高速轴相连。机构工作时，减速器的低速轴带动卷筒，将钢丝绳卷入或放出，经过滑轮系统，使吊钩实现上升或下降。机构停止工作时，制动器使吊钩连同货物悬吊在空中，吊钩的升降靠电动机改变转向来达到。起升机构主要由下列部分组成：驱动装置、传动装置、卷绕系统、取物装置、制动装置和辅助装置。

根据起重机起重量或用途不同，起升机构卷绕方式分为单绳卷绕、双绳卷绕、四绳卷绕 3 种类型。

单绳卷绕系统中只有一根钢丝绳。卷绕在卷筒上的钢丝绳经过导向滑轮后与取物装置连接起来，实现货物的升降。

双绳卷绕系统中有两根钢丝绳，它有两种卷绕形式：一种是两根钢丝绳缠绕在一个双联卷筒上；另一种是两根钢丝绳分别缠绕在两个独立的卷筒上，如图 4-7 所示。前者结构紧凑、经济，通常应用在桥式起重机中；后者多用在吊钩、抓斗两用的起重机中。近年来，随着港口装卸生产的发展，起重机械的起重量也在相应地提高，出现了四绳卷绕的起升机构，如图4-8所示。

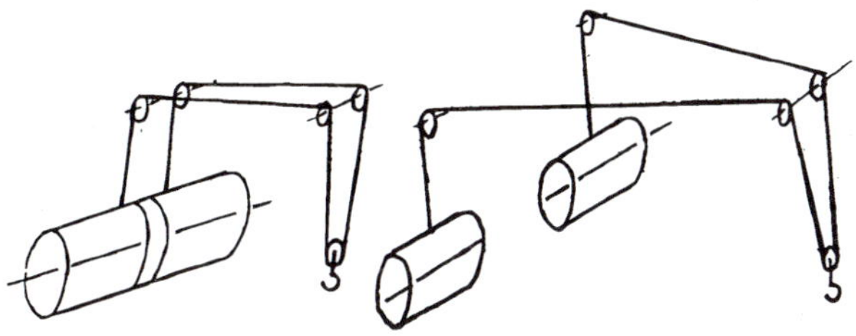

图 4-7　双绳卷绕系统示意图

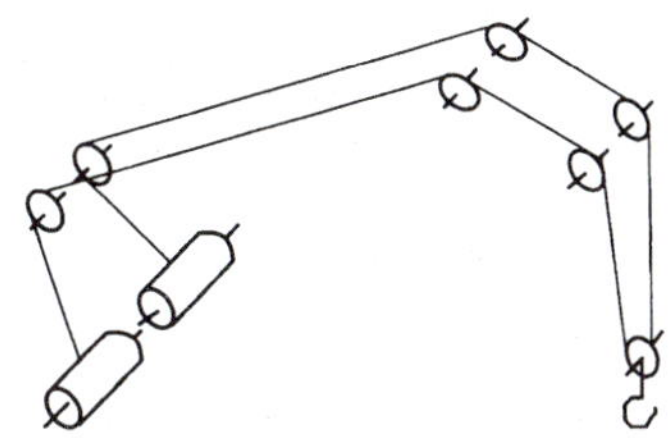

图 4-8　四绳卷绕系统示意图

（2）旋转机构。

旋转机构是用来支承旋转部分重量，并驱使旋转部分相对于不旋转部分做旋转运动的工作机构。它的作用是使被起吊的货物围绕起重机的旋转中心做旋转运动，以达到在水平面内运移货物的目的。旋转机构由旋转支承装置和旋转驱动装置两部分所组成的。旋转支承装置是用来保证起重机的旋转部分和不旋转部分的对中，并把旋转部分的力传递给起重机的不旋转部分的装置，分为转柱式旋转支承装置和定柱式旋转支承装置。旋转驱动装置是实现起重机旋转部分相对于不旋转部分转动的执行机构，这种装置能满足起重机低速正反转、制动平稳、安全可靠的要求。从受力方面考虑，旋转驱动机构必须克服如下阻力矩：① 旋转支承装置中的摩擦阻力矩；② 风阻力矩；③ 由道路坡度或浮船倾斜造成的旋转阻力矩。

（3）变幅机构。

变幅机构是用来实现臂架俯仰，以改变工作幅度的机构。它主要有两个方面的作用：① 在满足起重机工作稳定性的条件下，改变幅度，以调整起重机有效起重量或调整取物装置工作位置；② 在起重量的最大幅度与最小幅度之间运移货物，以扩大起重机的作业范围。港口装卸用门座起重机变幅机构的作用主要是指后者，它与其他机构联合作业，实现货物的运移。变幅机构根据变幅方法可分为两种基本形式：运行小车式和摆动臂架式，按工作性质分为非工作性变幅与工作性变幅两种。

（4）运行机构。

在装卸作业中，往往要求起重机能够调整工作位置，改变工作地点，以扩大作业范围，提高装卸效率。因此，在起重机中通常都装有运行机构，运行机构的任务是使起重机做水平运动。运行机构按照结构特点分为无轨运行机构和有轨运行机构两大类。港口装卸用门座起重机运行机构均为有轨运行机构。有轨运行机构起重机可沿着铺设的钢轨上运行。

门座起重机运行机构的驱动形式是由独立的驱动装置分别驱动各个支点上的车轮。因为这种驱动结构简单，布置方便，在港口起重机械运行机构中获得了广泛的应用。运行机构不论是何种结构，都是由运行支承装置、运行驱动装置和运行安全装置三部分组成。运行支承装置包括均衡梁、车轮、销轴等。运行驱动装置包括电动机、制动器、减速装置等。运行安全装置包括夹轨器、防止起重机碰撞的缓冲器及运行限位器等。

（5）安全装置。

① 防风锚定装置。防风锚定装置是大型起重机的一种重要安全保护装置，它的作用是将起重机牢牢地固定在作业场地。露天作业的大型起重机械必须装设防风锚定装置，以便随时将起重机固定起来，防止被暴风吹走。根据作用方式分为自动作用与非自动作用两大类；根

据工作原理不同分为即防风固定装置、防风压轨器和防风夹轨器三类。

② 超负荷限制器。起重机的工作负荷是一个确定的数值，作业过程中货物的重量不能超过额定负荷值，否则就可能造成机损、货损及人身伤亡事故。因此，在大中型起重机械上必须装有防止起重机超载作业的安全装置。

防止起重机超载作业的安全装置有两种：一种是起重量限制器（即超负荷限制器）；另一种是起重力矩限制器。

③ 限位装置。

起重机在作业过程中，难免有司机操作失误、控制失灵的现象发生。为了避免这类事情的发生，必须在各个机械中装设保护装置—-限位装置。常用的限位装置有行程限位器和起升高度限位器。

4.2 门座起重机的检修与保养

门座起重机的日常维护与保养是保证门座起重机正常使用的重要保障。良好的维保具有以下几个作用：（1）能使设备少出故障，减少停机维修的时间，大大提高机器设备的使用寿命；（2）直接关系到设备能否长期保持良好的工作精度和性能，关系到加工产品的质量，关系到工厂的生产效率和经济效益的提高；（3）门座起重机的管理和维护质量的好坏，关系到系到设备的故障率和作业率、工作性能和安全性能，容易因局部零件的损坏而造成重大生产事故。

一、门座起重机定期检修保养的内容与规定

1. 金属结构

（1）检查主受力杆件。

① 检查主受力杆件锈蚀情况：各杆件断面锈蚀不得超过原厚度的 10%，对超过的部位应按防腐规范进行除锈和补漆，严重的应修补和更换。

② 检查主受力杆件裂纹情况：对开裂开焊、超标变形的金属结构，应在分析其原因的基础上进行加固处理，修复加固必须遵守工艺要求；对反复开裂、开焊的部位，必须进行内结构加固，对大型箱形杆件应开孔进行内结构检查和做加固处理。

③ 检查主受力杆件变形情况：各钢结构钢板平整无翘曲。

④ 检查主受力杆件意外损伤情况：对操作意外碰撞造成损坏，必须进行技术检测，然后按原图纸要求整形修复。主受力杆件修复时，必须在杆件不受力的情况下施焊。

⑤ 检查杆件高强螺栓：用于连接杆件的高强螺栓的螺栓、螺帽垫圈应符合国家标准，各螺栓应受力均匀不得缺损。

（2）检查机器房与司机室及其壳体。

① 检查门窗及其活页和滑道情况：门窗齐全，活页与滑道灵活无阻，玻璃完整、明亮。

② 检查机器房和司机室的外部壳体：机器房与司机室和外部壳体墙板平整无变形。

③ 检查墙板固定螺丝及机器房与转盘连接状况及紧固情况：对墙板固定螺丝存在松动、残缺的部位应进行紧固和补齐，用于机器房与转盘连接的螺栓不得松动和锈蚀。

④ 检查内壁装修有无损坏：要求内壁装修完整无污物；地板必须牢固、完整。

⑤ 做好绝缘板、隔热板铺设情况：司机室与配电屏前地板必须有绝缘踏板，司机室内电暖器必须加高底座。

（3）检查梯子、栏杆、踏板、围板。

① 检查漏雨情况：机器房和司机室的外部壳体不得因开裂、锈蚀等原因漏雨；对开裂、开焊、变形、锈蚀严重的壳体、墙板做修复补漏和更换墙板。

② 检查梯子、踏板、栏杆、围板锈蚀情况：对梯子、踏板、栏杆和围板等锈蚀严重的部位应及时修补或更换。

③ 检查梯子、踏板、栏杆、围板变形情况：梯子、踏板、栏杆和围板等不得缺损、变形。对因碰撞造成的护栏、围板、梯子变形、缺损变形按图纸标准修复。修复后，应能承受 1 kN 以上的载荷而不发生变形、裂纹。

2. 起升机构

（1）检查吊钩。

① 检查吊钩磨损状况，测量磨损程度和吊钩开口尺寸：危险断面不得有裂纹，危险断面磨损超过 10%时应报废或经安全技术部门重新校核标定后减负荷使用；吊钩开口尺寸被拉大到原尺寸 15%或与内圆直径相等时，钩头应报废。

② 检查吊体与钩柱变形及尾部螺纹情况：吊体与钩柱变形扭曲偏转角超过 10°时，吊钩应报废；检保时将吊钩螺母卸下洗净污垢、螺纹或尾部空刀槽处存在裂纹或出现疲劳变形时，钩头应报废。

③ 检查吊钩滑轮与钢丝绳：钢丝绳检查技术要求参见缠绕系统，滑轮检查技术要求参见缠绕系统。

④ 检查吊钩轭板及各部位螺栓紧固情况：吊钩轭板不得有裂纹与变形，各部螺钉不得松动，补齐切断和脱落的螺栓；

⑤ 润滑各活动关节：按要求润滑。

⑥ 状态检测：进行负载试验时，以额定载荷的 1.25 倍作为实验载荷，载荷悬挂时间不得少于 10 min，吊钩吊上试验载荷后，吊钩开度变形不应超过 0.25%，在卸载后不许用有永久变形和裂纹出现。

（2）防转套。

① 检查外壳：不得有裂纹。

② 检查连接孔磨损情况：磨损不得超过 10%，被拉变形不得超过孔径 5%。

③ 检查备帽与定位螺丝情况：定位螺丝不得松动，防松装置完好；备帽无裂纹、无倒牙滑丝、不得超过配合标准。

④ 检查轴承：应无过热变色、无麻点和无裂纹。

⑤ 检查转动并润滑：转动灵活、无卡死现象，并按需润滑。

⑥ 状态检测：做动、静负荷试验。

（3）超负荷限制器。

① 压力传感式：检查传感触点无污物、传动准确，采用砝码检验。

② 检查负荷器滑轮及受力杆：负荷器滑轮检查技术要求参见缠绕系统滑轮检查技术要求。

③ 检查负荷轮及受力杆件：检查压力杆，平直不得弯曲，传动有效；检查负荷轮铜套磨

损情况，间隙不能超过 2 mm。

④ 校核超负荷限制器技术参数：利用砝码调整校核超负荷限制器技术参数值，达到规定数值。

（4）制动系统。

① 检查制动轮：制动轮不得有裂纹，表面磨损沟痕不得超过 1.5 mm；制动轮径向跳动不得超过 0.3 mm，椭圆不大于 0.1 ~ 0.2 mm 起升、变幅机构的制动轮磨损不得超过轮缘厚度的 40%，其他机构不得超过原轮缘厚度的 50%；制动轮轴孔与轴配合及键槽与键配合不得松动，不得加垫，基础面积 70%以上；制动器工作中，制动轮表面温升不得超过 200 °C；当检查发现制动轮存在或超过上述技术标准时，应及时更换。

② 检查制动瓦及制动材料情况：如发现制动瓦破碎、裂纹应及时更换；制动衬料磨损超过 50%、窜动或露铆钉时，应予更换。

③ 检查制动轮与闸开合间隙：制动轮与闸瓦最小间隙一般在 0.5 ~ 1.0 mm 内，当制动轮直径小于 300 mm 时取 0.7 mm，大于 300 mm 时取 0.8 mm，超差时应对制动器主弹簧螺母进行调整。

④ 检查制动架、紧闸杆及主、副弹簧：制动器闸瓦的中心高度应与已安装好的制动轮中心高度一致，两制动臂应垂直于安装平面；制动器松闸时，在制动轮宽度的 100 mm 内制动瓦与制动轮的不平行度不得超过 0.1 mm。抱闸后，闸瓦与制动轮的接触面积不低于闸瓦表面积的 80%；紧闸杆不得弯曲，保养时润滑好主、副弹簧。

⑤ 检查各铰点及销轴：各铰点不得锈死或松旷，应转动灵活；销轴轴孔磨损量超过原直径 5%时应及时更换，销轴间隙导致的无效间隙超过额定行程 10%时，应及时更换或修理相应部件，保养时应润滑各铰点。

⑥ 检查驱动装置（电力液压推动器）：制动器外部，活塞缸不得漏油，活塞推杆灵活可靠，防尘套完好有效，不得缺损，推杆铜套磨损不得超过 0.10 mm 驱动装置解体检查时，弹簧拉杆磨损超过 15%，活塞与油缸间隙不大于 0.13 mm，椭圆不大于 0.3 mm，叶片不得有裂纹，与方轴配合无松动，方轴与滑道磨损不得大于 1 mm，轴承无磨损；将推杆放置最低位置，液面至注油孔高度大于 50 mm 时，应及时补充，定期对制动液进行油品检验，并按需更换制动液，更换时，应清洗油缸内腔，但注意电机线圈不得用汽油清洗。

⑦ 检查部位紧固情况：检查紧固各部位螺栓。

（5）减速器。

① 采取看、听、摸的方法检查减速器：查看：静密封面不得有渗油现象，输入、输出轴不得有油泄漏现象，通过减速器观察孔观察减速器内齿轮磨损情况，以及齿轮啮合情况，发现异常及时解体检修。

听查：减速器运转噪声应均匀不得超过 85 dB，噪声增大或有断续冲击声发生时，说明啮合处有异物，齿面磨损严重、轴承损坏，应及时检修。

摸查：在减速器正常运转下，轴承温度为 40 °C左右，不得超过 75 °C，油温不得超过 80 °C，温度超标时说明轴承间隙增大、轴套松动或润滑油不足，应及时停机检修。

② 油品检测：化验油品质量；铁谱检验磨损量；按需更换润滑油；更换时清洗减速箱。

③ 解体检保：齿轮磨损不得超过原厚度 15% ~ 25%，齿轮不得有裂纹、疲劳、剥落、点

蚀不得超沿齿长 1/3，电蚀坑深不得超过 2 mm，疲劳剥落损坏超过原全齿面的 30%时，齿轮应报废；胶合榛伤塑性变形要铲平挫光；轴承完好无磨损、无麻点、无过热变色、无裂纹，轴承内径与轴配合无松动。

（6）联轴器。

① 齿形联轴器：齿形联轴器无异音，润滑良好；齿厚磨损量超过原齿厚的 15% ~ 30%，应进行更换（起升机构 15% ~ 20%）；半联轴器与输出轴不得松动；端面间隙 2 至 12 mm，径向位移 0.20 mm，角位移 CL 型小于 0°40'、CLZ 型小于 0°30'。

② 弹性柱销联轴器：弹性联轴器无异音，润滑良好；弹性柱销联轴器端面间隙 2 至 12 mm，径向位移 0.20；角位移 CL 型小于 0°40'、CLZ 型小于 0°30'；半联轴器与输出轴不得松动；胶圈外径与孔差 2 mm 或老化应更换。

（7）稳索配重。

① 检查钢丝绳磨损：钢丝绳检查技术要求参见缠绕系统。

② 检查导向滑轮：钢丝绳转动灵活无卡住现象，润滑良好；稳索配重导向滑轮检查技术要求参见缠绕系统滑轮检查技术要求。

③ 检查配重滑轮与轨道：轨道平直，高度差不大于 5 mm，平行差 1 mm 无断裂，滚轮转动灵活；配重滑道终端须加固牢靠，防止飞出，底座应设缓冲装置。

（8）卷绕系统。

① 检查卷筒支座：检查卷筒支座金属结构变形、焊缝开裂及螺栓紧固情况。

② 检查卷筒径向跳动：卷筒长度小于 1 m 内时，卷筒径向跳动不超过 0.3 mm；大于 1 m 时，不超过 0.4 mm。

③ 检查卷筒磨损或意外损坏：绳槽深度不得超过钢丝绳直径的 50%，壁厚不得小于原尺寸 80%，不得有裂纹和意外损坏。

④ 检查卷筒轴的磨损：卷筒轴磨损达公称直径的 3% ~ 5%时，应予以更换。

⑤ 检查钢丝绳磨损情况：钢丝绳尾部固定压板及螺栓不得松动；磨损单丝 40%，外径减少 15%，不得使用；检查断丝情况，节距断不能超过 10%，不能断股钢丝绳不能缺绳芯，不许有硬节，不许大面积锈蚀。

⑥ 润滑卷绕系统钢丝绳：钢丝绳涂抹润滑脂。

⑦ 检查各部位滑轮：各部位滑轮壁厚不得小于原尺寸的 80%，不得有裂纹和意外损坏。中 870 滑轮不得超过 67 mm，壁厚不得小于 9 mm；580 滑轮不得超过 67 mm，壁厚不得小于 9 mm；检查滑轮轮缘：发现滑轮轮缘变形或破碎时，应及时修理和更换；滑轮端盖螺丝不得缺损，不得松动；检查滑轮轴是否磨损，对磨损进行修复，有裂纹或磨损超过 0.5 mm 应进行更换；检查滑轮压板、卡轴板，螺钉不得缺损，不得松动，压板、卡轴板与轴不得有间隙；检查并补齐缺少油杯，紧固集中润滑松动、漏油的接头；绳槽油液充分，不得缺油，充分润滑轮轴。

3. 变幅机构

（1）检查齿条缓冲器：检查齿条心轴缓冲行程，缓冲器行程有效，缓冲行程不得大于原行程的 20%；缓冲压力调整应符合出厂要求；铜套磨损不大于原尺寸 5 mm；充分润滑铰轴和心轴；橡胶块失效必须更换。

（2）检查卡轴板：卡轴板与轴无间隙磨损；卡轴板螺钉不得松动失效。

（3）制动系统：变幅机构制动系统检查技术要求参见起升机构

（4）齿形联轴器：变幅机构齿形联轴器检查技术要求参见起升机构

（5）弹性柱销联轴器：变幅机构弹性柱销联轴器检查技术要求参见起升机构。

（6）润滑象鼻梁、变幅大臂、大臂支座、大拉杆两端、小拉杆与平衡梁支座、齿条各铰轴：各铰轴必须润滑充分；各铰点轴孔不得松旷；各轴卡轴板不得松旷，出现间隙者应给予更换修复推杆和铜套间隙不大于 0.10 mm；拉杆磨损不大于 2 mm；各支座处不允许长期积雪积水。

4. 旋转机构

（1）立式行星减速器方式：

① 听查减速器工作声音（检测振动）：运转声音平稳、无异常冲击音按选点进行振动监测。

② 检查油液：取样化验油液，做质量和铁谱化验检查油标是否缺油。

③ 检查壳体螺钉是否松动：螺钉不得松动，不得出现渗漏。

④ 检查紧固螺钉：箱体螺钉不得松动。

层间密封不得渗漏，层间定位销不得窜动，基座螺钉不得松动。

⑤ 检查油标：油液面必须达到油标；放油取样，化验油品质量和铁谱。

（2）联轴器：

① 检查柱销与半联轴器：紧固可靠，不得有松动。

② 检查柱销与胶圈：胶圈外径与孔差不得超过 3 mm 或老化。

（3）缓冲力矩：

检查缓冲力矩是否有效：立式锥盘式摩擦片缓冲力矩有效，无冲击。

（4）极限力矩：

检查极限力矩是否有效，立式锥盘式摩擦片缓冲力矩有效无冲击。

（5）制动系统：

① 检查制动器闸架：检查制动器闸架，各铰轴不得锈蚀卡死，不得松旷，灵活可靠；手轮刹车牢固可靠；脚踏连杆完好，行程有效。

② 检查制动泵：检查制动泵，总泵油排油迅速，回油滞慢分泵动作灵敏，传动可靠；油液中不得存混空气。

③ 解体制动泵：油封不得破碎老化；活塞和泵体配合间隙不大于原尺寸 10%；回油阀应有控制能力；回位弹簧压力张力完好。

④ 解体制动分泵：油封皮碗不得磨损老化；活塞滑块不得卡死；放气孔畅通有效；回位弹簧压力张力有效。

⑤ 检查油路：油路不得渗漏；油管安装排列整齐规范。

⑥ 更换刹车油：油液必须标准；油路与泵体内不得存有气体。

⑦ 检查踏板、连杆：各活络铰点不得锈死卡住，不得松旷，调整开合间隙；各传动杆不得弯曲，行程有效；必须保证一脚能刹住车。

（6）回转大轴承：

听查轴承运转声音：转动平稳、无异常声音，无异常破碎和摩擦声杂音；轴承必须时时保持润滑充分；旋转大齿圈固定螺栓必须经常检查，保证紧固。

5. 行走机构

（1）减速器：

行走机构减速器检查内容参考见起升机构。

（2）联轴器：

行走机构联轴器检查内容参见起升机构。

（3）开式传动齿轮副：

① 检查开式齿轮磨损：开式齿磨损，齿厚磨损量达到 2.7 mm 时应更新，表面疲劳剥落 30%，点蚀坑深超过 0.9 mm 时，应予更换；齿根上不得有裂纹；齿不平行度应在 0.8 mm 范围内。

② 检查铜套轴承磨损：铜套轴承磨损不得超过原间隙的 0.5 mm。

（4）行走轮：

① 清理开式齿污物并注油：齿顶和齿根内不得存在油污。

② 查听行走轮运行声音：轴承平稳无异音（区别啃轨声）。

③ 检查行走轮踏面与轮缘磨损：踏面不得有裂纹，点蚀不多于 5 处，坑直径不大于 1 mm、深 3 mm；踏面磨损不超过原厚度 15%～20%；踏面剥离深度不得大于 3 mm；轮缘磨损超过原厚度的 40%，折断超过 3 mm 时报废。

（5）卡轴板：

检查卡轴板与轴的间隙，大于 2 mm 时，应进行修理。

（6）润滑：

开式传动润滑、各铰轴润滑、小齿轮与齿圈润滑：润滑要充分，各润滑点受力均匀。

（7）检查制动系统：

惯性制动器：检查制动器各部零件是否完好，紧固件是否紧固；制动器各铰点润滑状态是否良好；电机及减速器地脚螺栓是否松动。

6. 供电部分

（1）码头电缆坑。

定期清理坑内电缆线的灰尘及坑内杂物；瓷瓶无残缺，支撑架无断裂、开焊，铜排无过热、破损，固定螺栓、平垫、弹簧垫齐全不松动、无锈蚀。

（2）供电拖引高压电缆。

电缆线外皮良好无破损；电缆线对地、相间绝缘电阻不小于 0.5 兆欧；电缆线接线端部有绝缘防水护套，无过热老化及破损现象；电缆芯线间、导体与绝缘间以及护套间应无变质、无黏合老化现象。

（3）电缆卷筒。

受电器各部完好无破损变形，清洁无污物，防雨防尘；集电环表面平滑，不得有灼伤或溶渣，表面粗糙度不低于 1.6（表面光滑度），滑环表面不得有砂眼。集电环厚度不小于原图纸厚度的 2/3，螺钉齐全，不松动；电刷架活动关节灵活，弹簧无过热退火现象，碳刷与滑环接触面积不小于刷块面积的 80%。与滑环的接触压力应达到 0.018～0.025 MPa，碳刷磨损超过原高度的 1/2 应更新；集电环带电体对地、相间绝缘电阻不小于 2 兆欧。

（4）高压变压装置。

检查变压器接线螺栓是否松动；绝缘装置有无损坏；运行时声音是否异常；温升是否在允许范围内；开关柜必须具有可靠的联锁装置，当接地开关在分闸位置时，手车才能从试验/隔离位置移至工作位置；在手车已充分摇到试验或工作位置时，断路器才能合闸；手车在工作位置时，二次插头被锁定不能拔除；接地开关关合时，手车不能从试验/隔离位置移至工作位置；接地开关仅在手车处于试验/隔离位置时才能操作；真空断路器止动盘、支承轴、滑动轴承、滚动轴承等要定期润滑；检查螺栓、拐臂、支杆等处安装的开口销状况，检查固定螺栓有无松动现象；检查在运行中受高应力作用的部件，损坏及时更换；检查避雷器各接线螺栓紧固情况；避雷器在投入运行前，应做预防性试验，在运行中的避雷器每隔 1 ~ 2 年也应做一次。

（5）总空气开关。

清扫开关灰尘，开关合断明显，无黏合现象；开关外壳无破损，固定螺栓齐全、牢固电磁脱扣元件和热脱扣元件均按规定整定；灭弧罩、灭弧栅完好无损；触头磨损到原图纸厚度的 1/2 应换新，触头接触面不小于 80%，触头偏移以不碰栅片为限。

（6）中心受电器。

中心受电器应清洁、无油垢，连接螺栓紧固，并有防松措施，旋转时同轴度好；集电环表面平滑，不得有灼伤或溶渣，表面粗糙度不低于 3.2（表面光滑度），集电环表面不得有砂眼，集电环磨损厚度不少于原图纸厚度的 2/3；电刷架活动关节灵活，弹簧无过热退火现象，碳刷与滑环接触面积不小于刷块面积的 80%。与滑环的接触压力应达到 0.018 ~ 0.025 兆帕。碳刷磨损超过原高度的 1/2 时更新；电刷和刷架相连的铜辫应紧固，各铜辫（相间）应无短路或过于靠拢；绝缘材料应耐高温、非燃性，禁止使用易燃品作绝缘材料；刷握与集电环的距离要调整适当，电刷与刷握间的间隙应为 0.05 ~ 0.3 mm 之间；中心受电器带电体对地以及集电环间绝缘阻值应在 2 兆欧以上。

7. 电动机

（1）电动机转动灵活，无异常声音，各部件完好，固定螺栓紧固，无松动现象。

（2）电动机外壳及端盖应无影响机械强度的裂痕。

（3）定子铁芯压入机壳后不得有松动现象，定位螺钉紧固，轴与转子铁芯之间的配合键要紧密，在电机转子正反运行时，不得有松动现象，不应产生不正常的响声和震动。

（4）轴承内外圈无裂纹或磨损的条纹，滚动体或座圈上无疲劳剥落的小坑或碎落，隔离环或转动圈边缘应无损伤。轴承径向间隙：球轴承不应超过 0.15 mm，滚子轴承不应超过 0.20 mm。

（5）分解电动机，除尘，清洗定子、转子及其他部件，轴承注油润滑，加油不超过轴承端盖的 2/3。

（6）集电环表面平滑，无灼痕、沟槽、粗糙度应符合规定。

（7）刷架动作灵活，对刷块有 1.3 ~ 1.8 kg 的压力，刷块的导电接触面积不小于电刷截面的 80%，磨损超过原高度的 1/2 应更新。

（8）刷握距离滑环的表面应有 3 ~ 5 mm 的游隙。

（9）电动机对地绝缘电阻不小于 0.5 MPa。

（10）电动机温度应低于电动机允许温升。

（11）控制器档位明显，零位准确，手柄操作力适度；控制器零位自锁准确，其手柄的操纵方向与起重机各运行机构运行方向一致。

（12）防尘圈、操纵杆不缺件、不破损，操纵杆有防止脱出的措施。

（13）调整凸转、触头，更换磨损到限的凸轮触头。

（14）传动机构清洁完好，更换磨损到限的塔齿、伞齿、轴孔磨损不超过原孔径的 10%。

（15）润滑控制器传动机构，清除控制器灰尘。

（16）自动回零位系统工作可靠，结构无变形、犟劲。

（17）指示灯、按钮应无缺损，动作可靠。

8. 控制元件

（1）控制屏（箱）。

控制屏及台架应有足够的机械强度，不应有显著的前后倾斜，左右偏歪及晃动等现象；控制屏的面板平整，不应有明显的凹凸不平现象；所有电器件及附件（如附加电阻、整流桥块等）均应牢固地固定在骨架或支件上，不得悬吊在其他电器的线端子或连接线上；金属零件及紧固件包括螺钉、螺母、垫圈、镀层应牢固，无变质脱落及生锈等现象；控制屏应具有接地装置，并不应有污垢或黄锈，接地装置应有明显的接地符号；控制屏的门应有内销，并能转动灵活，开启角度不小于 90°，不应在开启过程中使门上的电器受到冲击或损坏控制屏、台架有足够的机械强度，不应有操作一次设备，而使二次设备产生误动作；绝缘导线穿过金属板时，应在板孔上安装绝缘套；控制屏内照明设置齐全，开关可靠，不缺件，安装牢固。

（2）各机构接触器。

机械结构良好，配件齐全，无锈蚀，动作灵活可靠铁芯截面应保持平整，清洁，接触时应吻合、不歪斜，分磁环完整无损，吸合后不应发出噪声；灭弧罩应完整无损，无潮湿、碳化、破碎现象；触头接触良好，不过热，触头应同时接触或释放断开，若触头相接触的部分镶银，当银层磨损并漏铜时，或超行程减少到原来的一半时，应予以更换；线圈无过热、短路或匝间短路，在额定电压的 85% ~ 115%范围内能可靠工作；更新按接触器产品说明书进行。

9. 电阻器

各机构电阻器清洁，电阻器无灼痕、断裂和显著的变形；电阻器支架牢固，无开焊、断裂现象；各接头螺栓和联接螺栓紧固，引线排列整齐；电阻器的绝缘电阻应不低于 2M；连接导线进入电阻箱部分，应包有玻璃纤维或其他耐热绝缘套管；电阻器的电阻元件相邻各片之间不应有短路；电阻箱的电气间隙不应小于 8 mm，漏电距离不小于 10 mm。

10. 保护和报警装置

（1）各机构限位开关。

起升限位动作灵敏可靠，在两端极限范围内运行自如；定位装置能准确地将开关固定在各位置上；使用万向节、齿轮传动的限位，联结可靠；上升极限：限位在防转套离顶端滑轮 2 m 处动作；下降极限：限位在卷筒钢丝绳剩两圈处动作；幅度限位动作灵敏可靠，自动复位的开关在复位时应灵活，不应中途停留；当机械运动到两个极限位置时，限位开关应及时断开，并切断电路，同时不会压坏限位开关的零件或使之歪斜；最大幅度限位整定在终端前面的

0.75 m 处动作，最小幅度限位整定在终端前的 0.75 m 处动作；旋转限位动作灵敏可靠。调整：在一般操作制动器时不动作，紧急制动时动作并切断电源；行走限位应灵敏可靠，在电缆卷筒剩三圈电缆时动作，复位操作可靠；具有荷重杠杆的限位开关，在移去平衡重锤时，其荷重杠杆应保证能可靠地操作限位开关；超负荷限制器动作灵敏可靠，当吊重超过额定起重量时，超负荷限制器自动切断起升动作电流，并发出报警声、光信号。

（2）电铃和电喇叭。

电铃和电喇叭须清洁、完好，不缺件；电铃和电喇叭音响清脆、响亮；各种信号灯齐全，清洁完好。

（3）熔断器。

熔断器各部清洁、完好、无灼痕、无破碎，不得在熔断器管外压接熔丝和金属丝；熔体与熔断器的接触须可靠，无松动；熔断器的电压、容量须符合规定，熔芯按图纸要求选配。

（4）仪表和传感器。

电压表和电流表、功率表、功率因数表等须内外清洁，完整，密封指针平直，移动灵活可靠，刻度清新，零位调整正常，互感器清洁，铁芯无磁化，二次接线牢固可靠，不得开路。

11. 附属设备

（1）各类开关。

各类开关须清洁、完好，塑料或其他绝缘壳、底座和把手（旋钮）均无残缺、破裂现象，接线螺丝紧固，并有放松措施，动作灵活可靠；各类开关带电体对地绝缘电阻不低于 2 MΩ；各类开关触头须无缺陷，无锈蚀和灼痕，表面平滑，开关闭合须接触良好；凡以黑色金属制成的零件，均应涂有防锈层，带电体上不得刷油漆，室外使用须防水、防尘；主令开关、刀开关、旋钮开关和组合开关须有明显的“接通”“断开”标志。

（2）照明。

各种灯具须内外清洁、部件齐全、完好，反光镜无锈蚀，室外灯密封防尘防雨；照明供电导线无破损、过热、老化现象；所有灯泡容量、数量及照明导线截面不得小于图纸技术规定。

（3）电器元件安装与布线。

控制屏内的一次回路电器设备与母线及其它带电体布置的最小距离，交直流低压屏、电容屏、动力箱电气间隙为 10 mm，漏电距离为 16 mm；母线的落料、钻孔或冲孔后的毛刺均需加工整平，母线表面不得有显著的锤痕、划痕、气孔、凹坑、起皮灯缺陷，母线弯曲后不应有裂纹或缺口；母线连接应严密，接触良好，不过热，装配整齐美观，不同的金属母线与电器端子连接时应采取防止腐蚀的措施，母线连接后受压不变形。二次回路的带电体间或带电体与金属骨架间电气间隙不应小于 4 mm，漏电距离不应小于 6 mm；控制屏内导线不允许中间接头，所有接线端子每侧接线不超过 2 根；二次配线应横平竖直，配置坚固，层次分明，整齐美观，接线牢固，所有连接导线两端要有与原理图及配线表相一致的明显编号；电线和电缆应采用铜芯多股线，除电器设备内部采用塑料绝缘导线外，外部联接宜采用橡套绝缘导线；电线和电缆的最小允许截面为：动力回路不小于 2.5 mm^2，控制及照明回路不小于 1.5 mm^2，检查回路及电话线不小于 1 mm^2。电子装置、弱电回路、信号回路等特殊场合不作规定；动力控制和信号回路、照明回路应尽量分别布线，接线端子宜分开；导线的连接和分支点应设接线箱和分线盒，在有机械损伤或油污侵蚀、化学腐蚀的场合，电线或电缆必须有防护措施或穿管保护；控制屏带电体对外壳的绝缘电阻应在 0.5 MΩ 以上。

（4）电热器。

电热器清洁完好，带电体绝缘电阻不低于 2 MΩ；管状加热器管壁无裂纹，管子表面无水垢、油垢或结炭，护罩完好；管状加热器加热液体时，需全部浸在液体中；电热器的取暖安装时，周围不得有可燃物，应有防火措施电热器的金属支架和外壳，须可靠接地。

（5）其他。

敷设管、进出线口所有电气设备的金属外壳，电线管、支架等须良好接地，接入电阻值（对机体）不应大于 0.5*Q*。导线敷设管和接线箱导线出入须加保护衬托或防水弯头，内部清洁，外部须刷油漆，线路卡箍完整、紧固；电线管内敷设导线面积（包括绝缘套）不应超过管内净面积的 40%，槽内敷设不应超过 60%；线路及接线端子需清洁，无烧痕和裂纹、断裂等，其绝缘电阻不得低于 2 MΩ。起重机的电气设备和线路所有的螺钉、螺栓、螺丝和螺帽均应有防止自动松动措施；机械走行、变幅等易于受砸、易碰挂场所的电气布线，应加金属防护管或穿金属管线；起重机上接零处不得少于 2 处，零线接头必须无锈，接触紧密、牢固，接零铜线不得小于 25 mm。

二、门座起重机主要零部件通用要求

1. 吊钩

（1）吊钩表面不允许存在裂纹，否则应报废。

（2）吊钩的开口变形达原尺寸的 15%时应报废。

（3）吊钩扭转变形，当钩身扭转超过 10°时应报废。

（4）吊钩危险断面的磨损量，当其实际尺寸小于原尺寸的 90%时应报废。

（5）吊钩的缺陷不允许焊补。

2. 抓斗

（1）抓斗铰轴磨损达原直径的 10%时应更换铰轴，衬套磨损原壁厚的 20%应换衬套。

（2）抓斗闭合时，刃口的错位间隙不大于 3 mm，抓斗张开后斗口平行偏差不大于 20 mm。

3. 钢丝绳

钢丝绳在使用过程中，必须经常检查，不要超负荷使用，同时须按时正确地润滑。润滑前应用浸有煤油的抹布清洗旧油，绝对禁止用金属刷子或其他尖锐器具清洗钢丝绳上的污物，也绝对禁止用酸性或其他具有强烈腐蚀性的润滑剂。

（1）当吊钩处于工作位置最低点时，钢丝绳在卷筒上，除固定绳尾圈数，缠绕必须不少于两圈。

（2）钢丝绳绳卡压板应在钢丝绳长头一边，间距不小于钢丝绳直径的 6 倍。

（3）钢丝绳开卷时应防止打结成扭曲，安装时不应在不洁净的地方拖线。

（4）钢丝绳润滑应符合该绳的要求，并保持其良好状态，每月至少要润滑二次。润滑剂不宜用润滑脂，最好用钢丝绳油，亦可用中等浓度的机油，润滑前应用煤油清洗，然后将加热至 80 ℃以上的油蘸浸钢丝绳，使油浸到绳芯。

（5）钢丝绳应每天检查（固定连接处，平衡滑轮处），作出安全判断。

（6）钢丝绳腐蚀或磨损量达到 40%时应报废。

（7）钢丝绳直径减小量达 7%应报废。

（8）钢丝绳出现整股断裂，内部有明显腐蚀，伸长是“笼”形时应报废。

4. 滑轮及滑轮组

滑轮作用：改变钢丝绳的运动方向和达到省力的目的，按其轴线是否运动可分为定滑轮和动滑轮，只利用滑轮的转动来平衡钢丝绳力的叫均衡滑轮。

（1）滑轮槽应光洁平滑，不得有损伤钢丝绳的缺陷。

（2）滑轮应有防止钢丝绳跳出绳槽的装置。

（3）应经常检查滑轮转动是否灵活，确保润滑良好。

（4）铸造的滑轮出现下列情况之一时，应报废：

① 裂纹。

② 轮槽不均匀磨损达 3 mm。

③ 轮槽壁厚磨损达原壁厚的 20%。

④ 因磨损使轮槽底部直径减少量达钢丝绳直径的 50%。

⑤ 其他损害钢丝绳的缺陷。

5. 卷筒

卷筒的作用是用来卷绕钢丝绳，传递动力，并把旋转运动变为直线运动，为增加钢丝绳的接触面积，防止互相摩擦，提高钢丝绳的使用寿命，在卷筒表面切有螺旋槽。

（1）卷筒上钢丝绳端的压板应有三个，并且当工作时放出最多时，卷筒上至少还应缠绕 2～3 圈钢丝绳，减少压板受力。

（2）卷筒出现裂纹或筒壁磨损达原壁厚的 20%时，应报废。

6. 齿轮与减速器

（1）齿轮的失效是指轮齿的失效，其形式有疲劳点蚀、齿面磨损、齿面胶合、塑性变形和轮齿折断等，到一定程度时会影响齿轮正常工作，必须报废。

（2）发现减速器箱体有裂纹或变形异常，应及时更换。

（3）减速器应每半年换一次油，油量要适中，油量过多会增加搅油功率损失并使油过热，氧化变质。

（4）减速器不应漏油，噪声不得超过 85 dB，温度不得超过 80 ℃，如有上述情况应及时查明原因，采取相应措施。

7. 制动器

制动器是起重机上不可缺少的部件，关系到起重机的工作性能，按操作情况可分常闭式、常开式和综合式三种，起重机上采用常闭式居多。按构造形式分有块式、带式、盘式、圆锥式等，起重机上采用块式最广，块式制动器又有短行程、长行程、液压电磁铁，液压推杆等种类。

（1）起升、变幅机构的制动器必须是常闭式的。

（2）各机构所用制动器的安全系数应符合有关规定，如起升机构为 1.5～1.75。

（3）在额定力矩下，制动器的石棉制动衬垫与制动轮工作面的接触面积不小于 70%。

（4）制动器应调整适宜，开闭灵活，制动平稳可靠。

（5）制动轮应安装良好，键联接不得有松动现象，不得有影响制动性能的缺陷或油污。

（6）制动器的零件出现下列情况之一时，应报废：

① 裂纹。

② 制动摩擦片厚度磨损达原厚度的 50%。

③ 弹簧塑性变形。

④ 轴或轴孔直径磨损量达直径的 5%。

⑤ 起升、变幅机构的制动轮的摩擦面的厚度磨损达 40%。

8. 联轴器

联轴器是轴与轴之间的连接件，在起重机上常用的有齿轮联轴器和弹性柱销联轴器。齿轮联轴器体积小、寿命长，允许两被联接轴间有较大的偏移量，安装精度要求不高，工作可靠，但制造工艺复杂、价格贵，弹性圈柱销联轴器弹性较好，能缓和一部分冲击补偿少量径向偏差，但弹性圈易损坏，寿命较短，制造较复杂。

（1）齿轮联轴器出现下列情况之一时，应报废：① 裂纹、② 断齿、③ 齿厚磨损达原齿厚的 15% ~ 20%。

（2）应经常检查联轴器的联接螺栓与螺栓孔的配合，必要时重新钻孔配合。

（3）弹性联轴器有锥孔的要注意锥度接触面在 60%以上。

（4）弹性联轴器上的弹性圈磨损、松动，应及时更换。

9. 车轮

车轮是起重机的行走部件，对门座起重机车轮用来承受整个起重机及起吊物的重量，并使它在轨道上运行，为防止出轨，门座起重机一般用双轮缘车轮。为提高其表面耐磨强度和寿命，踏面进行了表面淬火处理，车轮应按规定时间进行检查。

（1）用小锤敲击车轮的踏面、轮缘、轮幅，检查是否有裂缝，发现有裂缝应立即更换。

（2）车轮踏面如磨损应重新加工，当磨损量超过轮圈厚度的 20%应更换新的。

（3）轮缘磨损超过厚度 30%应更换新的。

三、门座起重机作业前、中、后的维保内容

1. 作业前的维保内容

（1）检查夹轨器及其它锚固装置是否松开，起重机轨道上是否有附着物或积雪、积冰及其它障碍物。应及时清除障碍以及可能引起车轮打滑的其他异物。

（2）检查供电系统能否正常和安全供电。

（3）检查各个操作手柄是否处于零位。

（4）检查司机室、机房、配电系统是否清洁。

（5）松开防风安全锁紧装置。

（6）接通电源后，检查各控制器、接触器、仪表、照明、通讯设备是否正常。

（7）上述检查合格后，放下吊具，检查钢丝绳、吊钩及工作装置是否有损伤、宏观裂纹、异常磨损；检查钢丝绳是否有碰棒钢结构现象。

（8）开动各机构，检查驱动、传动、支承、制动装置是否有异常声响和漏油，力矩限制器、重量限制器、各限位等安全装置是否灵敏可靠。

（9）检查各机构零部件润滑情况是否良好。

2. 作业中的维保内容

（1）随时注意各机构中的机件及结构件铰点的运动情况，感官监测是否有异常振动、噪声。

（2）随时注意各安全装置的工作情况。

（3）利用作业间隙时间，检查各机构电动机、减速器的轴承部位的壳体外表温升情况，调整制动器制动间隙，紧固松动的螺母。

3. 作业后的维保工作

（1）门座式起重机的臂架应停在抗风能力强和稳定性好的幅度位置，吊钩起升到接近最高高度位置；臂架平面与轨道中心成平行，带斗门座式起重机应将抓斗放在规定地点并及时检查抓斗状况；下一班不工作的起重机应夹紧夹轨器、插好锚定。

（2）检查钢丝绳是否在滑轮槽内，钢丝绳有无过度磨损及断丝、变形等缺陷，有缺陷应及时更换。

（3）检查起升、运行、变幅、旋转机构减速器油量和开式齿轮润滑情况，按规定加注润滑油；检查油杯、油嘴是否齐全完好，油量是否充足，油路是否畅通，如有问题及时进行修理。

（4）检查弹性联轴器是否松动，弹性圈、柱销及销孔是否磨损；检查制动器拉杆、铰点、制动器等连接件的完好状况，制动间隙不正确的应进行调整。

（5）仔细检查各指示装置是否正确指示；各安全装置是否有效，如有错误，应检查电气线路及相应部件并作修理更正。

（6）断开电源，检查各操纵手柄是否回“零位”，并进行清洁整理；检查扶梯、栏杆、扶手、走台板以及主要钢结构是否有开裂、脱焊现象，如有异常，应及时停机安排检修。

（7）检查确认保养完好后，填写运行记录。

（8）正式交班。

四、门座式起重机维修时间的一般规定

（1）门座起重机工作 1000 h 后，对机械电气进行小修。

（2）门座起重机工作 4000 h 后，对机械电气进行中修。

（3）门座起重机工作 8000 h 后，对机械电气进行大修。

（4）门座起重机新安装、移装及每次小、中、大修时，应特别注意检查各结构件材料及焊缝，若发现变形、锈蚀、裂纹等情况应及时进行分析，并按有关标准进行修复式更换。

（5）门座起重机新安装、移装及每次小、中、大修后，必须按首次安装验收的程序进行空载、额定载荷、超载（动载和静载）试验及调整各种安全装置，试验时载荷应由轻到重，如发现异常情况应立即停止，仔细检查。做好试验记录，归入设备档案。

（6）起重机的大修理、改造应由具有相应资格的起重机修理改造单位进行；大修、改造前应向当地特种设备监察机构办理开工手续，大修、改造结束后应及时向特种设备检测中心申请检验，检验合格后方可投入使用。

（7）正常使用的起重机，至少每年一次进行全面检查并将检查记录存入设备档案；每两年一次，在“安全检验合格证”有效期届满前一个月内，向特种设备检测中心提出定期检验申请，定期检验合格后方可继续使用。

4.3 岸边集装箱起重机

岸边集装箱起重机

一、概述

我国集装箱装卸桥的制造开始于 1978 年，上海港机制造厂为天津港制造了我国的第一台装卸桥。国际航运业的发展对集装箱船舶以及装卸桥提出了更高的要求，集装箱岸桥的起升高度、起升重量不断增加。随着超巴拿马型集装箱船只的投入运营，超巴拿马型桥吊成为世界主要港口主要设备。超巴拿马桥吊的主要参数都发生了很大的变化。起重量增加到 120 t，前伸距增加到 80 m，后伸距 29 m，起升高度也增加到 54 m。

我国岸桥制造业与集装箱运输业呈现同步发展态势。从 20 世纪 70 年代第一代岸桥诞生到如今第五代岸桥面世，我国岸桥制造业经历了从无到有、从小到大的发展过程，目前占全球岸桥市场的份额超过 80%，有力地促进了我国集装箱运输业的发展。

（1）第一代岸桥。我国岸桥制造业起步于 1978 年。第一代岸桥的主要技术参数如下：采用单小车单吊具和电动机组发电机，吊具额定载荷，起升高度 18 m，前伸距 28 m，每次只能起吊 1 个 20 in 集装箱或 1 个 40 in 集装箱，可接卸以下集装箱船舶。受当时技术发展水平的限制，第一代岸桥虽然实现了从无到有的目标，但技术性能一般，且故障率较高。

（2）第二代岸桥。第二代岸桥的主要技术参数如下：采用单小车单吊具和可控硅直流调速系统，吊具额定载荷 45 t，起升高度 25 m，前伸距 40 m，每次只能起吊 2 个 20 in 集装箱或 1 个 40 in 集装箱，可接卸 2 000 TEU 以下集装箱船舶。与第一代岸桥相比，第二代岸桥的技术性能有所提升，尤其是可控硅直流调速系统的应用使岸桥调速范围更大且加减速更为平滑。

（3）第三代岸桥。第三代岸桥的主要技术参数如下：采用单小车双吊具和交流变频驱动控制系统，吊具额定载荷 50 ~ 65 t，起升高度 32 m，每次能同时起吊 4 个 20 in 集装箱或 2 个 40 in 集装箱，可接卸 5 000 TEU 以下集装箱船舶。第三代岸桥的技术性能实现较大突破，尤其是单次作业箱量的提高能够显著提升船舶装卸效率。

（4）第四代岸桥。第四代岸桥的主要技术参数如下：采用双小车双吊具（40 in）或单小车三吊具（40 in）以及智能交流变频驱动装置，吊具额定载荷 70 t，起升高度 42 m，前伸距 70 m，每次最多能起吊 6 个 20 in 集装箱或 3 个 40 in 集装箱，可接卸 10 000 TEU 以下集装箱船舶。第四代岸桥的技术性能继续改善，作业能力进一步增强，尤其是智能交流变频驱动装置的应用使岸桥性能大幅提升且能耗显著下降。随着第四代岸桥的面世，我国岸桥制造业进入从小到大的发展阶段，占全球岸桥市场的份额达到 70%以上。

（5）第五代岸桥。第五代岸桥的主要技术参数如下：采用双小车双吊具（400 in）和全数字式交流变频无级调速驱动装置，吊具额定载荷 70 t，起升高度 50 m，前伸距 70 m，主小车由人工远程操控辅助作业，门架小车实现全自动作业，可接卸目前世界上最大的集装箱船舶。第五代岸桥应用大量新技术，具有显著的自动化和智能化特点，其典型代表是上海振华重工（集团）股份有限公司为青岛新前湾集装箱码头有限公司制造的双小车自动化岸桥。

二、主要参数

岸桥的主要参数描述了岸桥的特征、能力和主要技术性能。基本参数主要包括几何尺寸、起重量、速度、控制与供电、防摇要求和生产率等，岸桥主要参数见表 4-8。

表 4-8　岸桥主要参数

<table>
<tr><td rowspan="18">半长鹅</td><td rowspan="2">额定起重量/t</td><td>吊具下</td><td>65</td><td rowspan="4">速度参数</td><td rowspan="2">起升速度/（m/min）</td><td>满载</td><td>90</td></tr>
<tr><td>吊钩下</td><td>100</td><td>空载</td><td>180</td></tr>
<tr><td rowspan="2">起升高度/m</td><td>轨面以上</td><td>41+5.8</td><td colspan="2">小车速度/（m/min）</td><td>240</td></tr>
<tr><td>总高度</td><td>58+5.8</td><td colspan="2">大车速度/（m/min）</td><td>45</td></tr>
<tr><td>前伸距/m</td><td colspan="2">63.5</td><td rowspan="6">加速度参数</td><td rowspan="4">起升加速时间/s</td><td rowspan="3">满载</td><td rowspan="3">1.875</td></tr>
<tr><td>后伸距/m</td><td colspan="2">25</td></tr>
<tr><td rowspan="2">工作住状态最大轮压/t</td><td>海侧</td><td>97</td></tr>
<tr><td>陆侧</td><td>75.2</td><td>空载</td><td>3.75</td></tr>
<tr><td rowspan="2">非工作状态最大轮压/t</td><td>海侧</td><td>86.5</td><td colspan="2">小车加速时间/s</td><td>5</td></tr>
<tr><td>陆侧</td><td>101</td><td colspan="2">大车加速时间/s</td><td>5</td></tr>
<tr><td>门框内宽/m</td><td colspan="2">18.276</td><td colspan="2" rowspan="2">俯仰单程时间/min 不大于</td><td>0～80°（钻定位）</td><td>5</td></tr>
<tr><td rowspan="2">海陆侧门框联系梁下净空/m</td><td colspan="2" rowspan="2">17</td><td>0～45°（停机位）</td><td>3</td></tr>
<tr><td rowspan="12">电机功率</td><td rowspan="3">起升电机</td><td>数量/个</td><td>2</td></tr>
<tr><td>岸桥总宽/m</td><td colspan="2">28</td><td>功率/kW</td><td>722</td></tr>
<tr><td>起重机总重/t</td><td colspan="2">1550.2</td><td>转速/（r/min）</td><td>900/1800</td></tr>
<tr><td></td><td colspan="2"></td><td rowspan="3">小车电机</td><td>数量/个</td><td>1</td></tr>
<tr><td></td><td colspan="2"></td><td>功率/W</td><td>350</td></tr>
<tr><td>海侧门框上横梁后仰距离/m</td><td colspan="2">3.7</td><td>转速/（r/min）</td><td>1750</td></tr>
<tr><td rowspan="2">特殊功能</td><td>挂舱保护</td><td colspan="2">有</td><td rowspan="3">大车电机</td><td>数量/个</td><td>16</td></tr>
<tr><td>防摇形式</td><td colspan="2">电子防摇</td><td>功率/kW</td><td>25</td></tr>
<tr><td rowspan="5">吊具参数</td><td>左右倾转</td><td colspan="2">±3°</td><td>转速/（r/min）</td><td>1750</td></tr>
<tr><td>前后倾转</td><td colspan="2">±3</td><td rowspan="3">俯仰电机</td><td>数量/个</td><td>1</td></tr>
<tr><td rowspan="2">水平回转</td><td colspan="2" rowspan="2">±3°</td><td>功率/kW</td><td>350</td></tr>
<tr><td>转速/（r/min）</td><td>1750</td></tr>
<tr><td colspan="3">20″/40″/45″和双 20″可伸缩式吊具</td><td rowspan="6">大车规格</td><td colspan="2">轨距/m</td><td>30.48</td></tr>
<tr><td rowspan="5">小车规格</td><td>轨距/m</td><td colspan="2">6.4</td><td colspan="2">基距/m</td><td>15.7</td></tr>
<tr><td>基距/m</td><td colspan="2">4.4</td><td colspan="2">车轮直径/mm</td><td>ϕ 800</td></tr>
<tr><td>车轮直径/mm</td><td colspan="2">ϕ 500 mm</td><td colspan="2">每腿车轮数/个</td><td>8</td></tr>
<tr><td>轮数</td><td colspan="2">8</td><td colspan="2" rowspan="2">每腿驱动车轮数/个</td><td rowspan="2">4</td></tr>
<tr><td>小车自重/t</td><td colspan="2">40</td></tr>
<tr><td colspan="3">岸桥与码头之间锚定</td><td>手动</td><td colspan="4">前大梁与后大梁连接采用双铰点结构</td></tr>
<tr><td colspan="3">前大梁与海侧梯形架上部结构之间锚定</td><td>手动</td><td colspan="2">起重机供电电源</td><td colspan="2">2200 kVA，4160 V，60 Hz</td></tr>
</table>

1. 外伸距 R_0

小车带载向着海侧运行到前终点位置时，吊具中心线离码头海侧轨道中心线之间的水平距离，称为外伸距，用 R_0 表示。外伸距是表示岸桥可以装卸船舶大小的主要参数。它受到船宽（甲板上集装箱排数）和层高、船的横倾角、船舶吃水、码头前沿（岸壁至海侧轨中心线之间）的距离、码头防碰靠垫（也称护舷）的厚度以及预留小车制动的安全距离等因素的影响。

2. 后伸距 R_b

小车带载向着陆侧运行到后终点位置时，吊具中心线离码头陆侧轨道中心线之间的水平距离，称为后伸距，用 R_b 表示。后伸距是按搬运和存放集装箱船的舱盖板，以及特殊情况下作为接卸车辆的一条通道或临时堆放集装箱的要求来确定的。

3. 轨距 S

轨距是码头上海侧与陆侧两轨道中心线之间的水平距离。轨距越大，对起重机的稳定性越有利，轮压也可以降低。目前轨距尚无国际标准，各国、各地区甚至各码头，轨距均不统一，由各国、各地区根据不同的要求自行确定。

4. 起升高度 H

起升高度 H 包括轨面以上起升高度 $\mathrm{h_u}$ 和轨面以下起升高度 $\mathrm{h_d}$，轨上起升高度是指吊具被提升到最高工作终点位置时，吊具转锁箱下平面离码头海侧轨顶面的垂直距离。轨下起升高度是指吊具被下降到正常终点位置时，吊具转锁箱下平面离海侧轨顶面的垂直距离，分别用符号 H_u 和 H_d 表示。

5. 联系横梁下的净空高度

海陆侧门框联系横梁下平面与码头面的距离称为联系横梁下的净空高度。联系横梁下的净空高度是为了使岸桥门框之间可以通过流动搬运设备，如火车、集卡，特别是跨运车等。一般说来，不通过跨运车而用集卡装一层箱或火车运输时，横梁净空的理论尺寸只需 6 m，如双层箱需 9 m；若使用跨运车，横梁净空高视不同堆高而异，而堆三个箱高的跨运车净空高则需 15 m。

6. 门框的净空宽度 C_{wpO}

进入司机室平台以下的海（陆）侧门框左右门框内侧之间的水平距离，称为门框之间的净宽，记为 C_{wpO}。门框净宽主要是为保证船舶的舱盖板和超长集装箱通过门腿之间。舱盖板的长度一般不超过 14 m，45 ft 集装箱的使用已很普遍，长度也不超过 14 m，再考虑两侧安全空间各留 lm 后，普通岸桥内净宽 16 m，可以满足装卸一般集装箱的需要。但是，由于 48 ft、53 ft 超长箱也已投入使用（53 ft 箱长度为 16.154 m），因而新一代超巴拿马型岸桥门框内净宽需增大到 18 m。对于吊具来说，不论是 48ft 还是 53 ft 集装箱，均在 45 ft 位置有角配件，故用 45 ft 吊具进行作业。

7. 基距 B

门框下横梁上与左右两侧大车行走机构大平衡梁支点之间的中心距离，称为岸桥基距，

用符号 B 来表示。基距越小，岸桥在侧向风力或对角方向风力作用下的轮压越大，侧向稳定性也越差。

8. 岸桥总宽 W_b

岸桥总宽是指岸桥同一侧行走轨道上的左右两组行走台车外侧缓冲器端部之间，在自由状态下的距离，用 W_b 表示。为了多台岸桥同时作业，W_b 值应尽量小，一般取为 26 ~ 27 m，这时两台起重机就能中间隔着一个 40 ft 箱位而同时作业。例如，每条支腿采用 8 轮台车，只要合理布置（如取 1.2 m 轮距），W_b 可以减小到 26 m。某些码头的承重能力不能满足要求，需要增加车轮数，如将 8 轮增至 10 轮或 12 轮，这时起重机总宽度可以达到 30 m，两台起重机中间要隔 2 个 40 ft 箱位同时作业。

9. 速度

（1）起升（下降）速度。

集装箱吊具提升或下降的线速度称为起升或下降速度。

① 额定起升（下降）速度：指吊着额定起重量（通常称满载）的吊具，在起升卷筒牵引下集装箱的提升或下降的线速度，称为额定起升（下降）速度。

② 空吊具起升（下降）速度：指在起重卷筒牵引下，空吊具的起升或下降的线速度，称为空吊具起升（下降）速度。通常它是以额定速度作为基速，按照恒功率控制的原则及电机的极限转速等条件决定。

（2）小车额定运行速度。

小车在规定的作业工况下，带着额定起升载荷逆风运行时的最高稳定线速度，称为小车额定运行速度。

（3）大车运行速度。

岸桥整机在规定的作业工况下，小车带着额定起升载荷，起重机逆风水平运行的最高稳定线速度称为大车运行速度。大车运行速度一般为 45 ~ 50 m/min，个别用户要求达 60 m/min。

（4）前大梁俯仰时间。

前大梁的俯仰时间，是指前大梁从水平位置运动到仰起的挂钩位置的时间，或者从仰起的挂钩位置运动到水平位置所需的时间。确切地说，前大梁俯仰速度应用前大梁俯仰单程时间来表示，一般取 5 ~ 6.5 min。

（5）应急机构速度。

为了保证安全生产，当码头高压断电或出现紧急情况时，可将岸电临时转换到交流控制的应急拖动系统的驱动机构作业，使得吊具前大梁和吊具（连同负荷）运行小车回到安全工作位置。该驱动机构称为应急机构。因为应急机构是为应急设置的非工作性机构，其速度可以低一些。俯仰时间一般为单程 45 min 左右，最慢不宜超过 60 min。主起升机构和小车应急机构也可参照俯仰机构的应急机构功率来确定其速度。

（6）吊具倾转的角度范围和速度

吊具倾转是吊具左右倾、前后倾和平面回转的总称。前后倾（或称横倾）的角度范围理论上一般不超过上±5°，左右倾（或称纵倾）不超过±3°。全倾转行程要求在 10 ~ 30 s 内完成。

10. 自重、轮压和腿压

（1）自重。

岸桥自重是指岸桥在吊具无负荷状态下的最大重量，即除自重外，还包括配重、吊具、燃料、润滑油、油漆、供电卷筒上的满卷电缆等附料的重量。

（2）轮压和腿压。

① 轮压。一个车轮对码头行走轨道的压力称为轮压，单位为 kN 或 t。轮压分为工作状态轮压和非工作状态轮压。

② 腿压。每个门腿下车轮轮压之和称为腿压，单位为 kN 或 t。

三、基本构造

1. 金属结构

岸桥外形尺寸庞大，作业工况严酷，起制动频繁，冲击大；装卸集装箱要求定位精确，高速高效。这些都要依赖设计刚性良好的钢结构和现代电控系统来保证。主钢结构的大部分构件为箱形截面，部分为管状构件。其主要构件的构成如图 4-9 所示。

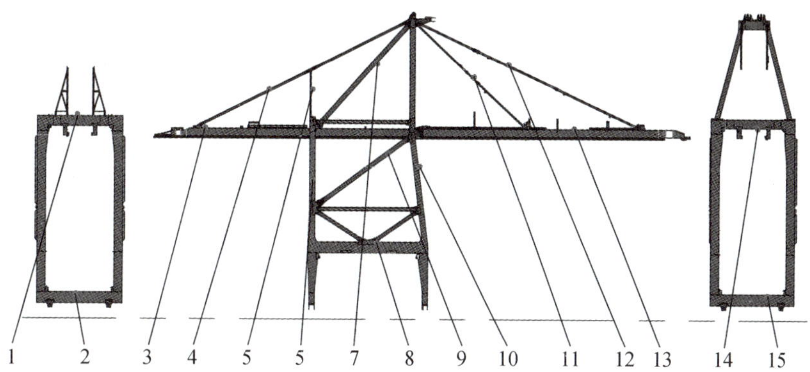

1—陆侧门框上横梁；2—陆侧门框下横梁；3—后大梁；4—后大梁后拉杆；5—后拉杆支撑架；6—陆侧门框立柱；7—后撑杆；8—海陆侧门框间联系横梁；9—海陆侧门框之间的撑杆；10—海侧门框立柱；11—前大梁内侧拉杆；12—前大梁外侧拉杆；13—前大梁；14—海侧门框上横梁；15—海侧门框下横梁。

图 4-9　岸桥金属结构示意图

2. 起升机构

岸桥起升机构的作用是实现集装箱或吊具吊梁升降运动，它是岸桥最主要的工作机构。起升机构除了采用专用集装箱吊具起吊集装箱外，还可以通过吊钩梁对重件、件杂货进行装卸作业。

（1）起升机构的组成。

起升机构由驱动机构、钢丝绳卷绕系统、吊具和安全保护装置等组成。驱动机构包括电动机、联轴器、制动器、减速器、卷筒、支承等部件。安全保护装置除了高、低速级配备制动器外，还包括有各种行程限位开关、超速开关以及超负荷保护装置等。

（2）起升机构的典型布置形式。

① 一台减速器居中，两侧布置电机和卷筒。

② 两台减速器居中，两侧分别布置电机和卷筒。

③ 两台减速器外置，卷筒和电机居中。

④ 卷筒居中，电机分别布置在两减速器外侧。

（3）起升钢丝绳卷绕系统。

牵引小车式岸桥起升钢丝绳卷绕系统。牵引小车式岸桥起升钢丝绳卷绕系统一般有如图4-10所示布置形式，由尾部滑轮组、小车滑轮组、头部滑轮组、吊具上架滑轮组以及钢丝绳挡块、抗磨块、托辊、调整接头等组成。这种布置形式的区别主要在于实现吊具倾转的三个动作的机构组合不同。

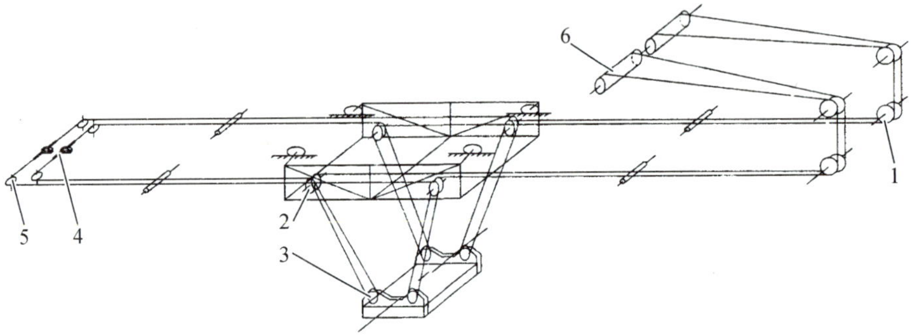

1—尾部滑轮组；2—小车滑轮组；3—吊具上架滑轮组；4—头部倾转装置；5—头部滑轮组；6—起升卷筒。

图 4-10　起升钢丝绳卷绕系统

载重小车式钢丝绳卷绕系统布置形式。对于载重小车式岸桥，起升机构一般均布置在载重小车的机器房内，其钢丝绳卷绕系统如图4-11所示。这种布置形式的其钢丝绳卷绕系统的组成很简单，钢丝绳从起升卷筒出来后，经吊具上架滑轮组，再回到载重小车机器房下端的钢丝绳固接处。

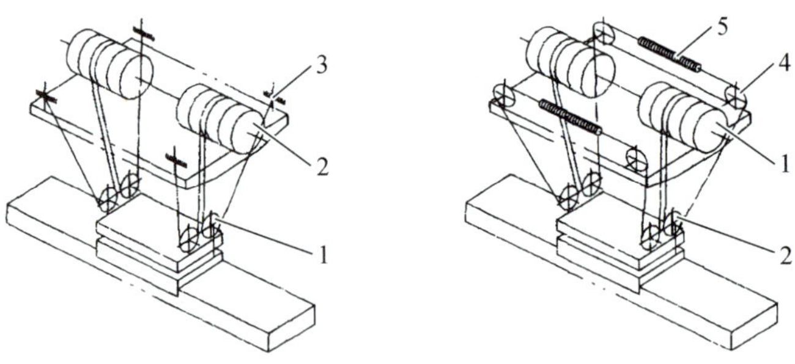

1—吊具上架滑轮组；2—起升卷筒；3—起升绳端部接头；4—改向滑轮：5—吊具倾转装置。

图 4-11　载重小车式钢丝绳卷绕系统

3. 俯仰机构

在岸桥上，实现前大梁绕大梁铰点作俯仰运动的机构称之为俯仰机构。

（1）俯仰机构的组成。

俯仰机构由驱动机构、钢丝绳卷绕系统、安全钩装置及安全保护装置等组成。俯仰机构驱动装置由电动机、联轴器、制动器、减速器、卷筒及支承等组成。钢丝绳卷绕系统包括钢丝绳、动滑轮、平衡滑轮均衡装置以及钢丝绳接头等装置。安全钩装置包括钩体、电动液力推杆、配重、支承座、限位开关等部件。安全保护装置除高低速级制动器外，还配有凸轮或行程开关、超速/测速开关、松绳限位开关等多种安全保护限位装置。

（2）俯仰机构的驱动装置布置形式。

① 电机与卷筒位于减速器两侧；

② 电机与卷筒位于减速器同侧。

（3）俯仰机构钢丝绳卷绕系统。

俯仰钢丝绳卷绕系统，如果不考虑滑轮组倍率的变化，一般是按照钢丝绳的分支数和是否配置均衡滑轮来划分的。其典型的布置形式有如下 4 种：

① 两根俯仰钢丝绳分别独立缠绕，前大梁滑轮组一字型排开，放置在一根梁上；

② 两根俯仰钢丝绳独立缠绕，前大梁上滑轮组前后布置，外侧为主滑轮组，内侧为辅助滑轮组；

③ 俯仰钢丝绳为一根钢丝绳缠绕，通过均衡滑轮组连接过渡，前大梁上滑轮组一字型排开放置在一根梁上；

④ 俯仰钢丝绳为一根钢丝绳，通过均衡滑轮连接过渡。前大梁上滑轮组前后布置，前侧为主滑轮组，后侧为辅助滑轮组。

4. 小车运行机构

在岸桥上，使集装箱或吊具和上架作水平往复运动的机构总成称为运行小车系统。它包括运行小车总成、运行小车驱动机构、小车钢丝绳卷绕和安全保护装置。运行小车的驱动机构有自行式和钢丝绳牵引式两种。

（1）自行式运行小车。

运行小车的驱动机构直接布置在小车架上。电机经减速器减速后，直接驱动车轮转动，从而实现小车的平移运动。自行式运行小车包括驱动机构、车轮组、起升滑轮组、小车架、司机室、缓冲器、水平轮、防风锚定装置、修理用的顶升和断轴保护装置、安全限位装置等，有的还包括吊具电缆张紧装置和防摇时可分离的滑轮组等。驱动机构则包括电机、联轴器、制动器、减速器、万向节、传动轴等。自行式运行小车的布置形式按照主梁结构不同，有板梁型自行式运行小车、双箱梁型自行式运行小车和单箱梁型自行式运行小车 3 种型式。

（2）绳索牵引式小车。

牵引式小车的运行驱动机构设置在机器房或主梁上。而不是直接装设在小车架上，通过钢丝绳牵引系统驱动小车运行。其他构造与自行式小车基本相同。牵引式运行小车常用的形式有板梁结构型牵引式运行小车和双箱梁结构型牵引式运行小车 2 种。

牵引式驱动机构由电机、联轴器、制动器、减速器、卷筒、支承及安全限位开关等组成。电动机经减速器驱动卷筒，再经过小车钢丝绳缠绕系统，由卷筒来牵引小车沿着大梁轨道作平移运动。

5. 大车运行机构

在岸桥上，大车运行机构的作用是实现整机沿着码头前沿轨道作水平运动。大车行走机构由设在门框下的四组行走台车组成。为使每个行走轮受力均匀，装有两个车轮的行走台车通过中间平衡梁、大平衡梁再与门框下横梁铰接。整个岸桥的重量通过四个支座法兰或铰轴耳板传给大平衡梁，再通过中平衡梁，使重量均布到行走台车上。每个大车行走台车组，由一套或多套驱动装置驱动。电机经减速器或开式齿轮传动驱动车轮，从而实现起重机沿轨道行驶。

4.4 岸边集装箱起重机的检修与保养

集装箱起重机的保养，是为了确保集装箱起重机的性能，也是为了预防事故发生而采取的措施。起重机的负责人应当对保养与检查特别关心，根据情况提出修理或零部件更换的意见，承担起防止事故出现的责任。保养分为日常进行的维护项目和定期进行的检查。

一、岸桥使用注意事项

1. 一般注意事项

为了保证起重机的安全使用，必须充分注意以下安全事项。

（1）装在各个装置上的安全保护装置，无特殊情况不要随便拆除。另外，要经常充分检查每个安全保护装置的动作是否正确，以及它的作用是否达到要求。

（2）操作时遇到骤风应采取的措施。

为了防止操作时出现骤风而导致起重机的移位，在每个被动轮上设有一个液压夹轮器。夹轮器依靠弹簧的弹力作用，抱死被动轮，再加上主动轮被制动，从而防止起重机移位。夹轮器工作形式为常闭式。作业时，大车停止动作约 5 ~ 10 min 后即延时自动工作。如工作风速达到 20 m/s 以上时，夹轮器自动工作。夹轮器的设计要求达到风速 35 m/s 时起重机仍不会移位。但是，如预测到风速长时间一直保持在 20 m/s 以上，或者遇有暴风时，必须按照第 3 条的方法固定。

（3）遇到暴风应采取的措施。

为了防止出现暴风而导致起重机的移位，或者认识到有此现象发生的可能性时，就必须利用起重机的锚定装置和防风系揽装置将起重机固定在码头基础上。锚定装置能保证风速达到 55 m/s 时，起重机不会移位。

锚定装置和夹轮器一样，都与行走电机之间相互连锁控制，所以，在开始运行起重机之前，必须先释放锚定装置和夹轮器。如果长期不使用起重机或者预计将有暴风时，都必须利用起重机的锚定装置和防风系揽装置将起重机固定在码头基础上。

（4）起重机的日常检查。

为了保持起重机能在最佳状态下正常运转，必须经常检查机械的动作和各部件的磨损情况、润滑状态等。日常检查中如果发现不妥之处，必须立即采取措施，妥善修复，使之达到最佳工作状态。

2. 作业前、后注意事项

（1）使用前准备与检查注意事项。

起重机开始运转之前，司机要对以下事项进行充分检查，使起重机能在最佳的状态下正常运转。

① 确认是否有与起重机无关障碍物碰到起重机本身或者放在起重机的行走范围附近。如

有此情况，就必须排除这些障碍物。

② 确认锚定装置和夹轮器是否处在无动作状态。

③ 检查起重机各个机械装置的润滑是否充分。

④ 确定各电气装置的开关以及操纵杆是否都在正常位置。

⑤ 确认电源和电压是否正常。

⑥ 臂架放平至水平位置。

⑦ 解除小车锚定装置的锚定状态。

⑧ 先进行起重机的空载运转，确认各部分安全装置及各个限位开关动作是否正常。

⑨ 检查行走供电电缆的扭曲、外伤、龟裂及接电端子的松动、腐蚀情况。

⑩ 检查吊具的漏油情况。

⑪ 检查小车运行轨道上的障碍物卷筒或滑轮上钢丝绳的脱槽。

⑫ 检查钢丝绳的断油、断股、钢丝绳夹具的松动情况。

⑬ 检查制动片。

⑭ 检查各种仪表盘及指示灯是否正常。

（2）作业后操作与检查注意事项。

① 将起重机停放在指定位置上。

② 将小车停放在锚定位置，将小车锚定。

③ 仰起臂架至插销位置，利用插销将其锁定。

④ 将操纵室内的各控制杆以及各开关回到指定位置上。

⑤ 将机器房内控制柜等必要的开关都回到“OFF”的位置上。

⑥ 确认夹轮器处于工作状态。

⑦ 预计将有暴风时或者长期不使用起重机，都必须利用起重机的锚定装置和防风系揽装置将起重机固定在码头基础上。

⑧ 为了使下次开机能保持最佳状态，须确认各个装置的供电是否充分。

⑨ 为了防止与驾驶起重机无关的人进入机器房和驾驶室，此两部分应该上锁。

⑩ 吊具的检查。

⑪ 液压部分的油量与漏油，各操作杆是否已全部回到停止位置各供油部分是否漏油。

⑫ 扭锁销、导向板的变形及开裂情况。

⑬ 供电电缆的扭曲、外伤等固定螺栓的松动情况。

⑭ 各轴承、齿轮及其它润滑部分异热。

二、小车的检修与保养

小车由小车架、四组起升滑轮组、四组车轮组、四组水平轮组、司机室、起升紧急停止限位开关、四组液压缓冲器、防断轴装置等组成。小车下部悬挂着吊架、吊具以及集装箱。小车驱动机构设在机器房内，机构由交流变频电动机通过齿轮联轴器经减速器增大扭矩后，驱动卷筒正反转动，使卷筒上的钢丝绳收放，带动小车前后运行。

1. 小车车体

（1）检查小车各润滑点的润滑情况。

（2）检查磨损变形情况

磨损变形在一定限度内并不影响使用，但磨损变形超过使用限度时必须更换。

（3）检查紧固部分的松动情况。

2. 小车钢丝绳张紧装置

钢丝绳张紧装置设在海侧上横梁处，由两只张紧油缸一套液压站和相应的张紧滑轮组成。机器房内小车牵引驱动卷筒两根钢丝绳绕入张紧油缸活塞杆端部滑轮，经 180°改向后经固定滑轮通往臂架滑轮，当小车启动、制动、运行过程中，因小车运行阻力、惯性力及风力等的影响，将引起钢丝绳的张力变化。通过张紧油缸可以给钢丝绳提供一个恒定的张力，并随着钢丝绳的伸缩而伸缩运动，保证了小车的平稳运动。

维修保养注意事项：

（1）使用的油一般来说是不能混掺使用的，特别是润滑脂，如使用浓度不一的润滑脂。就会引起润滑脂堵塞，有可能烧坏轴承。当换油时，要放掉所有的旧油。

（2）磨损和损坏处出现一定限度的磨损和变形是可以继续使用的，如磨损或变形超过限度，或对重要零部件，在定期检查中发现或估计到下次检查之前就可能超过使用限度，就需立即更换，或作出计划。

（3）对靠螺栓紧固的部位有否松动的检查，是最容易疏忽的，所以要特别注意对轴承座和钢丝绳端部的紧固更要充分注意检查。

（4）液压系统：油缸是否过热，液压系统中是否有油泄漏的地方，是否有异常的噪声。

（5）限位开关：作业前，要检查并确认各限位开关均定位在正确的位置上，然后再开动机器。当发现限位开关位置出现偏移，必须立即调整到正确的位置。

三、主起升机构的检修与保养

主起升机构的动作在司机室操作，完成集装箱的起升或下降。本机构设在机器房内。变频电机通过鼓形齿联轴器经过减速器减速、增大扭矩后，驱动两个卷筒转动，缠绕钢丝绳完成集装箱起降。两根钢丝绳的四个绳端均固定在卷筒上，钢丝绳绕过主梁尾部起升滑轮组、小车上的起升滑轮组、吊架上的起升滑轮组，到达臂架前端的倾转装置，通过钢丝绳压板固定。通过电气控制，根据负载的不同，可以实现不同的起升和下降速度。

主起升机构维修保养检查项目和周期如下：

1. 全部零部件

（1）紧固螺栓是否松动。

要经常充分注意螺栓的松动，特别是起重机初次运转后一星期，以及以后每月一次，必须将全部螺栓认真检查一次，再次紧固，时间是日常及每月一次。

（2）润滑是否恰当。

根据润滑用表，进行正确的日常润滑。

2. 电机

（1）是否发热。

（2）日常检查轴承是否异常发热，电机内部是否有异常声响。

3. 减速器

（1）利用油量计检测油量是否恰当。
（2）是否漏油。
（3）是否出现温度异常上升。
如果外壳温度和周围环境温度的差异超过 50 ℃，就要对内部进行检查。
（4）内部是否有异常声响
如果声音大得异常，就要对内部进行检查。

4. 高速轴联轴器

（1）紧固螺栓是否松动。
（2）左右半联轴器是否偏心，是否超出允许值，维护周期为每年一次。
（3）润滑：每日检查润滑情况，确保润滑充分。

5. 低速轴联轴器

（1）检查紧固螺栓是否松动。
（2）联轴器倾斜是否超出允许值，维护周期为每年一次。
（3）润滑：每日检查润滑情况，确保润滑充分。

6. 卷筒

（1）钢丝绳压板是否松动，维护周期为每月一次。
（2）绳槽的磨损是否超过限度，磨损的限度为钢丝绳直径的 20%，维护周期为每月一次。

7. 滚动轴承

（1）日常检查是否出现温度异常上升，轴承的温度上升的限度以不超过周围环境温度 50 ℃为准。
（2）日常检查是否出现异常声响。
（3）日常检查各轴承处紧固螺栓是否松动。

8. 限位开关

（1）转动部件润滑是否良好。
（2）联轴器是否松动。
（3）每周检查各限位开关使起升和下降停止位置是否准确，动作是否正常。

9. 制动盘

（1）每月检查磨损有否超过限度，制动盘的厚度如磨损到原来的 80%就要更换。
（2）每月检查表面有否凸凹不平，表面不平度超过 2 mm，就要车平。
（3）日常检查表面有否异常温升。
（4）日常检查表面有否异常损伤，油等有否附在制动盘上，特别注意有否细小的裂缝。

10. 制动器

（1）日常检查制动器的动作是否异常，要将制动盘和制动片之间的间隙保持在 0.5 ~ 1.0 mm。

（2）每月检查制动片的磨损是否超过限度，如磨损超过 3 mm，就要更换。

（3）每月检查紧固螺栓有否损伤。

四、臂架俯仰机构的检修与保养

臂架俯仰机构设在机器房内，此机构能将臂架仰起 80°后，通过插销锁定，或拔销放开后，将臂架放平至水平位置。一个变频电机通过一只联轴器，经一个减速器减速、增大扭矩后，驱动一个卷筒转动，缠绕钢丝绳完成臂架仰起或放平动作。一根钢丝绳的两个绳端均固定在卷筒上，钢丝绳绕过塔头俯仰滑轮组、臂架俯仰滑轮组，到达臂架钢丝绳平衡装置，通过钢丝绳绳夹固定。

俯仰动作可在司机室内操纵，也可通过海侧上横梁上的俯仰操纵室控制。臂架俯仰机构维修保养检查项目和周期如下：

1. 全部零部件

（1）日常检查紧固螺栓是否松动。

要经常充分注意螺栓的松动，特别是起重机初次运转后一星期，以及以后每月一次，必须将全部螺栓认真检查一次，再次紧固。

（2）日常检查润滑是否恰当。

根据润滑用表，进行正确的润滑。

2. 电机

（1）日常检查是否发热。

（2）轴承是否异常发热，电机内部是否有异常声响。

3. 减速器

（1）日常利用油量计检测油量是否恰当。

（2）日常检查是否漏油。

（3）日常检查是否出现温度异常上升。

如果外壳温度和周围环境温度的差异超过 50 ℃，就要对内部进行检查。

（4）日常检查内部是否有异常声响。

如果声音大得异常，就要对内部进行检查。

4. 高速轴联轴器

（1）日常检查紧固螺栓是否松动。

（2）每年检查左右半联轴器是否偏心，是否超出允许值。

（3）日常润滑：检查润滑情况，确保润滑充分。

5. 低速轴联轴器

（1）日常检查紧固螺栓是否松动。

（2）每年检查联轴器倾斜是否超出允许值。

（3）日常润滑：检查润滑情况，确保润滑充分。

6. 卷筒

（1）每月检查钢丝绳压板是否松动。

（2）每月检查绳槽的磨损是否超过限度，磨损的限度为钢丝绳直径的 20%。

7. 滚动轴承

（1）日常检查是否出现温度异常上升，轴承的温度上升的限度以不超过周围环境温度 50 ℃为准。

（2）日常检查是否出现异常声响。

（3）日常检查各轴承处紧固螺栓是否松动。

8. 限位开关和编码器

（1）每月检查转动部件润滑是否良好。

（2）每月检查联轴器是否松动。

（3）每月检查各限位开关和编码器动作是否正常。

9. 制动盘

（1）每月检查磨损有否超过限度，制动盘的厚度如磨损到原来的 80%就要更换。

（2）每月检查表面有否凸凹不平，表面不平度超过 2 mm，就要车平。

（3）日常检查表面有否异常温升。

（4）日常检查表面有否异常损伤，油等有否附在制动盘上，特别注意有否细小的裂缝。

10. 工作制动器

（1）日常检查制动器的动作是否异常，要将制动盘和制动片之间的间隙保持在 0.5 ~ 1.0 mm。

（2）每月检查制动片的磨损是否超过限度，磨损如超过 3 mm，就要更换。

（3）每月检查紧固螺栓有否损伤。

11. 安全制动器

（1）日常检查液压系统是否正常。

（2）日常检查液压元件中油管和接头等是否漏油。

（3）日常检查内部是否有异常声响。

（4）日常检查制动器的动作是否异常。

（5）每月检查制动片的磨损是否超过限度。

（6）每月检查紧固螺栓有否损伤。

五、大车行走机构的检修与保养

大车行走机构是驱动起重机行走的装置，共四组，海陆侧各两组。每组行走机构各配有两套独立的驱动机构（每套驱动机构配有主动车轮和被动车轮各两个），每套驱动机构的一台变频电机通过一只梅花弹性联轴器，经一个减速器减速、增大扭矩后，驱动两个主动车轮使起重机行走。海陆侧行走机构两端设有液压缓冲器，在每个被动车轮上设有一个夹轨器防爬，在海陆侧槛梁两端均设有防风系缆，在海陆侧槛梁中间均设有锚定装置。大车行走机构的动作由操纵室操作，也可由槛梁处的按钮盒操纵。大车行走机构维修保养检查项目和周期如下：

1. 全部零部件

（1）日常检查紧固螺栓是否松动。

要经常充分注意螺栓的松动，特别是起重机初次运转后一星期，以及以后每月一次，必须将全部螺栓认真检查一次，再次紧固。

（2）日常检查润滑是否恰当。

根据润滑用表，进行正确的润滑。

2. 电机

（1）日常检查是否发热。

（2）日常检查轴承是否异常发热，电机内部是否有异常声响。

（3）日常检查电机内制动器工作是否正常。

3. 减速器

（1）日常利用油量计检测油量是否恰当。

（2）日常检查是否漏油。

（3）日常检查是否出现温度异常上升，如果外壳温度和周围环境温度的差异超过 50 ℃，就要对内部进行检查。

（4）日常检查内部是否有异常声响，如果声音大得异常，就要对内部进行检查。

4. 联轴器

每年检查左右半联轴器是否偏心，是否超出允许值（1 mm）。

5. 滚动轴承

（1）日常检查是否出现温度异常上升；轴承的温度上升的限度以不超过周围环境温度 50 ℃为宜。

（2）日常检查是否出现异常声响。

（3）日常检查各轴承处紧固螺栓是否松动。

6. 限位开关

（1）每月检查转动部件润滑是否良好。

（2）每月检查各限位开关动作是否正常。

7. 开式齿轮

（1）每周检查润滑是否良好。
（2）每月检查齿轮的磨损是否超过限度。
（3）每月检查齿面是否有异常损伤。

六、应急机构的检修与保养

在机器房内设有一套由二合一减速器链轮链条组成的应急机构，当主起升机构、臂架俯仰机构及小车运行机构出现故障或整机高压部分断电，将链条搭在所需机构的联轴器链轮上，可用备用电源或岸电驱动，可将集装箱吊起或放下，将臂架仰起或放平，小车可开回到停靠位置。其维修保养检查项目和周期如下：

1. 电动机

每月检查是否发热，轴承是否异常发热，电机内部是否有异常声响。

2. 减速器

（1）每月利用油量计检测油量是否恰当。
（2）日常检查是否漏油。
（3）每天检查是否出现温度异常上升，如果外壳温度和周围环境温度的差异超过 50 ℃，就要对内部进行检查。
（4）每月检查内部是否有异常声响，如果声音大得异常，就要对内部进行检查。

七、吊具和吊架的检修与保养

伸缩吊具可起吊 20 in、40 in、45 in 国际标准集装箱，吊架与伸缩吊具采用旋锁连接。吊架与吊具之间的打开与锁定，通过操纵手柄使四只旋锁旋转 90°完成，操纵手柄安装有限位开关，实现与起升动作联锁。吊架与吊具之间还安装有钢丝绳松绳限位开关，当吊架旋锁完全插入吊具锁孔时，钢丝绳松绳限位开关动作，此时可以操纵手柄使四只旋锁旋转。通过操纵手柄限位开关和钢丝绳松绳限位开关，可确保吊架旋锁与吊具之间完全锁定或完全脱开。另外，当吊具旋锁完全插入集装箱锁孔时，钢丝绳松绳限位开关动作，吊具下降动作停止，保证钢丝绳不会松弛而脱出滑轮槽。吊具上配有着箱限位开关、伸缩行程限位开关、旋锁限位开关和导板行程限位开关，确保吊具工作可靠。吊具旋锁通过液压驱动可完成 90°回转，实现与集装箱锁定或脱开。其维修保养检查项目和周期如下：

1. 日常检查项目

（1）起升钢丝绳工作是否正常，注意是否脱出滑轮槽。
（2）工具或其他有碍于运转的东西是否遗忘在吊具上。
（3）液压系统的压力是否正常，是否渗漏。
（4）螺栓、螺母紧固部分是否松动。
（5）各润滑处是否润滑充分。

（6）旋锁和导板的动作及工作位置是否正常。
（7）吊具的伸缩位置是否正常。
（8）各限位开关的动作是否正常。

2. 每月检查项目

（1）目测检查吊具底座、吊具梁、吊具与吊架连接部位、导向板、吊架梁等部位是否出现裂纹。
（2）是否有油漆剥落的部位。
（3）旋锁装置和导向装置是否工作正常。
（4）各润滑点润滑是否充分。
（5）螺栓和螺母紧固部位是否松动，发现松动，立即紧固。
（6）电气接线箱及液压系统是否密封良好。
（7）电气接线箱的接线端子是否松动。
（8）更换液压系统的液压油（更换周期：一年内），清洗过滤器。

3. 每年检查项目

（1）进行强度检验，特别是主要的地方要进行着色检验。（吊具底座、吊具梁、吊具与吊架连接部位、吊架梁等）。
（2）旋锁的尺寸检查。
（3）更换新的旋锁时，必须按照吊钩试验标准对新旋锁进行试验，合格后方可使用。

八、金属结构的检修与保养

金属结构的表层涂有多层保护油漆，能有效地保护钢材不受空气、潮湿的腐蚀，应注意保护油漆的完好。在含有腐蚀物质环境中工作的起重机，更应注意油漆的保护。

维护保养与检修注意事项：
（1）金属结构上的油漆如遇碰伤、剥落，应及时补漆。
（2）对转柱分段处连接螺栓，应及时检查并加以调整、紧固。
（3）对各主要构件的主焊缝及各节点焊缝进行定期检查。

九、电器系统及电器设备的检修与保养

使用、维护与保养中的注意事项：
（1）对岸桥起重机的电器系统及电器设备进行检查。
（2）对室外电器元件进行检查，并检查其密封性能是否完好。
（3）检查所有电器元件的接线螺栓是否连接可靠，不能在螺栓松的情况下继续通过工作，若出现螺栓松动情况，应及时记录，排除故障。
（4）若电器元件出现污损，应按需要进行清洗、调整、更换。
（5）对各计量指示仪表应定期进行校验。

4.5 轨道式集装箱门式起重机

一、概述

轨道式集装箱门式起重机，又叫集装箱龙门吊，是在集装箱码头、铁路转运场、堆场专用的门式起重机，主要用于集装箱铁路中转场和大型集装箱储运场的集装箱装卸、搬运和堆放。在其主梁下安装两条支脚，可以直接在地面的轨道上行走。主梁两端可以具有外伸悬臂梁。轨道式集装箱起重机的起重量，相应于 20 in、30 in、40 in 长集装箱分别约为 20 t、25 t 和 30 t。跨度根据需要跨越的集装箱排数来决定，最大为 60 m 左右。根据集装箱堆场的需求，轨道式集装箱门式起重机起升高度按堆三过四或堆四过五来确定。

二、分类及构造

根据堆场作业流程，悬臂可以在单门腿或双门腿方向延伸成为单悬臂或双悬臂模型，也可以不延伸成为无悬臂模型。

根据场地、集装箱储运工艺和装卸车辆的不同，选用无悬臂、单悬臂、双悬臂等不同的结构形式。

轨道式集装箱门式起重机由主梁、柔性和刚性门腿、运行小车、起升机构、大车运行机构、电气系统、操作驾驶室等组成。

1. 起升机构

起升机构由带涡流制动器的电动机、液力推杆制动器、中硬齿面减速箱、双联卷筒及载荷传感器组成。共用两套对称布置的绞车组成四索起升机构。4 根起升绳从旋转架下分别绕过集装箱索具上架的 4 个滑轮，然后向下回到吊具上架，成为 4×3 的起升绳滑轮绕组。本机构使用钢丝绳型号为 6T(25)-20-170，长度为 85 m 的 4 根不扭转钢丝绳。

起升机构安装在小车旋转架上，与旋转架一起旋转以实现索具的±170°旋转动作。

卷筒轴端装有高度限位开关，以限制索具的起升高度，起升高度限位开关的调整范围为索具放在地面下 5 m 起至其底部离地面上 12 m 止。

由于起升载荷是由 4 根起升绳绕过索具滑轮后共同承担的，故要求 4 根绳的长度要准确，并通过钢丝绳的头部调整好后才能拧紧绳压板。特别是同一个卷筒引出的两根绳必须调好，才能避免因钢丝绳长度差别而引起的索具翘曲，影响集装箱四角的锁紧和起吊。

2. 小车行走机构

小车行走机构在小车梁左右两侧，由两台 YZB225M-8 变频电动机、卧式减速箱、液力推杆制动器、齿形联轴器和传动轴组成，并带动两侧的小车行走轮转动。小车行走轮为 2 只驱动、2 只从动。小车轨距为 14.05 m，使用 P43 钢轨。两侧行走轮均带双轮缘，在一侧轨道前后各设 2 个水平轮，每个水平轮对轨道侧面的间隙通过水平轮的偏心轴调整为 1 mm，以使小车梁平稳运行。

用变频器控制的电动机在小车停止前可以先行减速，然后制动，以减少集装箱的摇摆。

3. 小车旋转机构

小车旋转机构在小乍梁的中部。该机构以变频电动机、制动器和减速器“三合一”驱动装置使装在小车梁底部的回转支承旋转，从而使装有起升机构及操纵室的小车旋转架作正反方向 170°旋转，实现吊具旋转动作，以适应任何方向的集装箱停放位置。

4. 大车运行机构

由用变频器控制的电动机、液力推杆制动器、圆锥圆柱齿轮减速箱以及开式齿轮组成。开式齿轮带动行走轮转动。每腿上的运行机构相同，均为两个驱动轮和两个从动轮。在二条门架一线的车架上布置顶轨防爬器和在四个角上都设置防台锚定销。同样，变频电动机可在起重机运行停车前作减速运动或作业时以任意速度作对箱动作。

5. 操纵室

操纵室悬挂在小车旋转架侧靠近集装箱索具上方，司机可以从前窗清楚地进行对箱，司机座椅三面环窗。同时，通过后面铝合金门窗亦可观察后方情况。

操纵室内设有联动操纵台，司机左手为小车行走和旋转动作，右手为起升和大车动作。两侧操纵台上为各种功能按钮与指示灯、电铃、喇叭等。详见电气说明。室内左前方为带吨位指示的超负荷限制器。操纵室后侧壁上还安装空调器以改善司机操作条件。

6. 金属结构

金属结构均是钢板焊接而成的箱型结构，门架与门腿呈 T 形，门腿内设直梯，主梁上设有人孔，以方便人员进入进行内部结构检查。门架与主梁用法兰方式联结；主梁分成两段，用高强度螺栓联结；以方便运输和安装。在运输过程中，注意枕木的搁置点应放在箱体的横隔板部位，以免产生凹陷变形。

7. 安全保护装置

起升机构、小车机构、旋转机构和大车机构均有终点开关保护。开关位置在总装试车前按设计图要求定位。起升卷筒轴承座设重量传感器。大车行走机构上的顶轨器和防台锚定销和小车锚定销上均有行程或联锁开关，亦须在现场作定位调整。

三、主要性能参数

（1）起重量。
（2）跨距。
（3）门架两侧外伸距。
（4）门架基距。
（5）工作速度（起升、小车、大车运行）。
（6）最大工作轮压。

4.6 卸船机

一、卸船机的功用

卸船机是码头卸船专用机械，它可把船舱内的散货物料卸到输料胶带机上，然后通过胶带机将物料送到堆场。卸船机可单由一个司机操作。在驾驶室可进行所有必要的控制和显示，驾驶室位于后桥架下，能完全观测整个操作过程。

卸船机也可以自动进行重复的挖料、行走和放料操作。因此司机可以不用时刻手抓操纵杆控制而可以自由监视卸船过程。

卸船机主要有以下三项基本功能：

（1）从船舱内抓取物料。

（2）将物料从船舱内提升至卸船机料斗中。

（3）将物料输送到码头上的输料胶带机上。

二、卸船机的分类与特点

1. 抓斗卸船机

抓斗卸船机发展已有百余年，目前广泛应用于世界各地港口，其结构和机构均很成熟，不易损坏，易于保养维护，性能可靠。设备的卸载能力从 540 t/h ~ 20 000 t/h，形成各种级别的规格，能完全满足 5×10^3 t ~ 4×10^5 t 的各种散装货运船型。

（1）工作原理：

抓斗卸船机除金属结构外，设置抓斗起升及开闭机构、小车运行机构、大车行走机构、悬臂俯仰机构、悬臂固定装置、绕绳系统、抓斗、漏斗、振动给料机及供料皮带机系统、落料回收装置、自行式司机室、机器房、电气室、电气控制系统、监视及报警系统、供电、照明、防尘、计量以及机器房内的维修起重机、电梯、防火装置等组成，另外还应装设各种安全保护和指示装置，如超负荷限止器、航空信号灯、风速仪、夹轮器、锚定及防风系缆装置、电气保护装置。

（2）型式分类：

抓斗卸船机根据小车驱动方式不同，分成两种形式：绳索牵引小车式和自行小车式。

① 绳索牵引小车式。小车运行的驱动方式是通过机器房中驱动卷筒上的钢丝绳牵引以实现小车的运行，小车的运行驱动装置不在小车上而是在机器房中。抓斗的起升机构有设在小车上和不在小车上两种情况。小车通常由主小车和副小车系统组成。其优点是小车构造简单，自身质量轻，运行速度较高，起动与制动平稳，广泛应用在大中型卸船机中。主副小车系统能有效进行绳索补偿，实现抓斗的水平位移。

② 自行小车式。小车的驱动方式由安装在小车架上的电动机，经减速装置直接驱动小车的车轮以实现小车运行。起升和开闭机构均在小车上，又称载重小车式。

（3）桥式抓斗卸船机的特点：

抓斗卸船机的优点有：① 作业弹性佳，适应性广泛，更换抓斗可适应不同密度和颗粒的散装货。② 机型成熟，广泛用于海港散货卸船，其构造简单，可靠性强。③ 取料抓斗构造简单，维护保养工作量小且简单。④ 卸有腐蚀性散货时有特殊的优越性。⑤ 对散货颗粒大小适应性强，大于 300 ~ 800 mm 也可以抓取。⑥ 造价较连续式卸船机低廉。⑦ 对散货船的各种舱口适应性好，不受潮位落差的影响。

抓斗卸船机的缺点有：① 抓斗及牵引抓斗移动的钢丝绳较易磨损。② 因为间歇式卸料，与连续式相比作业效率较低。③ 作业时抓斗内物料易产生粉尘（此为最主要缺点）。④ 对于小型船的船舱，由于抓斗重，操作须小心，而对于大中型海轮则无此问题。⑤ 相同生产率，自重大于连续式卸船机，对码头的承压有较高的要求。

2. 连续卸船机

连续卸船机可分为气力式和机械式两大类。气力式卸船机较适合颗粒小、比较轻的货物，如散粮码头。目前适用于矿石、煤炭等重型散货的为机械式连续卸船机，主要有链斗式、斗轮式、螺旋式等，尤以链斗式卸船机为多。连续式卸船机连续、稳定的料流意味着它具有较高的平均卸船能力，节约了码头和场地输送机的尺寸。斗轮与输送机的各种布置，使斗轮式输送机能适应多种尺寸的船舶和潮位条件。由于料流是封闭式的，最大限度地降低了噪声和尘土飞扬，码头的清扫工作大大减轻。由于卸船机作业时连续的而且工作可靠性高，使设备维修工作量减少。

（1）链斗式连续卸船机。

链斗式连续卸船机主要由以下部分所组成：链斗-取料提升机构、斗式提升机头、旋转机构、受料机构、臂架旋转机构、臂架俯仰机构、行走机构及带式输送机系统等。卸船作业时，链斗从船舱内将物料挖起，通过提升卸入受料机构，再转入臂架中的带式输送机，最后通过中心漏斗、出料带式输送机进入码头上的带式输送机系统。我国已经研制的链斗式卸船机有两种形式，一是悬链式，适用于甲板驳。该卸船机的链斗在取料段没有刚性支架，是悬垂的，落在舱面上作业的料斗在船舶颠簸时，可以随着舱面上下浮动，所以料斗可以紧贴舱面工作，有清仓能力。另一种是 L 形链斗卸船机，链斗把物料挖出，并提升到顶上，通过螺旋漏斗卸料器，将物料卸臂架带式输送机上运送到后方。L 形的取料头可以旋转，臂架可以俯仰及旋转。

链斗式连续卸船机可分为海船用链斗式连续卸船机、驳船用链斗式连续卸船机两种。海船用链斗式连续卸船机主要用于接卸海上运输的散货船舶，整个挖掘取料头可在 360°范围内无限制回转，典型形式如图 4-12 所示；驳船用链斗式连续卸船机主要用于接卸内河运输的散货驳船，挖掘取料头不能回转，典型形式如图 4-13 所示。

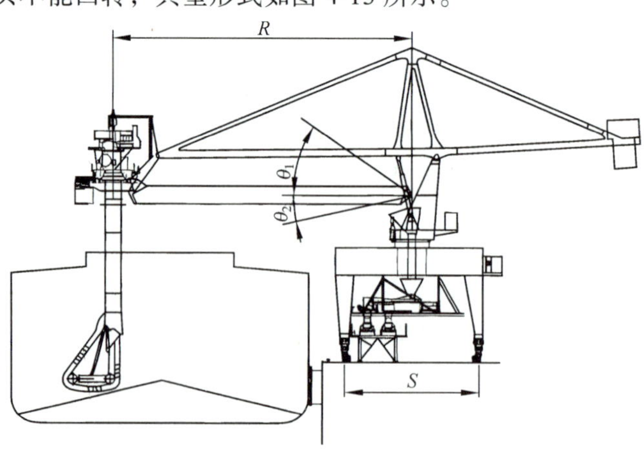

R—回转半径；θ_1—最大上仰角度；S—轨距；θ_2—最大下俯角度。

图 4-12　海船用链斗式连续卸船机

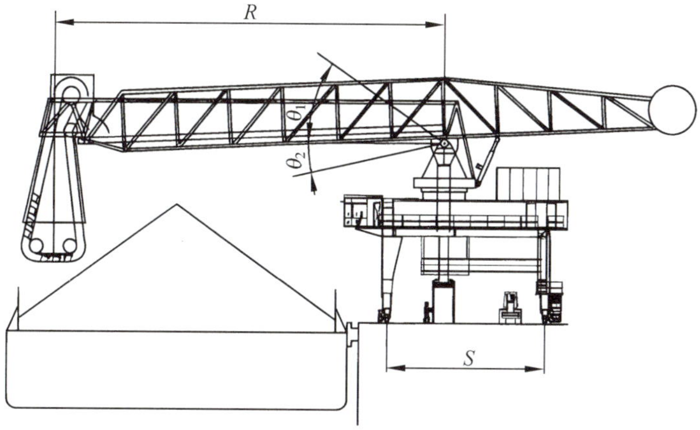

R—回转半径；θ_1—最大上仰角度；S—轨距；θ_2—最大下俯角度。

图 4-13　驳船用链斗式连续卸船机

（2）螺旋式卸船机。

螺旋式卸船机是以螺旋机取料并利用垂直螺旋输送机提升的卸船机。螺旋卸船机主要由垂直臂、水平臂、旋转塔、末端螺旋输送机和门架等构件组成，垂直臂包括有箱型罩和垂直螺旋输送机。垂直螺旋输送机由内螺旋、机壳外螺旋组成，内螺旋用于垂直提升物料，外螺旋用于物料松散及供料。水平臂包括有箱型臂架和水平螺旋输送机两部分。卸船时，先把反面螺旋喂料装置降入待卸物料中，物料在喂料装置中的正向螺旋的作用下向下推送，继而由取料螺旋向中心提升反向螺旋处挤送，反向螺旋则将物料输送到缧旋提升管中，接着内螺旋便把物料垂直提升上，然后通过水平输送机把物料输送到预定的接料处。

螺旋式卸船机可分为固定式螺旋卸船机、自行式螺旋卸船机和浮式螺旋卸船机三种。自行式螺旋卸船机，如图 4-14 所示。

螺旋卸船机结构及其原理

图 4-14　自行式螺旋卸船机

（3）斗轮式卸船机。

斗轮式卸船机取料装置采用低速旋转的斗轮，由于刚性斗轮具有巨大的挖掘能力，它几乎可用来卸载任何散粒物料，如易结块的或磨削性大的散盐、煤炭和铁矿石等。

按照斗轮式连续卸船机接卸船型来分类，斗轮式连续卸船机可分为内河型和海港型两大类；按照斗轮式连续卸船机斗轮数分类，则可分为单斗轮型和双斗轮型。

（4）气力卸船机。

气力卸船机通常称为吸粮机，主要由气力输送系统、运行机构、支撑结构、电气传动与控制部分所组成。其中，气力输送系统一般由吸嘴、垂直输送管、弯管、水平输送管、分离除尘器、卸料器、风管、风机等组成。气力卸船机的型式多为真空吸送式。根据输料管道内真空度的不同可分为两类。通常把真空度高于 8 kPa 的称为高真空气力卸船机，低于此真空度值的称为低真空气力卸船机。气力卸船机按结构型式可分为岸式和浮式两种。

气力卸船机主要优点是结构简单紧凑，自重轻，造价低，全程密封，粉尘污染少，对各种船舶适应性强，操作灵活方便，特别是清舱量很小，甚至有时不需要专门的清舱机械辅助作业。主要缺点是对所接的物料粒度、含水量等要求较为严格，对大型散货船舶卸船时单机效率较低，卸船及输送能耗相对较高，卸船作业时风机噪音较大。气力输送机，如图 4-15 所示。

图 4-15　气力卸船机

（5）夹带式卸船机。

夹带式卸船机主要由喂料机、水平伸臂、垂直吊臂、门架、防尘装置、驱动机构等组成。喂料机主要有三种形式：螺旋喂料装置、刮板输送喂料装置和双叶轮喂料装置；水平伸臂由框架、箱型机罩、夹皮带输送机、除尘装置、平衡重块等组成；垂直吊臂由框架、箱型机罩、进料装置和夹带输送机组成。卸船机作业时，先把垂直吊臂降入待卸的物料中，在两条同步运行胶带的两侧边上均匀施加压力，将物料通过喂料装置送进胶带中间，然后胶带夹裹着物料进行提升输送。卸船机的双带包括一条载带和一条覆盖带，提升段的双带靠压缩空气夹紧，皮带内表物料提升运送，在臂架输送段则以气垫带式输送机方式工作。

三、卸船机的结构原理与技术参数

1. 抓斗卸船机的结构原理与技术参数

（1）结构原理。

抓斗卸船机主要由钢结构、大车行走机构、起升开闭机构、卸料系统、小车运行钢丝绳缠绕系统、主小车、俯仰钢丝绳缠绕系统、机器房、安全钩、电气系统等构成。

其工作原理是：原煤或矿石经 3.5 ~ 40 万吨级散货远洋运输船舶运至码头，由卸船机小车上的抓斗从船舱抓取物料，然后由小车运至装在卸船机门架上的料斗上方，将物料卸入料斗。物料由料斗出口处的振动给料器槽口（或带式给料机）排出，再经由可切换的分叉漏斗（或移动小车）有选择地送到安装在码头上的两条或多条地面带式输送机中的其中一条上，再将物料输送到其他带式输送机，水平输送至堆场。桥式抓斗卸船机，整个卸料过程可通过手动操作、全自动控制、半自动控制或就地操作四种方式实现。卸船机漏斗和供料皮带机头部等转卸处安装洒水除尘装置。整机可沿码头轨道运行至任意位置进行卸船作业。作业完毕后，整机行至锚定位置处锚定。需要时前臂梁可以仰起至固定位置，并用安全钩将其钩住固定。卸船机将设置防风系缆及锚定装置，具有抵抗 55 m/s 风速的能力。还将具有不拆卸抓斗把清舱机械从码头上吊入船舱的能力，清舱机械采用 3 m^3 单斗装载机的尺度。卸船机处于非工作状态时，海侧主梁可仰起 80°，以不妨碍船舶的靠岸、离港等作业，采用 AC 6 kV 高压供电，供电及通讯控制电缆通过各自的电缆卷筒卷取上机。抓斗卸船机如图 4-16 所示。

图 4-16　抓斗卸船机

（2）主要技术参数。

① 额定能力：起重量、卸载能力。

② 速度：大车运行速度、小车运行速度、起升速度、司机室运行速度、臂架起伏时间。

③ 净空：联系横梁至码头面、漏斗上口至码头面、起升高度（总高度、轨上、轨下）。

④ 行程：小车自海侧轨前伸距、小车自海侧轨后伸距、移动司机室自海侧轨前伸距、移动司机室自海侧轨后伸距。

⑤ 整机行走参数：行走距离、轮压。

2. 链斗式连续卸船机的结构原理与技术参数

（1）结构原理。

链斗式连续卸船机是用链斗作为取料和提升装置，实现物料连续作业的一种卸船设备。

链斗式连续卸船机的主要动作机构有链斗提升机驱动机构、伸缩浮动机构、回转机构、臂架回转机构、臂架俯仰机构、大车运行机构。主要物料输送机构有链斗提升机、回转给料盘、臂架带式输送机、输出带式输送机等。其工作原理是：物料由斗式提升机连续提升，链斗反转将物料卸至回转给料盘，回转给料盘旋转给料至臂架带式输送机，物料从臂架带式输送机经输出带式输送机至码头带式输送机。链斗卸船机，如图 4-17 所示。

图 4-17　链斗卸船机

（2）主要技术参数。

① 额定生产率（t/h）。

额定生产率优先采用 JT/T1072-2016 中所给定的数值，见表 4-9。

表 4-9　额定生产率　单位：t/h

额定生产率	400，500，600，800，1000，1250，1500，1800，2000，2250，2500，3000，3600，4000，4500，5000

② 5 起吊清舱机能力（t）。

起吊清舱机能力，见表 4-10。

表 4-10　起吊清舱机能力　单位：t

起吊清舱机能力	8.5，10，12，15，18，20，22，25，28，30

③ 整机与机构工作级别。

设备总持续使用时间超过 50 000 h，整机工作级别符合 FEM 2131/2132—1997 中表 T.2-1.2.2 规定的 A8 级别。

机构分级应符合 FEM 2131/2132 的规定，各主要机构的工作级别见表 4-11。

表 4-11　主要机构的工作级别

机构名称	使用等级	载荷状态级别	机构工作级别
链斗提升机构	*T8*	*L4*	*M8*
回转给料盘	*T8*	*L4*	*M8*
带式输送机	*T8*	*L4*	*M8*
臂架俯仰机构	*T5*	*L3*	*M6*
臂架回转机构	*T7*	*L3*	*M8*
提升机回转机构	*T8*	*L4*	*M8*
大车运行机构	*T7*	*L3*	*M8*

④ 工作速度。

主要机构的额定工作速度范围，见表 4-12。

表 4-12　工作速度

机构名称	额定工作速度范围
链斗提升机构（满载）/（m/min）	40 ~ 100
回转给料盘/（r/min）	5 ~ 7
带式输送机/（m/s）	2.5 ~ 5.3
臂架俯仰机构/（m/min）	10 ~ 15
臂架回转机构/（r/min）	0.1 ~ 0.2
提升机回转机构/（r/min）	0.3 ~ 0.5
大车运行机构/（m/min）	15 ~ 25

注：臂架俯仰机构的额定工作速度是指挖掘取料头的平均线速度。

⑤ 轨距。

轨距宜优先采用 10.5 m、16 m、20 m、24 m、26 m 和 30 m。

⑥ 其他参数。

回转半径（R）和俯仰角度（θ_1 和 θ_2）范围根据设计船型和码头水位条件等确定，应满足链斗卸船机在各工况的使用要求。

门架跨度内的净空高度和宽度应满足场地设备通行的需要。

行走车轮应与码头轨道相匹配，正常工作轮压、腿压及非工作状态下最大轮压、最大腿压应满足码头允许值。

通用桥式起重机的操作使用

通用桥式起重机的结构组成及工作原理

4.7　桥式起重机

一、概述

桥式起重机是横架于车间、仓库和料场上空进行物料吊运的起重设备。由于它的两端坐落在高大的水泥柱或者金属支架上，形状似桥，所以又称“天车”或者“行车”。桥式起重机的桥架沿铺设在两侧高架上的轨道纵向运行，起重小车沿铺设在桥架上的轨道横向运行，构成一矩形的工作范围，就可以充分利用桥架下面的空间吊运物料，不受地面设备的阻碍。

桥式起重机是现代工业生产和起重运输中实现生产过程机械化、自动化的重要工具和设备。所以桥式起重机在室内外、工矿企业、钢铁化工、铁路交通、港口码头以及物流周转等部门和场所均得到广泛运用。

二、分类与结构特点

桥式起重机可分为普通桥式起重机、简易梁桥式起重机和冶金专用桥式起重机三种。桥式起重机的基本参数有额定起重量、跨度、起升高度等。

1. 通用桥式起重机

（1）型式分类：

普通桥式起重机一般由起重小车、桥架运行机构、桥架金属结构组成。起重小车又由起升机构、小车运行机构和小车架三部分组成，通用桥式起重机结构如图 4-18 所示。通用桥式起重机按取物装置不同，可分为吊钩桥式起重机、抓斗桥式起重机、电磁桥式起重机、两用桥式起重机和三用桥式起重机。

① 吊钩桥式起重机。通用吊钩桥式起重机由金属结构、大车运行机构、小车运行机构、起升机构、电器及控制系统和司机室组成。取物装置为吊钩。额定起重量为 10T 以下的多为 1 个起升机构；16T 以上的则多为主、副两个起升机构。这类起重机能大多种作业环境中装卸和搬运物料及设备。

② 抓斗桥式起重机。抓斗桥式起重机的装置为抓斗，以钢丝绳分别联系抓斗起升、起升机构、开闭机构。主要用于散货、废旧钢铁、木材等的装卸及吊运作业。这种起重机除了起升闭合机构以外，其结构部件等与通用吊钩桥式起重机相同。

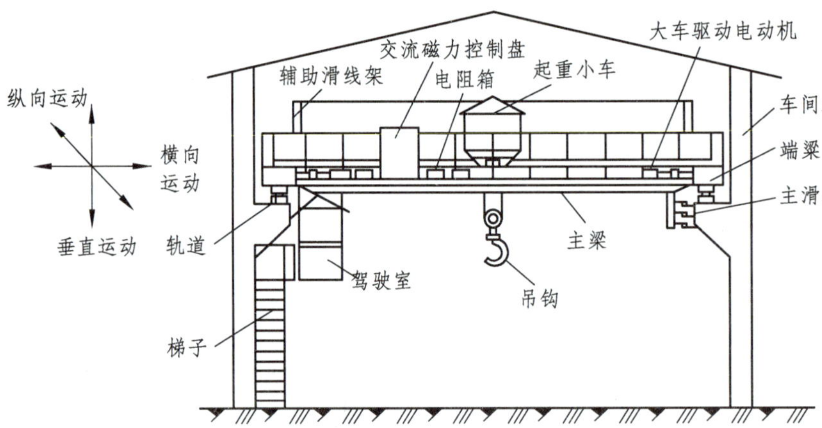

图 4-18　通用桥式起重机结构示意图

③ 电磁桥式起重机。电磁桥式起重机的基本构造与吊钩桥式起重机相同，不同的是吊钩上挂 1 个直流起重电磁铁（又称为电磁吸盘），用来吊运具有导磁性的黑色金属及其制品。通常是经过设在桥架走台上电动发电机组或装在司机室内的可控硅直流箱将交流电源变为直流电源，然后再通过设在小车架上的专用电缆卷筒，将直流电源用挠性电缆送到起重电磁铁上。

④ 两用桥式起重机。两用桥式起重机有三种类型：抓斗吊钩桥式起重机、电磁吊钩桥式起重机和抓斗电磁桥式起重机。其特点是在 1 台小车上设有两套各自独立的起升机构，一套为抓斗用，一套为吊钩用（或一套为电磁吸盘用一套为吊钩用，或一套为抓斗用一套为电磁吸盘用）。

⑤ 三用桥式起重机。三用桥式起重机是一种多用的起重机。其基本构造与电磁桥式起重机相同。根据需要可以用吊钩吊运重物，也可以在吊钩上挂 1 个马达抓斗装卸物料，还可以把抓斗卸下来再挂上电磁盘吊运黑色金属，故称为三用桥式（可换）起重机。 抓斗采用交流电源工作，电磁盘采用直流电源工作。因此，该机型必须同电磁桥式起重机一样，设置电动发电机组或可控硅直流电源箱。这种起重机适用于经常变换取物装置的物料场所。

⑥ 双小车桥式起重机。这种起重机与吊钩桥式起重机基本相同，只是在桥架上装有两台起重量相同的小车。这种机型用于吊运与装卸长形物件。

（2）结构特点：

① 起升机构。起升机构是用来实现货物升降的，它是天车中最基本的机构。起升机构主

要由驱动装置、传动装置、卷绕装置、取物装置及制动装置等组成。此外，根据需要还可装设各种辅助装置，如限位器、起重量限制器等。起升机构分为单钩起升机构和双钩起升机构。

电动机通电后产生电磁转矩，通过联轴器和传动轴输入到减速器的高速轴上，经减速器齿轮传动减速，带动卷筒作定轴转动，使带有取物装置的钢丝绳在其上绕入或绕出，从而使吊物作上升或下降运动。为了使吊物能停滞在空间任意位置而不溜钩，在减速器输入轴端装有制动轮及制动器，M6、M7、M9 级起升机构安装确两套制动器。

② 大车运行机构。大车运行机构的作用是驱动大车的车轮沿轨道运行，其车轮通过角型轴承箱固定在桥架的端梁上。大车运行机构由电动机、减速器、传动轴、联轴器、制动器、角型轴承箱和车轮等零部件组成，其车轮通过角型轴承箱固定在桥架的端梁上。

工作原理：电动机通电后产生电磁转矩，通过制动轮、联轴器及浮动轴，传递到减速器，经过齿轮传动减速，由其输出轴再通过联轴器带动大车车轮沿轨道顶面滚动，从而使大车运行。

大车运行机构的传动形式分为集中驱动与分别驱动两种：

集中驱动：由一套驱动装置，通过中间轴来同时驱动两边的主动轮旋转。分集中高速驱动和集中低速驱动。

分别驱动：

两套驱动装置分别驱动两侧车轮。当起重机的行走机构是由两组机械上互无联系的电动机驱动时，制动器动作应（同步），制动（时间）、（距离）一致。

③ 小车运行机构。小车运行机构包括驱动、传动、支承和制动等装置。小车的四个车轮（其中半数是主动车轮）固定在小车架的四角，车轮一般是带有角形轴承箱的成组部件。运行机构的电动机安装在小车架的台面上，由于电动机轴和车轮轴不在同一水平面内，所以使用立式三级圆柱齿轮减速器。在电动机轴与车轮轴之间，用全齿轮联轴器或带浮动轴的半齿轮联轴器连接，以补偿小车架变形及安装的误差。

起重小车分单梁和双梁，由小车架、起升机构、小车驱动机构组成。另外在小车上还有缓冲器、护栏等防护装置。小车架分铸造和焊接两种结构。一般用焊接结构。

传动原理：小车运行机构的电动机安装在小车架的台面上，由于电动机轴和车轮轴不在同一水平面内，所以使用立式三级圆柱齿轮减速器。

起重小车由电动机、制动器、联轴器、减速器、车轮、传动轴等组成。传动的原理是：电动机—齿轮联轴器—减速器—联轴器—传动轴—车轮。小车运行机构分两种情况：减速器在中间，传动轴受扭矩均匀；减速器在一侧，安装维修方便。

④ 安全保护装置。桥式起重机的安全保护装置主要有制动装置、限位器、缓冲器和超载限制器。

限位器有两类，一类是保护起升机构安全运行的上升极限位置限制器和下降极限位置限制器，另一类是限制运行机构的运行极限位置限制器。下降极限位置限制器是用来限制取物装置下降至最低位置时，能自动切断电源，使机构停止运行，以保证钢丝绳在卷筒上的缠绕不少于两圈的安全圈数。吊运炽热金属或易燃、易爆等危险品的起升机构应设置两套起升极限位置限制器，且两套限位开关应有先后，并尽量采用不同结构形式和控制不同的断路装置。上升极限位置限制器主要有重锤式和螺杆（或蜗轮蜗杆）式两种。

运行极限位置限制器由限位开关（如图）和安全尺式撞块组成，其工作原理是：当车体运行到极限位置后，安全尺触动限位开关的转动柄或触头，带动限位开关内的闭合触头分开而切断电源，机构停止工作，使车体在允许制动距离内停车，避免硬性碰撞止挡装置时对运行的车体产生过度的冲击。

缓冲器设置在大车或小车与止挡相碰撞的位置。在同一轨道上运行的起重机之间，以及同一起重机上双小车之间也应设置缓冲器。缓冲器有橡胶缓冲器、弹簧缓冲器和液压缓冲器等类型。

为了防止起重机在轨道上运行碰撞邻近的起重机，运行速度超过 120 m/min 时，应在起重机上设置防碰撞装置。其工作原理是：当起重机运行到危险距离范围内时，防碰撞装置便发出警报，进而切断电源使起重机停止运行，避免起重机之间的相互碰撞。目前产品主要有：激光式、超声波式、红外线式和电磁波式等类型，均是利用光或电波传播发射的测距原理。

超载作业所产生的过大应力，可能使钢丝绳拉断，传动部件损坏、电动机烧毁，由于制动力矩相对不够，导致制动失效等。超载作业对起重机结构危害很大，既会造成起重机主梁下挠，主梁的上盖板及腹板出现裂纹和脱焊，还会造成臂架和塔身折断的重大事故。由于超载破坏了起重机的稳定性，有可能造成整机倾覆的恶性事故。

对于超载限制器的技术要求主要有：各种起重量限制器的综合误差不应大于 8%；当载荷达到额定起重量的 90%时，应能发出提示性报警信号；当起重量超过额定起重量时，能自动切断起升动力源，并发出禁止性报警信号。超载限制器按其机构形式可分为机械类型、液压类型、电子类型等。

2. 简易梁桥式起重机

（1）型式分类。

简易梁桥式起重机又称梁式起重机，其结构组成与普通桥式起重机类似，起重量、跨度和工作速度均较小。桥架主梁是由工字钢或其他型钢和板钢组成的简单截面梁，用手拉葫芦或电动葫芦配上简易小车作为总重小车，小车一般在土字梁的下翼缘上运行。桥架可以沿高架上的轨道运行，也可沿悬吊在高架下面的轨道运行，这种起重机称为悬挂梁式起重机。梁式起重机主要由桥梁和起重小车组成，桥梁是用型钢（工字型）或型钢与钢板的组合截面梁，起重小车是手拉葫芦、电动葫芦或用葫芦作起升机构部件装配而成。

梁式起重机按梁的结构形式分为单梁式起重机和双梁式起重机，按驱动方式分手动梁式起重机和电动梁式起重机。

① 手动梁式起重机。手动单梁起重机主要由起升机构（手拉葫芦）、运行小车（手动单轨小车）组成。主要特点是起升机构和运行机构都是手动方式，桥梁结构由主梁和端梁组成，可用螺栓连接或焊接，桥梁刚性不太大，跨距不能太大，搬运量不能太大。

② 电动梁式起重机。电动梁式起重机主要由桥梁起重部分和电器设备组成，电动机驱动起升机构、小车运行机构和大车运行机构。按结构可分为：电动单梁起重机、电动单梁悬挂起重机、电动葫芦双梁、电动双梁悬挂等类型。电动单梁起重机如图 4-19 所示。

（2）结构特点。

双梁桥式起重机是由桥架、小车、起重机运行机构和电器设备四大部分组成。起升机构、小车运行机构和起重机运行机构是起重机体三个工作机构，各机构设备有单独的电动机，进行各自的驱动。

① 金属结构。金属结构包括桥架、小车架和操纵室。桥架是由两根箱形主梁、两根箱形端梁和主梁两侧面的走台所组成。在主梁的上盖板上铺设轨道，供小车行走之用。与主梁连

接的一侧走台上，安装起重机的运行机构。另一侧走台安装小车导电的滑线架，走台的外侧都用栏杆，以保障检修人员的安全。主梁与端梁进行刚性联接，两根端梁的中部是用螺栓连接起来的可拆件，这样，整个桥架可以拆开成两半来进行运输和安装。

小车架是用钢板焊接而成，上面装有起升机构和小车运行机构。操纵室悬装在桥架下面，室内装有起重机的电气控制设备，主要是供驾驶人员操纵之用。

图 4-19　电动单梁起重机

② 起升机构。起升机构由电机、减速机、制动器、联轴器、传动轴、卷筒组、定滑轮组、吊钩组、钢丝绳等组成。

③ 小车。小车由小车架、起升机构、运行机构等组成，小车架不允许分段；小车上有检修空间，方便维修。

④ 大车运行机构。大车运行机构由电动机、制动器、减速器、车轮、角型轴承箱、补偿轴、齿轮联轴节组成。

⑤ 司机室。司机室设有控制设备（联动台或凸轮控制器）、配电保护箱、信号装置和照明设备。舱门关闭好之后，起重机才能开动。这样可以避免车上有人工作或人还没进入司机室时就开车，造成人身事故。

3. 冶金专用桥式起重机

冶金专用桥式起重机在钢铁生产过程中可参与特定的工艺操作，其基本结构与普通桥式起重机相似，但在起重小车上还装有特殊的工作机构或装置。这种起重机的工作特点是使用频繁、条件恶劣，工作级别较高。冶金专用桥式起重机如图 4-20 所示，其主要有以下五种类型。

图 4-20　冶金专用桥式起重机

（1）铸造起重机：供吊运铁水注入混铁炉、炼钢炉和吊运钢水注入连续铸锭设备或钢锭模等用。主小车吊运盛桶，副小车进行翻转盛桶等辅助工作。为了扩大副钩的使用范围和更好地为炼钢工艺服务，主、副钩分别布置在各自有独立小车运行机构的主、副小车上，并分别沿各自的轨道运行。常用的结构形式有四梁四轨式和四梁六轨式。

（2）夹钳起重机：利用夹钳将高温钢锭垂直地吊运到深坑均热炉中，或把它取出放到运锭车上。

（3）脱锭起重机：用以把钢锭从钢锭模中强制脱出。小车上有专门的脱锭装置，脱锭方式根据锭模的形状而定：有的脱锭起重机用顶杆压住钢锭，用大钳提起锭模；有的用大钳压在锭模，用小钳提起钢锭。

（4）加料起重机：用以将炉料加到平炉中。主小车的立柱下端装有挑杆，用以挑动料箱并将它送入炉内。主柱可绕垂直轴回转，挑杆可上下摆动和回转。副小车用于修炉等辅助作业。

（5）锻造起重机：用以与水压机配合锻造大型工件。主小车吊钩上悬挂特殊翻料器，用以支持和翻转工件；副小车用来抬起工件。

三、主要性能参数

（1）起重量：起重机正常工作时允许最大起吊重量。

（2）起升高度：吊具的上极限位置与下极限位置之间的距离。

（3）跨度：起重机两端车轮垂直中心线之间的距离。

（4）机构工作速度：

① 起升速度：是指起升机构电动机在额定转速时，取物装置满载起升的速度。

② 大车运行速度：是指大车运行机构电动机在额定转速时，起重大车的运行速度。

③ 小车运行速度：是指小车运行机构电动机在额定转速时，起重小车的运行速度。

（5）工作级别：表示起重机起吊载荷的满载程度和起吊工作次数多少的繁忙程度的整机工作状况指标，起重机的工作级别分为 *A*1-*A*8 共 8 个级别，轻级（*A*1-*A*3）、中级（*A*4、*A*5）、重级（*A*6、*A*7）特重级（*A*8）。

（6）轮压：桥架自重和小车处在极限位置时小车自重和额定起重量作用在大车车轮上的最大垂直压力。

四、检修与保养

1. 日常检修与保养

（1）钢丝绳无断丝、磨损不超限，连接固定可靠。

（2）吊钩、滑轮、卷筒无裂损、无卡滞，钢丝绳不出槽。

（3）联轴器无松动、裂损和其他异状。

（4）制动器弹簧无断裂，间隙适当，制动灵敏可靠；工作时，制动轮温度不得超过 200 ℃。

（5）链传动松紧度适当，大车运行机构的传动链条，两边应松紧一致。

（6）减速器运转平稳，无异声、异状、不漏油。

（7）防风制动装置无破损、变形，准确到位；无卡滞现象，使用可靠。

（8）各部位连接螺栓齐全、连接固定牢靠。

（9）各电气开关、接触器、控制器、电阻器和电气仪表灵敏、作用可靠；接头无松动，触头无烧损现象；仪表显示正常。

（10）照明、音响装置齐全、作用良好。

（11）各安全装置动作灵敏可靠。

2. 定期检修与保养

（1）润滑。

① 钢丝绳。用钢丝绳麻心脂加温后涂至饱和，或用石墨钙基润滑脂或其他钢丝绳润滑脂不加热涂抹。

② 齿轮联轴器。涂或注入钙基或钠基润滑脂。

③ 制动器各铰点。注少量机油，然后擦去表面溢油。

④ 链传动。链条注少量机油。

⑤ 减速器油面检查。油液面应在游标刻度线中间，不足时添加。

（2）检修与保养项目。

检查调整机械部件：

① 检查吊钩滑轮组、卷筒组。钢丝绳绳端压紧螺栓及绳夹应齐全，如有松动应紧固，吊钩横梁、滑轮轴应无裂纹。

② 调整检查制动器。制动轮工作面应光滑：制动带与制动轮的接触面积应在 70%以上，松闸后间隙适当；制动带磨损量不得超过原厚度的 50%；弹簧不得有永久变形或裂纹。

③ 检查减速器。打开视乳盖，检查齿轮油质状况。齿轮咬合良好，油质清洁无杂质，箱体无裂纹。

④ 检查联轴器。检查轴线偏斜及轴向安装位置，不符合规定时应予以调整。

⑤ 检查车轮及角型轴承。检查大、小车轮运行状况，如有严重啃道现象应予调整。角型轴承座应无裂纹，螺栓齐全、不松动。

⑥ 检查水平滚轮及垂直滚轮。滚轮应转动灵活，无严重滑移现象。

⑦ 检查各传动件及支撑件。无裂损、开焊和显著变形。

⑧ 性能检查。各部运转平稳、无异响、异状；制动性能可靠，轴承音响正常均匀，其温度（工作时）不应超过 80 ℃。

⑨ 金属构件无显著变形，基本金属和连接焊缝均应无裂纹，连接螺栓无松动及脱落现象。

检查调试电气部件：

① 清洁、检查电动机。擦拭机壳外表油污，吹扫通风槽，清除机内电刷粉末。电刷和滑环表面不得有明显凸凹不平或灼伤，电刷应能自由装入刷框内，其磨损量不得超过原高度的 1/3；电刷与滑环接触面积应达到截面的 75%以上，以保持接触良好。弹簧应无断裂或永久变形。引出线包扎完好，连接牢靠。各连接螺栓齐全，无松动脱落。电动机运转平稳，无异常振动及异响，电刷火花正常，电机温升正常。

② 清洁、检查主令控制器和凸轮控制器，清扫内部灰尘和杂物，在所有转轴处加注少量润滑油。动静触头应接触良好，

在宽度方向的结合长度应大于 3/4，其蚀损量不得大于原厚度的 40%，各弹簧无裂纹及永久变形，其压力应适中。操作时，各档定位明确、轻便。

③ 检查接触器、继电器、电磁铁和限位器。打磨触头、消除烧蚀斑点，更换灼损严重的触头，触头应接触良好，压力适中。灭弧罩影齐全良好，轴销无松动现象。工作时，吸合、分断准确，无卡滞、抖动现象，复位良好，无异常噪声。

④ 检查电阻器。表面无脏物、无锈蚀，螺栓连接不松动，引线连接良好。电阻片、电阻

丝无断裂现象。

⑤ 检查熔断器。熔体容量应选择正确，不得以铜丝或其他金属任意代替。照明、音响及供电装置齐全、良好。导电器引线应连接良好无异状。集电器应接触良好，接触面积应大于75%，运行时无严重火花。橡套电缆和导线应无金属外露和破损。

4.8 流动式起重机

流动式起重机的日常检查与维护

流动式起重机属于旋转臂架式起重机，由于靠自身的动力系统驱动，也称为自行式起重机，主要有汽车起重机、履带起重机、轮胎起重机、全地面起重机、随车起重机等，除了这些，港口码头使用的流动式起重机械还有集装箱正面吊运起重机、集装箱空箱堆高机、集装箱跨运车、轮胎式集装箱门式起重机等类型的专用起重机械。这类起重机的特点是使用范围广，机动性好，可以方便转移场地，但对道路、场地要求高，台班费较高，适用于单件重量大的大、中型设备及构件的吊装，作业周期短。

一、港口轮胎起重机

一种将起重作业部分装在专门设计的自行轮胎底盘上所组成的起重机。它是把起重机构安装在加重型轮胎和轮轴组成的特制底盘上的一种全回转式起重机，上、下车使用同一个驾驶室，具有良好的通过性，可以在360°范围内工作一周。其上部构造与履带式起重机基本相同，为了保证安装作业时机身的稳定性，起重机设有四个可伸缩的支腿。在平坦地面上可不用支腿进行小起重量吊装及吊物低速行驶。它由上车和下车两部分组成。上车为起重作业部分，设有动臂、起升机构、变幅机构、平衡重和转台等；下车为支承和行走部分。上、下车之间用回转支承连接。吊重时一般需放下支腿，增大支承面，并将机身调平，以保证起重机的稳定。

轮胎起重机因为它的底盘不是汽车底盘，因此设计起重机时不受汽车底盘的限制。轴距、轮距可根据起重机总体设计的要求而合理布置。轮胎起重机一般轮距较宽，稳定性好；轴距小，车身短，故转弯半径小，适用于狭窄的作业场所。轮胎起重机可前后左右四面作业，在平坦的地面上可不用支腿吊重以及吊重慢速行驶。一般来说，轮胎起重机行驶速度比汽车起重机慢，其机动性不及汽车起重机，但它与履带起重机相比，具有便于转移和便于在城市道路上通过的性能。近年来轮胎起重机行驶速度有显著提高，并且出现了越野型液压伸缩臂式的高速轮胎起重机，它具有较大的牵引力和较高的行驶速度（40 km/h 以上），越野性能好，并可全轮转向，机动灵活，特别适用于在狭窄场地上作业，20 世纪 70 年代以来各企业很重视这一类型产品的发展。

1. 分类

（1）按起重量分：

① 小型：起重量小于 12 t。

② 中型：起重量 16 t ~ 40 t。

③ 大型：起重量大于 40 t。

④ 超大型：起重量大于 100 t。

（2）按臂架结构分：

① 桁架式：主臂是一个焊接式桁架，不可伸缩，用钢丝绳滑轮组变幅，臂长可折叠或接长，其长度较大。

② 伸缩臂式：多节箱形断面伸缩臂架，用液压缸伸缩和变幅。

（3）按支腿类型分：

蛙式支腿、*H* 型支腿、*X* 型支腿、辐射式支腿、铰接式支腿

（4）按动力型式分为：

① 内燃机—液力机械驱动自行式全回转动臂起重机；

② 内燃机—液压驱动自行式全回转动臂起重机；

③ 内燃机—电力驱动自行式全回转动臂起重机；

④ 内燃机—外接交流电源电力驱动自行式全回转动臂起重机；

⑤ 外接交流电源电力驱动拖行式全回转动臂起重机。

2. 最大起重量系列与基本参数

港口轮胎起重机是一种流动式起重机，一般采用内燃机分别给行驶系统和液压系统提供动力，液压系统实现起重臂的伸缩、变幅、起升、回转和整机的转向。轮胎起重机的机动性和稳定性好，可吊重行驶，也适用于狭窄的场所。

港口轮胎起重机最大起重量系列，见表 4-13。

港口轮胎起重机基本参数，见表 4-14。

表 4-13　港口轮胎起重机最大起重量系列　　单位：t

最大起重量/t											
3.2	5	8	10	16	20	25	32	40	50	63	80

表 4-14　港口轮胎起重机基本参数

最大起重量/t	最小幅度/m 不小于	最大幅度/m 不小于	最大起重力矩/kN·m 不小于	起升高度（吊钩）/m 不小于	起升速度（单绳）/（m/min）不小于	最大回转速度/（r/min）不小于	
						A	B
3.2	2.5	8	135	10	50	4	2
5	2.5	10	170	11	50	4	2
8	3.0	11	290	12	50	4	2
10	3.0	12	380	13	50	4	2
16	3.0	14	620	17	60	3	2
20	3.0	16	750	18	60	3	2
25	3.0	16	880	20	60	3	1.5
32	3.0	18	1120	24	50	3	1.5
40	3.0	20	1400	24	50	2	1.5
50	3.0	22	1750	26	50	2	1.5
63	3.0	24	2150	28	50	2	1.5
80	3.0	26	2650	32	50	2	1.5

注：A 为 3.1a）和 3.1b）两类起重机；B 为 3.1c）.3.1d）和 3.le）三类起重机。

3. 基本构造

港口轮胎起重机的起重作业部分包括起重臂、起升卷扬机构、转台、变幅机构、操纵系统和平衡重；支承和行走部分包括越野式底盘、液压支腿和动力装置。

4. 港口轮胎起重机的检修与保养

（1）清洗燃油箱滤清器。

从过滤器内排除沉淀物和水，清洗过滤器芯子，安装时装满柴油不得漏气。

（2）清洗空气滤清器。

清洗滤清器，更换机油，安装时不得通气。

（3）放出燃油箱内的沉淀物和水。

打开燃油箱下放油塞，放出 10 kg 燃油，经过沉淀过滤再加入。

（4）排除漏油、漏水和漏气现象。

一般不属于机体内部，表面或管接头不应有漏油、漏水、漏气。

（5）检查臂杆起落，伸缩工作情况。

臂杆起落、伸缩应灵敏可靠，不得有漏油和其他故障，否则应立即检查原因修理排除。

（6）检查传动机构的紧固情况。

传动轴、十字节、减速齿轮箱、制动器（脚刹车和刹车）。

二、集装箱正面吊运起重机

1. 概述

集装箱正面吊运机((下文简称为正面吊)，英文名称 Reach stacker for handling container。世界上第一台正面吊于 20 世纪 70 年代后期，由意大利 Belotti 公司设计制造，型号为 B75，它是在该公司生产的轮胎式起重机的基础上改进设计而成的。B75 正面吊由轮式底盘、二级伸缩式臂架、具有多种功能的伸缩式吊具等组成，以柴油发动机（下文简称为发动机）为动力，采用液力机械传动形式，臂架的俯仰、伸缩以及吊具的旋转、侧移、伸缩均由液压缸驱动。车架为框架式结构，臂架为箱形结构，基本臂与伸缩臂之间由滚轮支承。

进入 20 世纪 80 年代以后，正面吊有了较快发展。首先是众多的知名公司开始生产这种设备，如瑞典 Kalmar 公司、SMV 公司、意大利 Fantuzzi 公司、CVS 公司、德国 Linde 公司、美国 Hyster 公司、Taylor 公司和西班牙 Luna 公司等，连一直不提倡使用正面吊的日本也出现了生产正面吊的企业，如 TCM 公司。

1985 年，我国第一台正面吊——JD40 问世。这是由交通部水运科学研究所与广州港口机械制造厂合作，在充分吸收了当时 B75 正面吊技术的基础上研制出来的，其结构形式与技术性能均与 B75 相同。JD40 在港口应用取得一定的效果。接着他们又合作研制了 JD24（起重量为 24t）和 ST400 正面吊，把正面吊技术又向前推进了一步。

20 世纪 90 年代以后，交通部水运科学研究所又分别与深圳招商机械、北京宏联中心、大连叉车总厂等单位合作开发了新的正面吊。为了解决正面吊外观设计中的薄弱环节，深圳招商机械、交通部水运科学研究所与北京理工大学合作进行了正面吊的工业造型设计。交通部水运科学研究所与大连叉车总厂合作开发的 CRS450 正面吊最大起重能力达到 45t。从国产第一台正面吊产生到现在，已经有了 20 年历史。我国的正面吊产业走的是一条自主研发的道路，一些设计单位和制造企业逐步掌握了设计制造正面吊的能力，整体设计、结构设计、部件造型工艺等日趋完善，国内生产的正面吊性能有较大提高。多年来，国内曾有几家单位从事正面吊的设计和制造，后来在激烈的市场竞争中，其中不少单位又选择了退出。目前，大部分国产正面吊与进口产品还存在一定差距，至今国产正面吊在国内市场的占有率尚不足 15%，近几年逐年呈增长趋势。

根据臂架结构分为单臂架集装箱正面吊运起重机和双臂架集装箱正面吊运起重机两种类型。

（1）单臂架集装箱正面吊运起重机。

起重臂为单箱式结构，用两个变幅油缸支撑吊运倾斜的集装箱时，用吊具与臂架间的摆动进行对位，吊具与臂架是单支点连接，吊运装载重心偏移的集装箱要通过横移吊具保持平衡。吊机行走时，路面不平易导致摇摆。双油缸驱动变幅，易出现油缸工作不同步，使臂架受扭。

（2）双臂架集装箱正面吊运起重机。

采用箱形结构双起重臂。双臂架集装箱正面吊运机的主要特点：

① 用两个小断面的臂架代替一个大断面臂架。两个臂架都可以伸缩，并由两个变幅油缸分别支撑，两个臂架可以分别动作，也可同步动作，其结构和液压控制系统比较复杂

② 臂架与吊具是双支承连接，吊具稳定性较好，即使遇到集装箱装载偏心或路面不平的情况，也不会引起吊具摆动。

③ 双臂架集装箱正面吊运机受力比较简单，变幅油缸不存在同步问题。

④ 两臂架中间距离较大，驾驶室可放在中间，并可以适当提高其高度，使驾驶员视野较好。

⑤ 为使吊具旋转较大的角度，必须在平衡架下再安装吊具旋转机构，整个吊具高度较大，降低了有效起升高度。

⑥ 在吊运倾斜的集装箱时，可使两臂架采用不同的高度而使吊具就位，也可让两臂架伸出不同的长度来使集装箱转动一定的角度。

2. 主要技术参数

（1）起重量。

根据额定起重量和吊具的重量来确定。额定起重量一般按所吊运的集装箱最大总重量确定，其吊具重量约为 10 t。

（2）起升高度。

即堆码高度，一般为四层箱高，起升高度一般为 11 m 左右，要求堆五层箱高时，一般为 13 m 左右。

（3）工作幅度。

通常能跨一排箱作业。一般要求在对第一排箱作业时，前轮外沿离集装箱的距离为 700 m 左右，工作幅度最小应距前轮外沿 2 m。在对第二排箱作业时，前轮离第一排集装箱的距离为 500 mm 左右，工作幅度最小距离前轮外沿 4.1 m。

（4）车身外形尺寸。

主要用于货场作业，要求能适应狭小的场地条件，对通过性能要求较高，需要控制车身宽度和长度。一般要求正面吊运机能在 7.5 m 左右的直角通道上转弯，在 9.5 m 左右的通道内

能 90°转向。要求最小转弯半径在 8.5 m 左右，最大轴距为 5.5 m 左右，车体带臂架长度约为 7.5 ~ 8 m 左右，车宽一般为 3.5 ~ 4 m 左右。

（5）行走速度。

其运行距离一般在 40 ~ 50 m 以内较为合理。如距离太远，则应在前沿机械与堆场间用拖挂车来作水平运输。满载时只允许低速行驶，因集装箱正面吊运机自重较大，如行驶速度过快，则对爬坡、制动、整机稳定性以及发动机功率都有较大影响，故满载时最高速度一般不超过 10 km/h。空载时可高速行驶，一般为 25 km/h 左右。

3. 基本构造

集装箱正面吊运起重机由工程机械底盘、伸缩臂架、集装箱吊具等三部分组成、底盘有发动机、动力换档变速箱、前桥、后桥、转向系统、驾驶室、车架、配重、车轮等部件；伸缩臂架有伸缩油缸，俯仰油缸，臂架等部件；集装箱吊具有旋转机构、上架、联接架、底架、伸缩架、伸缩油缸、防摇油缸、侧移油缸、旋锁油缸等部件。集装箱正面吊运起重机的结构，如图 4-21 所示。

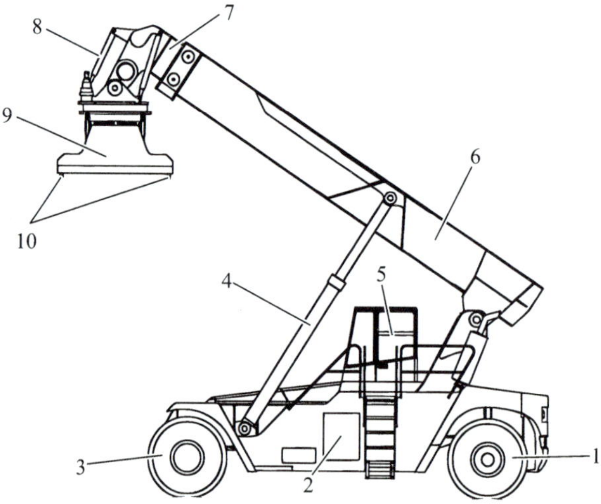

1—后轮（转向轮）；2—电气箱；3—前轮（驱动轮）；4—举升油缸；5—司机室；6—固定臂；7—伸缩臂；8—倾斜油缸；9—吊具；10—旋锁。

图 4-21　集装箱正面吊运起重机结构组成

集装箱正面吊有可伸缩和左右旋转的集装箱吊具，能用于 20 ft、40 ft 集装箱装卸作业，吊装集装箱时正面吊不一定要与集装箱垂直，可以与集装箱成夹角作业。在起吊后，可旋转吊具，以便通过比正面吊图册 较狭窄的通道。同时，吊具可以左右侧移各 800 mm，以便于在吊装时对箱，提高作业效率。对于场地条件较差的货运站，正面吊也能正常作业。伸缩式的臂架，可带载变幅，集装箱的起降由臂架伸缩和变幅来完成，在臂架伸出和俯仰油缸伸出时，其起升速度较快，在下降时同时锁入，可获得较快的下降速度。在作业时，可同时实现整车行走、变幅、臂架伸缩动作，具有较高的工作效率。总的来说，集装箱正面吊运起重机具有机动性高、稳定性好、轮压小、堆码层数高、可隔箱作业和堆场利用率高等优点，其结构特点有以下几个。

（1）有可伸缩和左右回转 120°的吊具：悬挂在伸缩臂架上的吊具可绕轴线回转，且可左右移动各 800 mm，几乎可以在任何条件下在集装箱堆场进行作业。

（2）有能带载变幅的伸缩臂架：集装箱的升降运动由臂架伸缩和变幅来共同完成，无专门起升机构，伸缩和变幅可同时进行，升降速度大，生产效率高。

（3）作业幅度大，能堆码多层集装箱及跨箱作业：具有集装箱叉式装卸车和跨运车的共同特点，能吊装四到五个箱高，且可跨箱作业。

（4）具有多种保护装置，能保证作业安全防倾覆保护。

限制各种工作幅度下的起重量允许值。超起重量时臂架不能伸缩、俯仰，吊具不能回转，有红色信号灯警告。

旋锁动作保护：旋锁完全进入集装箱角配件孔中，旋锁才动作；或是旋锁不在全开或全闭的状态下，臂架伸缩、俯仰和吊具回转都不能动作，同时也有信号灯指示。

高速保护：起吊集装箱后，整机不能用高速挡行驶，否则发动机自行停止运转；变速杆入档后，发动机不能启动臂架最大仰角的限位保护；入档后再拉手制动，发动机即停止。

（5）加装吊钩后，可吊装其他重大件货物：能实现所谓集成吊运，即将集装箱连同公路运输的拖车一同吊装上火车。

（6）轮压低：由于满载后整车的重心位置仍在前后轮之间的接近中心处，并有八个轮胎接地，因此轮压比叉车低。

4. 集装箱正面吊运起重机的检修与保养

（1）检查变速/变矩器有无漏油。

（2）检查车桥紧固轮毂螺母是否松动。

（3）检查轮胎充气压力是否在正常范围（10±5 bar）。

（4）检查轮胎磨损情况。

（5）检查液压管路是否漏油。

（6）检查臂架是否变形，尤其是否起皱或脱落。

（7）检查集装箱吊具旋锁有无松动、变形、裂纹，联锁顶销是否活动自如。

（8）检查底盘、臂架、吊具各润滑点是否润滑良好。

三、集装箱跨运车

1. 概述

集装箱跨运车是用于码头前沿和堆场水平搬运和堆码集装箱的专用机械。它以门形车架跨在集装箱上，由装有集装箱吊具的液压升降系统吊起集装箱，进行搬运，并可将集装箱堆码二、三层高，一般用于短、中途运输集装箱，灵活、快速，系统多由液压驱动组成，在欧洲码头被广泛使用。

（1）发展特点。

① 向大型化、高层堆码方向发展。随着集装箱大型化、箱载荷的提高，集装箱跨运车的载重能力和堆码高度也在不断提高。据统计，在现有的集装箱跨运车中堆码三层的占 70%左右，堆码四层的机型逐渐增多。由于超高箱在集装箱中所占的比重逐步加大，集装箱跨运车的起升高度也在提高。20 世纪 80 年代集装箱跨运车的起重量一般为 30 ~ 35 t。生产的跨运车

中起重量为 40 t 者占绝大多数，有的甚至达到 50 t。相应的集装箱跨运车的配置也在提高。由于可堆码 4 层的大型集装箱跨运车的问世，大大增强了集装箱跨运车在市场的竞争力。由于堆层高度从 2 层提高到 3 层，使堆存能力提高了 50%。

② 集装箱跨运车的可靠性进一步提高。随着集装箱跨运车技术的不断完善，制约其发展的故障率大幅度降低，其使用可靠性有了明显提高。20 世纪 80 年代初，由于轮胎式集装箱门式起重机和集装箱正面吊运机的发展，将曾经一度风光的集装箱跨运车挤出集装箱装卸机械市场的中心地位。当时的跨运车由于故障率高，影响其进一步发展。随着技术的不断进步，跨运车的质量已大大改善。越来越多的集装箱跨运车采用了液压系统，这些跨运车不仅解决了漏油问题，其可靠性也有大幅度提高。

③ 集装箱跨运车结构形式呈多样化。由于集装箱跨运车技术的提高以及液压等相关技术的发展，集装箱跨运车呈现多样化趋势。在主机配置上，单主机形式仍占有很大市场。这种形式的跨运车，其发动机布置在跨运车顶部，控制和维修较为方便，但质心提高。对于跨 Π 型跨运车，其过高的质心影响了跨运车的行驶安全。双主机跨运车一般为两台发动机分别布置在门架两侧门腿之间，由于发动机布置位置较低，降低了整机的质心位置，安全稳定性有了显著提高。但同时给维护和控制带来一定困难。在传动方式上，除传统的机械和液力机械传动方式外，液压传动和电气传动方式有了较快的发展。

④ 集装箱跨运车自动化程度提高。几乎所有的集装箱跨运车都装有可编程序控制器，实现对各个参数和主要功能的监测与控制。有些集装箱跨运车的可编程序控制器还设有 CAN（配置计数）基设备网络总线系统，确保各种 CAN 部件易于联成一体。借助于 CAN 基可编程序控制器网络，跨运车易于同自动化总线实现一体化，从而便利司机操纵。

（2）主要技术参数。

① 起重量：所吊集装箱的最大总重量和吊具的重量之和。

② 堆码和通过集装箱的层数：跨运车能堆码集装箱和通过集装箱的层数（高度），通常只堆码和吊着重箱通过两层集装箱。

③ 最小转弯半径：跨运车搬运集装箱，在平坦硬路面上低速转弯，其转向轮处于最大偏转角时，外廓离转弯瞬时中心最远点的圆弧轨迹半径。

2. 分类

集装箱跨运车是集装箱装卸设备中的主力机型，通常承担由码头前沿到堆场的水平运输以及堆场的集装箱堆码工作。由于集装箱跨运车具有机动灵活、效率高、稳定性好、轮压低等特点，得到普遍的应用。集装箱跨运车作业对提高码头前沿设备的装卸效率十分有利。集装箱跨运车从 20 世纪 60 年代问世以来，经过几十年的发展，已经与轮胎式集装箱门式起重机一样，成为集装箱码头和堆场的关键设备。

（1）按车体结构型式分为：

① 无平台及跨运和装卸共用结构的集装箱跨运车。

② 有平台及跨运和装卸共用结构的集装箱跨运车。

③ 有平台及跨运和装卸专用结构的集装箱跨运车。

④ 无平台及跨运和装卸专用结构型式的集装箱跨运车。

（2）按功能及高度不同分为：

① 堆垛型跨运车；

② 运输型跨运车。

3. 基本构造

集装箱跨运车是一种专用集装箱装卸机械，可完成自取、搬运、堆垛、装卸等作业。其结构组成包括门形车架、吊具系统、动力及传动系统、转向和行驶系统、制动和液压系统和电控系统等部分。集装箱跨运车，如图 4-22 所示。

图 4-22　集装箱跨运车

4. 集装箱跨运车的检修与保养

（1）沿着集装箱堆垛车四周检视是否有漏油或漏水的现象。

（2）检视轮胎压力是否正常，胎面是否有割伤，钢圈是否有变形，损伤，螺丝是否有锁紧。

（3）检视后扶架及货叉是否有变形、裂痕，货叉定位萧是否正常。

（4）检查桅杆链条松紧度是否一致。检视灯系是否有破损，护顶篷是否有变形裂痕。

（5）打开引擎盖，检查冷却水水位。

（6）检查引擎机油油位。检查风扇皮带是否有裂痕，磨损。检视电瓶电解液水位。检查液压油油位。检查刹车油油位。

（7）放下引擎盖，上车，坐上座位。座椅调整至适当位置。方向盘倾斜角度调整至最理想位置。

（8）检查喇叭功能是否正常。试踩刹车踏板是否正常。试踩加速踏板是否正常。试踩离合器踏板是否正常。（手动排挡机型）试踩寸动踏板是否正常。（自动排挡机型）操作手刹车拉杆是否正常。

（9）将钥匙开关转向 ON，检查燃油油量是否足够。检视仪表板上各警告灯及仪表作用是否正常。检查方向灯控制杆功能是否正常。检查刹车灯作用是否正常。

（10）发动引擎，让引擎暖机 5 min，检查是否有异音或不正常的震动。检查桅杆升降及前后倾斜是否顺畅，并检视油压缸及油管是否有漏油。将堆高机缓慢移置安全区域。检查离合器作用（寸动开关作用）是否正常。检查刹车制动力是否足够。检查方向盘转向是否正常。

四、集装箱空箱堆高机

1. 概述

近年来，在世界经济温和复苏和我国经济稳中向好的背景下，我国外贸进出口总量持续上升，港口集装箱吞吐量随之快速增长。2017 年我国沿海港口共完成集装箱吞吐量 2.09×10^8 TEU，其中，空箱作业量约占 30%。在港口集装箱装卸作业流程中，空箱作业主要由空箱堆高机完成。在沿海大型专业化集装箱码头，堆高机与岸桥的配比基本达到 1∶1，堆高机作业可靠性对集装箱码头整体作业效率和船舶准班率产生重要影响。

集装箱空箱堆高机是集装箱运输的专用设备，广泛用于港口、码头、铁路公路中转站及堆场内的集装箱空箱的堆垛和转运，具有堆码层数高、堆垛和搬运速度快、作业效率高、机动灵活、节约场地等特点。市场上有起升高度最高达到 20 m、堆码 9 层、门架高度 13 m 的空箱堆高机。集装箱堆高机机动灵活，性能可靠，可一机多用，既可做水平运输，又可做堆场堆码、装卸搬运、拆装箱作业，造价低，使用维修方便。堆高机的装运对象通常为空集装箱，额定起重质量通常在 8 ~ 10 t，一般只用于空集装箱的堆垛、码放作业。因为其专用属具沿门架垂直升降，因此堆高机只能对外侧的集装箱进行堆垛，无法实现跨箱作业。

2. 主要性能参数

（1）整机重量。
（2）提升重量。
（3）提升高度。
（4）速度：提升速度、下降速度、前进速度、后退速度。
（5）最大牵引力。
（6）最小转弯半径。
（7）门架倾角。
（8）堆垛箱高。

3. 基本构造

集装箱空箱堆高机主要由动力传动系统、转向系统、车架系统、门架系统、吊具系统、驾驶室和操作系统、空调系统、电气系统以及液压系统等部分组成。堆高机工作时，吊具锁销锁住集装箱，举升液压缸伸缩并带动链条使集装箱沿门架上、下移动；倾斜液压缸的伸缩实现门架前倾、后仰；柴油机输出动力经行走传动系统驱动整车行走，从而实现集装箱的搬运和堆码作业。集装箱空箱堆高机如图 4-23 所示。

门架系统动作原理：使门架之间进行相对升降动作的动力机构是升降液压缸，升降液压缸下端固定在外门架下端外部的位置上，升降液压缸的上端安装有链轮，可沿外门架的外部滑道上下运动。起升链条经过链轮，一端固定在外门架的外部，另一端固定在内门架下端的外部。液压缸起升时，通过起升链条带动内门架以两倍于液压缸的起升速度上升，在内门架顶端的内部也安装有链轮，起升链条经过链轮，一端安装在外门架的上端内部，另一端安装在集装箱专用吊具上，通过起升链条的运动，集装箱专用吊具将以两倍的内门架起升速度或 4 倍的液压缸起升速度上升。倾斜液压缸作用在堆高机的门架上，通过使门架进行一定角度的前倾或后仰动作，以满足集装箱作业的需要。

堆高机属于场内专用机动车辆类别下的机动工业车辆，是一种配备有集装箱专用属具的内燃平衡重式叉车，堆高机操作人员应持有叉车司机类别的特种设备作业人员证。

图 4-23　集装箱空箱堆高机

堆高机的起升装置主要由内门架、外门架、升降缸、倾斜缸、集装箱专用属具等部件组成，具有与叉车相似的内、外门架是堆高机的一个显著特征。堆高机通过控制内、外门架之间的升降缸使内门架升降，利用倾斜缸的动作使门架在一定角度范围内前倾或后仰，以完成集装箱对接及码放。

集装箱堆高机专用属具：当专用属具通过导向角板与集装箱对齐时，旋锁装置即插入集装箱角孔内，旋转 90°后就可以锁紧集装箱进行吊运。专用属具通过旋转铰接装置悬挂在起重臂前端，利用转位缸推动专用属具沿旋转铰接装置芯轴左、右转动一定角度，从而提高了正面吊作业时的工作效率。

堆高机装运集装箱的专用属具由承载横梁和伸缩梁构成。装运时专用属具位于集装箱侧面，伸缩梁可在伸缩缸的驱动下横向伸缩。该专用属具通常只有 2 个旋锁装置，分别位于伸缩梁的两端。专用属具的承载横梁不具备旋转调整功能，无法进行水平面内的旋转定位，只能依靠堆高机整机进退和转向调整集装箱位置、完成集装箱对接及堆高作业。

4. 集装箱空箱堆高机的检修与保养

堆高机的维护检查主要依据《集装箱空箱堆高机》（GB/T 26945—2011）和《工业车辆安全要求和验证第 1 部分：自行式工业车辆》（GB 10827.1—2014）的要求进行。

（1）动力系统：堆高机的发动机连接部位检查应无松动、脱落、损坏；发动机应能正常启动、熄火，运转平稳可靠，怠速运行稳定；点火系、燃料系、润滑系、冷却系的机件应齐全，无缺损；性能正常，安装牢固，无松动现象；电气线路无漏电，工作管路无漏油、漏水、漏气现象。

（2）传动系统：传动系统各零部件要求运转平稳可靠，运行中无异响、振抖现象；操纵离合器动作时，应能够分离彻底、接合平稳、不允许出现异常打滑现象；变速器的变速杆位置应适当，自锁、互锁功能可靠，不应有乱挡、自行跳挡和滞排现象；动力换档应平稳滑顺，无冲击现象。检查时应注意，对于液力传动的堆高机，只有处于变速器空挡位置时，发动机才能启动；对于液压传动的堆高机，只有处于制动状态时，发动机才能启动。

（3）行驶系统：堆高机车架和前后桥不应有明显的变形、裂纹等现象；同一车轴上安装的轮胎规格应相同，充气轮胎的胎冠上花纹的纹路应一致；充气轮胎胎冠上的花纹深度，对于转向轮不应小于 3.2 mm，对于其余轮胎不应小于 1.6 mm；堆高机轮胎的胎面和胎壁应进行重点检查，不应有深度足以暴露出轮胎的帘布层或者长度超过 25 mm 的割伤或破裂；堆高机如果使用实心轮胎，则实芯轮胎不应有影响使用的脱层和滑圈。

（4）转向系统：堆高机在转向操作时，作用在方向盘上的手操作力应为 8 ~ 20 N；向左和向右转向时，作用在方向盘上的力相差不应大于 5 N；操作堆高机原地转向时，方向盘上的操纵力不应大于 25 N；检查转向机构是否有漏油、缺油现象，固定托架应安装牢固，转向零部件应无裂纹、变形，活动连接之间的配合应适度，助力器结构应完整、动作性能良好；堆高机以最大速度直线行驶时，不应有明显的蛇行现象。

（5）行车制动系统：重点检查堆高机的行车制动装置功能是否可靠有效。操作堆高机在平坦、坚实且与轮胎附着系数不小于 0.7 的路面上，在将行驶速度调整到规定的测试初速度时急踩制动踏板，可使用制动性能测试仪或者采用拖痕法进行测量。检验时发动机应与传动系统分离，对采用自动变速器的堆高机，其变速器换挡装置应位于驱动挡。

（6）驻车制动系统：堆高机的驻车制动应通过纯机械装置的动作，进行工作部件的锁止，操作人员在操纵装置上施加的力，手操纵和脚操纵时分别不应大于 600 N 和 700 N。同时，应检查驻车制动未脱离制动位置前不能进行挂挡的保护装置是否有效。

（7）液压系统：液压系统各功能元件应齐全，连接应可靠，管路与其他运动机件不应相互干涉；液压系统应有良好的密封性能，作业时，固定接口不应有渗油，运动接口不应有漏油，各部位不应有泄漏现象；液压系统应装备有防止过载的安全阀。

（8）工作装置：堆高机门架应设有防止集装箱专用吊具升到最高位时脱出的限位装置；集装箱专用吊具应装有转锁到位保护装置，只有当两个转锁（开、闭锁）到位后才能起吊；吊起集装箱后，集装箱专用吊具不能伸缩、转锁不能转动，该装置动作时应有灯光警示信号；门架倾角的自然变化量在前 10 min 不应大于 0.5°，集装箱专用吊具自然下滑量在前 10 min 不应大于 200 mm。

（9）安全装置：检查堆高机配备的发动机冷却水温度、机油压力、转速的显示或报警装置功能是否有效；堆高机应设置倒车报警装置，倒车时，报警装置应能发出清晰的报警音响信号和闪烁的灯光信号；堆高机应设置燃油箱保护装置，用单独的封罩或挡板将燃油箱和加油装置与电气、废气排放系统隔离；检查堆高机设置的紧急停止开关是否有效，该开关在紧急情况下能使门架和集装箱专用吊具停止动作。

五、轮胎式集装箱门式起重机

1. 概述

轮胎式集装箱门式起重机，通常称为场桥，是集装箱货物进行堆码作业的专用机械。场桥用配有能起吊 20 in、40 in 集装箱的伸缩吊具。场桥的吊具，多采用固定式导板。为减少吊具的摇摆，装有机械减摇装置。为了对箱方便，装有吊具小角度回转装置，为了能转换场地作业，设有 00 ~ 900 的直角转向机构。一般情况下，场桥跨距已标准化为 23.47 m（六行加走道），也可供应非标跨距的场桥。起升高度可保证起吊一个长 40 in 高 9′6″的集装箱，越过四层（或五到六层）堆箱。

按驱动方式轮胎式集装箱门式起重机可分为柴油机-电动方式和柴油机-液压方式。柴油机-电动方式是由柴油机带动直流发电机，直流发电机带动直流电动机，再驱动各个机构。近年来，开始采用交流变频调速系统，交流鼠笼电动机驱动方式，由于电动机简单，维护方便，受到用户欢迎。柴油机-液压方式是由柴油机带动液压泵，由液压泵带动液压马达，再驱动各个机构，该方式加速性能好，动力装置重量较轻，但系统容易产生漏油，维修保养较复杂，使用较少。场桥的外观如图 4-24 所示。

图 4-24　场桥

2. 基本构造

（1）金属结构。

轮胎式集装箱门式起重机的主体结构由主梁、门腿和鞍梁等组成，各构件之间采用焊接连接或法兰连接。

① 主梁。主梁为起重机的主要受力构件，采用简形结构，小车行走轨道铺设在两根主梁上，其转设位置有两种形式，一种是铺设在主实者面的中心位置，通常称为正的箱梁；另一种是铺设在上翼缘板边缘一腹板上，被称为偏轨箱形梁布置。

② 门腿。门腿一般采用箱形变截面结构。门腿平面内侧一股为平面，腿内空间大一些，有利于布置电气房和动力房。二支腿间一般采用连杆连接，以保证两主梁之间的尺寸和增加侧向刚性。

③ 鞍梁。鞍梁一般采用等截面箱形结构，与大车采用销轴连接，连接耳板采用厚板结构。为承受侧向力在鞍梁与车轮平衡梁间加有抗剪块。

（2）大车运行机构。

大车行走机构安装在鞍梁下方。驱动形式为对角驱动，即在起重机的对角方向有两台电机，通过联轴节与减速箱相连，通过驱动链带动大车驱动轮运行，以实现起重机的移动。此外，场桥还配有四个顶升油缸，用于更换轮胎及转场时减小轮胎与地面间的摩擦阻力。大车运行机构共有四套，两套为从动，两套为驱动，一般为对角驱动，也有四角驱动的形式。大车运行机构由车轮组、传动机构、车架和平衡梁、转向系统、安全防护装置等组成。

① 车轮结构。车轮组由轮胎、轮辑、车轮轴和两个轴承座组成，轮胎为常采用 18.00 ~ 25

工程轮胎，28～40 层级。轮胎分有内胎和无内胎的两种，无内胎轮胎由于减少了内外胎的磨擦，散热好，寿命长，因而应用较多。

② 传动机构：一般采用立式电动机，通过减速器、链轮、传动链条，带动主动轮轴上的大链轮驱动车轮。驱动部分设调整装置，用来调整链条张紧度。

③ 车架和平衡梁。车架为鞍形结构，与平衡梁通过转轴连接，转轴下部安装推力轴承以承受轮压，上部采用推力轴承，部分采用球面滚子轴承。

④ 转向系统。起重机一般采用 90°直角转向，在堆场两头转向处，铺设有转向钢板，以减少转向时车轮的变形和磨损。近年部分设计采用转向辅助顶升装置，转向时将车轮顶起，减少转向阻力和轮胎变形，转正后再将车轮放正。

⑤ 其他装置：主要有保护车轮的护罩，轮胎抗大风吹动的斜楔块，大车跑偏防碰撞开关等。

⑥ 直线行走。由于路面状况、轮胎漏气情况、载荷不均匀分布等使起重机行驶走偏或产生蛇行，从而导致发生碰箱事故。大车运行时，司机应随时注意车轮是否偏离堆场上所划出的行走线，如发现偏离，即在司机室内操作控制手柄，调整两侧运行电动机速度实行纠偏。

起重机保持直线行走的自动控制装置有较多形式。一种是在地下埋设感应电缆，由发讯器作为地面信号源向感应电缆提供恒定的低频电源信号。车上的检测器可检测出起重机行走路线的偏移，轨迹控制装置可以把位置偏差信号变成方向控制信号转而控制电动机转速而达到纠偏。由于该方法需土建施工，以及易受路面不平、电磁干扰而不稳定，现已较少采用。另一种方法是在地面涂特种油漆，起重机上摄像机摄取信号，进行自动纠偏。此外还有红外线、陀螺仪等纠偏方法。

（3）小车运行机构。

小车运行机构主要由电动机、制动器、减速箱、传动轴、水平轮和保护装置等组成。由电动机通过联轴节驱动减速箱，通过传动轴带动小车的驱动轮，使小车在大梁轨道上移动。在小车侧面安装有多个小车位置限位开关，当小车行走时，主梁上的挡块触及到限位开关后，就会使小车减速直至停止。在大梁和小车的末端还安装了橡胶缓冲器作为小车的机械式止动器。小车行走机构与起升机构的制动器、减速器基本原理相同，因负载装置不同，所以主要区别在于功率和制动强度。水平轮的设置是为了保证小车沿小车轨道运行而采取的强制性手段。

小车驱动分为齿条驱动式和车轮驱动式。

① 车轮驱动式。车轮借摩擦力驱动，传动平稳，但在起、制动过猛或雨天时会出现打滑现象，采用四轮全驱动的小车，基本消除了打滑现象。传动系统为电动机带动减速器，减速器输出端经过浮动轴驱动两端车轮。

② 齿条驱动式。电动机通过减速器带动左、右两根长轴，长轴上悬臂齿轮与两侧齿条啮合转动。每段齿条通过垫块焊于大梁上，齿条转动可靠，不会打滑，行走定位准确。但起、制动有些冲击，且齿条安装要求较高，须保证全行程啮合良好。

③ 导向装置。小车导向方式分两种：一种为双轮缘导向，另一种为一侧轨道的两侧布置水平轮，水平轮导向防止产生啃轨现象，提高工作可靠性。

④ 其他装置：小车终点前设减速限位开关，终点设停止限位和紧停限位。不工作时，小车用锚定装置锚定。锚定装置有锚定销和螺杆等多种形式。

（4）起升机构。

起升机构包括电机、联轴节、减速箱、卷筒、制动器、超速保护装置和限位装置等。当场桥吊运集装箱时，电动机通过弹性联轴节驱动减速器，由减速器通过低速齿形联轴节驱动卷筒，收放吊具上的钢丝绳，实现吊具上升、下降运行。作为起重机械，起升机构能根据起升负荷大小自动调节升降速度，该机构配有超负荷保护装置，超速保护装置等，能确保起重机工作安全和高效率。起升卷筒配备了转动式的限位开关和超速开关。转动式的限位开关控制开始减低起升速度的高度以及正常的极限高度。

起升机构有两种布置形式，一种为平行式布置，另一种为垂直式布置。

① 平行式布置：结构简单，为防止电动机底座与钢丝绳相碰，将电动机底座抬高，减速器倾斜布置。制动器布置在电动机侧，结构紧凑，如制动器设在减速器另一侧时调整维护较方便。

② 垂直式布置：结构紧凑，但减速器要有一副螺旋伞，制造困难些。

③ 减速器支承一般采用底座式，部分产品采用三点支承式减速器，受力明确，结构轻巧。

④ 其他装置：在卷筒一端出轴有小齿轮（或小链轮）带动行程限位装置。高速端电动机另一出轴装有一脉冲编码器和测速发电机，为自动控制系统提供反馈信号。

（5）柴油发电机系统。

柴油发电机系统一般布置在底梁上，主要由柴油发电机组、附属装置和机房等组成。柴油发电机系统的附属装置有主油箱、副油箱、充电器、蓄电池、副水箱、避震器、消声器、排气管、油水接盘等。高置副油箱的设置可使柴油机供油充分，减少了吸油阻力. 为此，副油箱上须设从主油箱吸油的吸油泵，并通过液位控制开关自动进行。

（6）司机室。

司机室一般悬挂在行走小车的底架下部。司机室前部和前下部均为玻璃，可以获取良好的视野。背部通常采用大玻璃，可以观察邻近通道上起重机作业情况。下部地窗需装有安全格栅，格栅布置成中间纵向，两侧横向方式视野较好。中间座椅前后高低均可调节，设有空调、电话等附加装置。电气仪表盘一般在正上方，吊箱、上锁指示灯一般在中间格栅前。

（7）防风锚定装置。

场桥防风锚定装置主要组成部分分为大车行走部分和小车行走部分。大车行走部分由防风锁具、防风钢丝绳、防风楔块组成，小车行走部分由防风拉杆（或插销）组成。

3. 主要性能参数

（1）额定起重量：吊具下允许起吊货物的最大重量。

（2）堆码集装箱层数。

（3）通过集装箱层数。

（4）起升高度：指吊具起升至最高点时，吊具底部（即旋锁方箱底板）至地面的垂直距离。

（5）跨距：指场桥两侧轮胎中心线之间的距离。

（6）外伸距。

（7）基距。

（8）最大轮压。

（9）小车运行距离。

（10）起升速度（额定载荷时、仅空吊具时）。

额定起升（下降）速度：指吊具吊额定载荷的集装箱，在起升卷筒的牵引下集装箱的起升或下降的线速度。

空载起升（下降）速度：指空吊具在起升卷筒的牵引下，吊具起升或下降的线速度；

（11）小车运行速度（满载/空载）：指吊具带额定载荷，小车逆风运行的最高稳定线速度。

（12）大车运行速度（满载/空载）：小车额载时，大车逆风运行的最大稳定线速度。

（13）起重机最大宽度。

（14）起重机最大长度。

（15）起重机最大高度。

4. 检修与保养

轮胎式集装箱门式起重机在使用过程中，需要定期进行各项检查，以保证设备的正常运转和安全使用。主要包括以下方面：

（1）检查钢丝绳：检查钢丝绳的损伤情况，如断丝、变形等，必要时应更换。

（2）检查液压系统：检查液压系统的油位和油品质量，注意及时更换污浊的液压油。

（3）检查电气系统：检查各电气元器件是否正常，设备接地是否可靠，接线是否松动等。

（4）润滑保养。

对于轮胎式集装箱门式起重机来说，进行润滑保养非常重要，可以有效减少设备磨损，延长使用寿命。主要润滑部位包括：

① 齿轮：定期添加润滑油，减小运转时噪声。

② 钢丝绳：定期对钢丝绳进行润滑，减少磨损。

③ 铰链：定期对铰链进行润滑，减少磨损。

（5）防腐防锈。

轮胎式集装箱门式起重机在使用过程中容易受到环境的影响，特别是在潮湿环境下容易出现腐蚀、生锈等问题。为了保证设备的寿命，需要做好防腐防锈工作。主要包括：

① 涂层处理：对于易受到腐蚀的部位，应采用特殊涂层进行防护。

② 保养油漆层：定期对设备表面油漆层进行保养，避免长时间暴露在潮湿环境中导致腐蚀。

六、履带起重机

1. 概述

履带起重机是指具有履带行走装置的全回转臂架式起重机，又称履带吊，是一种高层建筑施工用的自行式起重机。履带起重机由安装在起重机上部回转部分的起重臂架、转盘、人字架等金属结构，起升、回转和变幅工作机构，和动力装置以及安装在下部不回转部分上的运行机构等组成。起重机的回转与不回转部分之间通过回转支承装置连接。起重机的起重臂由一个头部架、若干个中间臂架节和一个尾部架组成，采用桁架结构。通过增减若干个中间臂架节可以改变臂架的长度。起重臂通过变幅卷筒和滑轮组驱动进行变幅。由于具有起重量大、可带载行走、接地比压小、作业灵活等优势，作为工程起重机的一个重要门类，被广泛地应用于大型场馆建设、桥梁、地铁、造船、风电、火电、石化等方面，一直是工程吊装施工中不可替代的起重机械。可进行挖土、打桩等多种作业。履带式起重机按传动方式不同可分为机械式、液压式和电动式三种，目前常用的是液压式。

履带起重机的优点是操纵灵活，使用方便，有较大的起重能力，本身能回转 360 度，在平坦坚实的地面上能负荷行驶。由于履带的作用，可在松软、泥泞的地面上作业，且可以在崎坦不平的场地行驶。在装配式结构施工中，特别是单层工业厂房结构安装中，履带式起重机得到了广泛的使用。更换工作装置后可成为挖土机或打桩机，是一种多功能机械。这种起重机的缺点是稳定性较差，不应超负荷吊装，行驶速度慢且履带易损坏路面，转移时多用平板拖车装运机行走速度慢。

2. 结构组成

（1）上车回转部分：

上车回转机构为装在底盘上的转盘，使机身可回转 360°，安装有起升卷扬机构、变幅卷扬机构、回转减速机构、操作室、卷扬制动装置。

（2）起重臂：

用来支撑起升钢丝绳、滑轮组的钢结构，属于析架式结构，优点是重量轻，强度高。不足之处是对负载变化敏感，负载过大时会发生桁架变形。

（3）下车行走部分：

起重机的底盘，使其能灵活行走，结构组成包括履带、驱动轮、引导轮、支重轮、拖带轮、履带张紧装置、驱动马达、行走减速箱、履带伸缩油缸等。

（4）回转支承部分：

安装在下车底盘上，用来支承上车回转部分，包括回转滚动轴承及固定回转支承的机架。

（5）动力装置：

为起重机提供驱动力，主要是四冲程柴油发动机驱动液压油泵，将机械能转化为液压能。液压马达和液压油缸为执行机构。

（6）配重：

安装在起重机回转平台尾部，确保起重机工作平稳在起重机运输过程中可拆卸。

（7）液压传动部分：

主要有液压泵、液压马达、液压油缸、控制阀、液压管路、液压油箱等。液压泵把发动机输出的机械能转变为液压能，液压管路传递液压能。控制阀控制液压油的压力、流量、方向，液压马达及油缸是执行机构。

（8）控制装置：

用来控制和操纵起重机的各工作机构，实现起重机作业的各种动作。主要有操纵杆、控制阀、按钮、开关等。

（9）工作机构：

实现起重机作业的各种动作的机构。主要有回转机构、起升机构、变幅机构。回转机构实现重物在水平平面内移动，起升机构实现重物在垂直方向上下移动，变幅机构实现重物在垂直平面内移动。

（10）安全装置：

用于保证履带起重机安全工作。主要有起升限位装置、力矩限制器、吊臂角度指示仪、吊臂防后倾保护装置、卷扬机棘爪和制动器、回转制动器等等。

3. 主要性能参数

履带式起重机的主要量程有起重量或起重力矩这两大类。选用时主要取决于起重量、工作半径和起吊高度，常称“起重的三要素”，起重的三要素之间，存在着相互制约的关系。其技术性能的表达方式，通常采用起重性能曲线图或起重性能对应数字表等相关的数据表示。履带式起重机是一种具有履带行走装置的全回转起重机，它利用两条面积较大的履带着地行走，由行走装置、回转机构、机身及起重臂等部分组成，履带式起重机的主要技术性能包括三个主要参数：起重量、起重半径、起重高度。在允许范围内，起重量越重，则起重半径越小；起重高度越高，则起重半径越小。

（1）最大额定起重量。

履带式起重机起重量一般不包括吊钩的重量。可以把包括吊钩重量在内的起重量称为总起重量。履带式起重机起重量是随吊臂伸缩、俯仰而变化，因此起重量是由吊臂强度和整机稳定性所决定。起重机的额定起重量总比临界起重量小。所谓临界起重量，是指当起重机吊起重物后处在稳定和倾翻的临界状态时的重量。

（2）最大起重力矩。

履带起重机允许的起重量载荷与相应工作幅度乘积的最大值。

（3）工作幅度和有效幅度。

工作幅度就是从转台中到吊物的水平距离，也就是我们所说的能送多远。

工作幅度是指在额定起重量下，起重机回转中心轴线到吊钩中心线的水平距离，通常称为回转半径或工作半径。工作幅度表示起重机不移位时的工作范围，它包括最大幅度和最小幅度两个参数。对于俯仰变幅的起重臂，当处于接近水平的水平夹角为130°时，从起重机回转中心轴线到吊钩中心线的水平距离最大，为最大幅度；当起重臂仰到最大角度，回转中心轴线到吊钩中心线距离最小，为最小幅度。有效幅度不宜规定过大，因为有效幅度大，意味着最大起重量时的工作幅度也大，吊臂受的力也大。这样一来吊臂自重就要增大，使大幅度时的起重量急剧下降，恶化了起重性能。

（4）臂架长度：① 主臂长度；② 副臂长度。

（5）速度：① 主（副）卷扬绳速；② 主变幅卷扬绳速；③ 副变幅卷扬绳速；④ 回转速度；⑤ 行走速度；⑥ 爬坡能力。

（6）变幅角度：① 主臂变幅角；② 副臂工作角度。

4. 检修与保养

（1）定期检查。

① 润滑系统：应定期检查润滑系统的油位和油质，确保油液清洁无杂质，并定期更换润滑油和过滤器。

② 电气系统：应定期检查电气系统的电缆、接线和开关等部分，防止因电气故障影响使用和安全。

③ 液压系统：应定期检查液压系统的油位和油质，并清洗液压滤芯，防止液压系统出现故障。

④ 制动系统：应定期检查制动系统的制动片和制动鼓的磨损情况，确保制动系统正常可靠。

⑤ 钢丝绳：应定期检查钢丝绳的张紧度和磨损情况，确保钢丝绳的使用安全可靠。

（2）日常保养。

① 润滑系统：应每日对润滑系统进行检查，及时补充润滑油，确保设备的润滑。

② 电气系统：应每日对电气系统进行检查，确保电缆、接线和开关等部分无损伤和故障。

③ 液压系统：应每日检查液压系统的油位和油质，确保设备的稳定运行和液压系统的正常工作。

④ 制动系统：应每日检查制动系统的制动片和制动鼓的磨损情况，及时更换磨损严重的部分。

⑤ 钢丝绳：应每日检查钢丝绳的使用情况，确保其安全可靠。

（3）注意事项。

① 对于履带起重机的定期检查和日常保养，应由具有相应资质的专业人员进行。

② 在进行履带起重机的检查和维护时，应注意安全，并遵守有关的安全操作规程和标准。

③ 在使用履带起重机前，应进行必要的检查和维护，确保设备正常运行，防止出现故障和危险。

④ 对于履带起重机的维护和保养，应按照设备的使用说明书和维护手册进行，以免对设备造成损坏和影响其使用寿命。

⑤ 在日常保养中，应及时发现和排除设备的故障和异常情况，确保设备顺利运行。

实训任务　港口起重机模拟操作

一、启动训练平台

在确保训练平台电源已接通的情况下，先打开投影仪，然后打开训练平台电源开关，这时训练平台会开始运行，电源指示灯会亮起。训练平台运行后会进入 Windows 系统，然后自动启动模拟训练程序。

模拟训练程序启动后，会自动连接服务器，并初始化硬件设备。

利用岸边集装箱起重机模拟器进行如下操作训练。

当服务器连接正常并且成功初始化硬件设备后，程序会进入如下图的等待服务器指令画面，如图 4-25 所示。

图 4-25　训练平台起始页面

二、实训项目

1. 场桥集装箱起重机操作训练（图 4-26）

（1）操作台按钮说明。

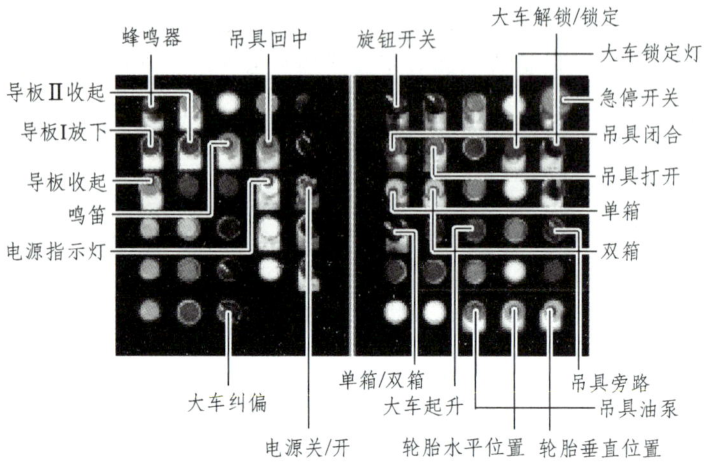

图 4-26　场桥集装箱操作界面

① 操作手柄。

左手前后为小车运行前后控制；左手左右为吊具左转右转；

右手前后为吊具下降和起升控制；右手左右为大车左右运行控制。

② 电源开关钥匙。

电源开关钥匙用来开启和关闭起重机的总电源，当电源开启时，电源指示灯会亮起。

③ 紧急制动按钮。

紧急制动按钮被按下就可以让起重机紧急停止。

④ 导板Ⅰ放下、导板Ⅱ放下按钮。

按下放下导板按钮，会放下吊具上的导向板。

⑤ 收起导板按钮。

按下收起导板按钮，会收起吊具上的导向板。

⑥ 大车锁定开关。

大车锁定开关用来控制大车的锁定状态，当大车处于锁定状态时，大车锁定指示灯会亮起。

⑦ 旋钮开关。

此开关用来切换吊具对集装箱的锁定状态。

⑧ 吊具闭合。

当吊具不是 20 尺时，按下按钮可以将吊具切换成 20 尺状态，并且按钮灯会亮起。

⑨ 吊具打开。

当吊具不是 40 尺时，按下按钮可以将吊具切换成 40 尺状态，并且按钮灯会亮起。

⑩ 单双箱状态切换开关。

此开关用来切换吊具的单双箱状态，同时相应的状态指示灯会亮起。

（2）抓放集装箱。

① 对箱。通过使用操作手柄调整大车、小车的位置将吊具对齐到要运载的集装箱的正上方，然后使用操作手柄控制吊具下降来接近集装箱。

② 着箱。当吊具置于集装箱上并且进入服务器端设置的着箱范围时，吊具会自动着箱并且黄色的着箱指示灯会亮起，如图 4-27 所示。

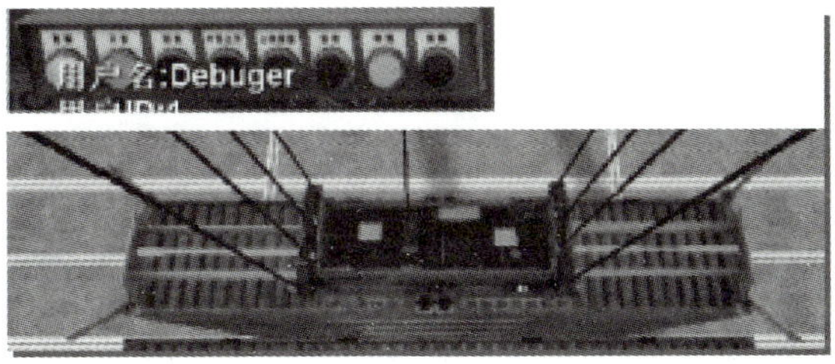

图 4-27　着箱操作

③ 锁箱。当吊具进入着箱状态以后旋转控制台上的开闭锁开关，可以锁定当前吊具正下方的集装箱，此时红色的锁箱指示灯会亮起，同时绿色的空载指示灯会熄灭，如图 4-28 所示。

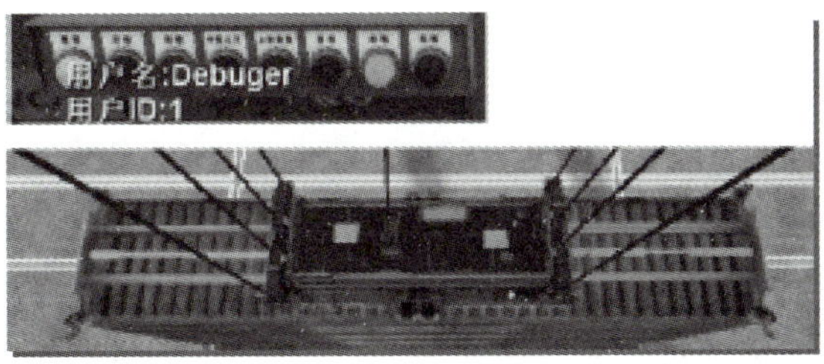

图 4-28　锁箱操作

④ 起升。通过使用操作手柄来起升吊具，这时被锁定的集装箱会被吊起。

2. 岸边集装箱起重机操作训练

（1）操作台按钮说明，如图 4-29 所示。

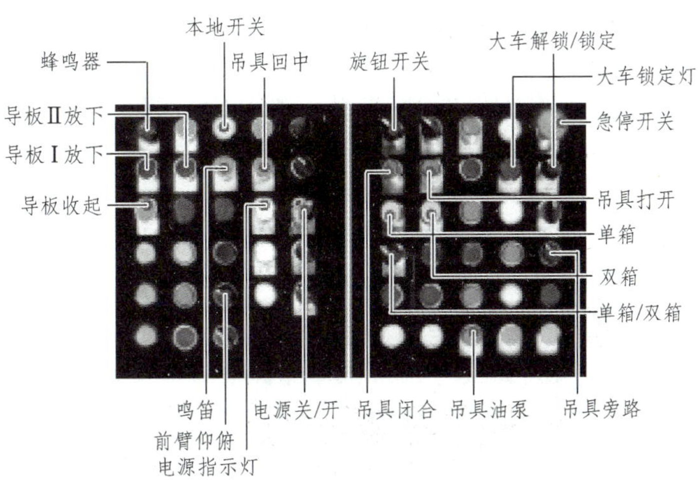

图 4-29　岸边集装箱操作界面

① 操作手柄。左手前后为小车运行前后控制；右手前后为吊具下降和起升控制；右手左右为大车左右运行控制。

② 电源开关钥匙。电源开关钥匙用来开启和关闭起重机的总电源，当电源开启时，电源指示灯会亮起。

③ 紧急制动按钮。紧急制动按钮被按下就可以让起重机紧急停止。

④ 放下导板按钮。按下放下导板按钮，会放下吊具上的导向板。

⑤ 收起导板按钮。按下收起导板按钮，会收起吊具上的导向板。

⑥ 大车锁定开关。大车锁定开关用来控制大车的锁定状态，当大车处于锁定状态时，大车锁定指示灯会亮起。

⑦ 开闭锁按钮。此开关用来切换吊具对集装箱的锁定状态。

⑧ 吊具闭合。当吊具不是 20 尺时，按下按钮可以将吊具切换成 20 尺状态，并且按钮灯会亮起。

⑨ 吊具打开。当吊具不是 40 尺时，按下按钮可以将吊具切换成 40 尺状态，并且按钮灯会亮起。

⑩ 单双箱状态切换开关。此开关用来切换吊具的单双箱状态，同时相应的状态指示灯会亮起。

（2）抓放集装箱。

① 对箱。通过使用操作手柄调整大车，小车的位置将吊具对齐到要运载的集装箱的正上方，然后使用操作手柄控制吊具下降来接近集装箱。

② 着箱。当吊具置于集装箱上并且进入服务器端设置的着箱范围时，吊具会自动着箱并且黄色的着箱指示灯会亮起，如图 4-30 所示。

③ 锁箱。当吊具进入着箱状态以后旋转控制台上的开闭锁开关，可以锁定当前吊具正下方的集装箱，此时红色的锁箱指示灯会亮起，同时绿色的空载指示灯会熄灭，如图 4-31 所示。

④ 起升。通过使用操作手柄来起升吊具，这时被锁定的集装箱会被吊起。

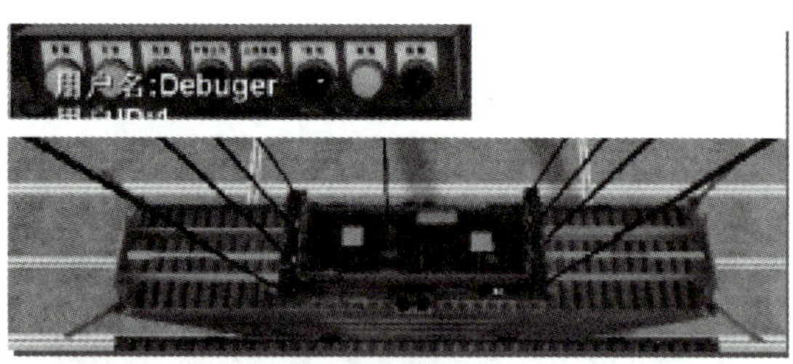

图 4-30　着箱操作

图 4-31　锁箱操作

训练数据记录

场桥集装箱起重机模拟训练数据		
时间记录	训练开始时间	
	已训练时间	
装卸记录	MOVE	
	着箱次数（次）	
	装卸效率（分钟/MOVE）	
	超出范围（次）	
轻微碰撞记录	顶部轻微碰撞次数（次）	
	旁侧轻微碰撞次数（次）	
严重碰撞记录	顶部轻微碰撞次数（次）	
	旁侧轻微碰撞次数（次）	
岸边集装箱起重机模拟训练数据		
时间记录	训练开始时间	
	已训练时间	
装卸记录	MOVE	
	着箱次数（次）	
	装卸效率（分钟/MOVE）	
	超出范围（次）	
轻微碰撞记录	顶部轻微碰撞次数（次）	
	旁侧轻微碰撞次数（次）	
严重碰撞记录	顶部轻微碰撞次数（次）	
	旁侧轻微碰撞次数（次）	

项目五 港口起重机械安全

项目导入 港口无小事

2022 年 10 月某日，某港西岸 20 号码头发生了一起严重事故：一艘货船在靠泊时撞上了码头的桥式起重机，导致起重机倒塌。幸运的是事故未造成人员伤亡，但经济损失很大。造成事故的主要原因是船舶在靠泊过程中未能准确控制船位和速度，导致与码头设施发生碰撞；码头在船舶靠泊期间缺乏有效的监控和预警机制，未能及时发现并纠正船舶的异常操作；桥式起重机在设计和安装时，未充分考虑到船舶碰撞的风险，缺乏必要的防护措施。

港口作为海上运输和陆地物流的交汇点，其安全管理至关重要。此次事故暴露了在船舶操作、港口监控以及设备防护等方面的不足。港口运营方和相关企业应以此为鉴，强化安全意识，完善管理制度，确保港口作业的安全与高效。

思政案例 安全意识不容松懈

2015 年 8 月，天津港瑞海国际物流有限公司危险品仓库发生特别重大火灾爆炸事故。

事发当日，瑞海公司危险品仓库里一共储存了 7 大类、111 种、11 300 多吨危险货物，其中包括 800 吨硝酸铵、680 吨氰化钠以及 290 吨硝化棉类货物。硝酸铵属于危险性极高的物质。调查表明，事故直接原因是集装箱内硝化棉由于湿润剂散失出现局部干燥，在高温（天气）等因素的作用下加速分解放热，积热自燃；引起相邻集装箱内硝化棉和其他危险化学品长时间大面积燃烧，导致堆放于运抵区的硝酸铵等危险品发生爆炸。

由此我们可以发现安全生产工作中如果存在问题会出现很大的事故。我们在工作中要认真落实“三严三实”指导思想，强化“安全生产第一”的意识，严格实施，严格检查，严格处理。不可出现麻痹思想，时刻保持一种高度的敏感性和深入的洞察力。树立“细节决定成败”的理念，正确认知“生产必须安全，安全促进生产”的辩证关系。

知识目标　认识港口起重机械安全

事故发生是随机事件，很难预测。但事故也有它的规律，掌握了事故规律就有可能控制和预防事故。安全的对立面不是事故，而是风险。建立安全理念，培养安全意识，才能落实“安全第一”的方针。

知识储备

事故与安全

港口起重机械安全特点

5.1　事故与安全概述

一、事故

事故的发生是危险源和危险因素共同作用的结果，其定义是指个人（或集体）在进行有目的的活动过程中，突然发生的、违背人意愿的，并使活动停止，同时可能导致人员伤（病）亡、物品损失（破坏）以及危害环境的意外事件。事故也可以更加全面地定义为：“是一项主观上不愿意出现、导致人员伤亡、健康损失、环境及商业机会损失的不期望事件”。

1. 事故的特点

事故如同所有事物一样具有自身的特性，我们只有充分了解事故的特性，才能更好地预防事故发生并减少事故损失。事故具有以下几个特点：

（1）偶然性，反映事故的随机性，其容易引起人的侥幸心理而产生忽视行为，但必然性表明人的任何侥幸心理都可能导致严重的事故和后果。

（2）因果性，反映事故与危险源及危险因素的内在联系并表现为事故的某些规律性，从而成为人类研究事故规律的前提条件，并使人们预防和控制同类事故成为可能。

（3）潜隐性，造成人类容易忽视危险源和危险因素的存在，从而引发事故的主要原因。

（4）突发性，会突然打破表面“正常”而使人进入“惊慌失措”的状态，从而导致事故扩大化，健全安全管理及应急制度是预防事故的主要措施。

（5）复杂性，反映了事故内外相联、错综复杂的本质，是安全工作中遇到的最大难题，说明了安全工作的长期性、艰巨性和复杂性。

2. 事故发生的三个阶段

事故是一个动态过程，有萌发、发展、突发三个阶段，萌发阶段最重要。在萌发阶段，往往会出现许多征兆，如果此时能被仪表显示并为人所感知，就有可能控制其发展而把事故扼杀在萌芽状态。所以，萌发阶段是消除事故的最关键时期。然而约有 30%～40%的事故是由于在萌发阶段没有被发现（没有显示或没有被感知）而导致的。当然，事故发展阶段也不失为发掘事故隐患的重要时机，如能及时采取措施，也能阻止事故的发生。

二、安全

1. 安全的定义

安全，是人类的本能欲望。其泛指没有危险、不出事故的状态。安全的定义是指系统处于能够免除不可接受的损害风险的客观状态，即在人们的生产生活、科学研究等一切活动的过程与结果之中都不发生可能造成人身伤害、物资损失以及生态与环境破坏等不可接受的损害风险的状态。

2. 系统安全概念

安全是指整个系统的安全，不是单指系统中某台机器、某个操作者、或某种环境的安全。

传统安全概念往往把事故原因主要归结为操作人员疏忽大意，操作失误，认为只要提高操作人员的警惕性和技术水平，就可以避免或大大减少事故。这确实抓住了事情的关键。在科学技术不发达的个体手工劳动中尤其如此。但在工业生产日趋复杂化、技术化的今天，情况就不完全如此了。现代生产系统中导致事故发生的原因不但与系统中人、机、环境本身的特性密切相关，更与人、机、环境之间的匹配情况有关，有时后者甚至起更为重要的作用。如果人机界面不符合人因工程学原则，例如机器运转对操作人员的要求超出了人们的生理、心理限制，那么，即使机器本身是可靠的，操作人员素质也是好的，系统运行时仍然可能发生事故。

3. 安全的对立面是风险，不是事故

把不出事故与安全等同起来是不严格的。安全和风险是系统状态的相互对立的两个方面。安全应该用风险来度量，风险越小越安全，反之，越不安全。风险是一个概率，最简单的表示式是：

$$R=F\times S$$

其中，R——风险；F——事故发生的频率；S——该事故后果的严重程度。

可见，风险大小取决于事故发生频率和事故后果严重程度两个因素。不能只把事故的多少作为衡量安全的标准。不能因为某段时间内（即使是较长一段时间内）没有发生事故，就认为是安全的了。事故发生频率很小但一旦发生后其后果很严重的情况，与后果不很严重但发生频率很高的情况，两者的风险是相当的，都应当引起重视。人们往往关注频率很小而后果严重的事故，而忽视频率高而后果不严重或不显见的异常事件。这是一种概念上的误区，它常常给工业生产带来很大损失。例如，习惯性违章，往往屡纠不止　，就是因为这些违章行为在大多数情况下没有严重后果或其后果不易被认识所致。

4. 系统的风险是动态的

系统中的机械（设备、工具等）的性能由于老化、磨损、更新等因素而变化，有时可因设备老化而增加事故的风险，也可因更新设备和添置防误装置而降低事故的风险。环境在系统运行过程中也可能有变化。操作者生理、心理等变化对系统的影响更大，有时可因人失误而导致事故发生或扩大，有时也可因人及时控制而使事故不发生或不发展。因此，始终把风

险值控制在可接受的水平是安全工作者的任务。

三、生产安全事故

1. 定义

生产安全事故又叫安全事故，是指在生产经营活动中发生意外突发事件，通常会造成人员伤亡或财产损失，使正常的生产经营活动中断。安全生产事故是指在生产经营领域中发生的意外的突发事件，通常会造成人员伤亡或财产损失，使正常的生产、生活活动中断。

2. 分类

一般可以把生产安全事故分为生产安全事故和非生产安全事故。

生产安全事故分为：伤亡事故、设备安全事故、质量安全事故、环境污染事故、职业危害事故、其他安全事故等。

非生产安全事故分为：盗窃事故、人为破坏事故、其他事故等。

按行业分类：建筑工程事故、交通事故、工业事故、农业事故、林业事故、渔业事故、商贸服务业事故、教育安全事故、医药卫生安全事故、食品安全事故、电力安全事故、矿业安全事故、信息安全事故、核安全事故等。

按事故严重程度分类或分级：

（工业生产）一般事故、重大事故、特别重大事故；

（道路交通）轻微事故、一般事故、重大事故、特大事故、特别重大事故；

（水上交通）小事故、一般事故、大事故、重大事故；

（铁路交通）一般事故、险性事故、大事故、重大事故、特别重大事故；

（建设工程）一级、二级、三级、四级事故。

按经济损失大小分类：

一般损失事故：经济损失小于 1 万元的事故；

较大损失事故：经济损失大于 1 万元（含 1 万元）但小于 10 万元的事故；

重大损失事故：经济损失大于 10 万元（含 10 万元）但小于 100 万元的事故；

特大损失事故：经济损失大于 100 万元（含 100 万元）的事故。

按人员伤亡情况分类：轻伤事故、重伤事故、死亡事故和重大死亡事故。

四、港口安全生产管理

港口企业的安全生产就是在生产过程中同时保证人员、设备和货物的安全，是港口正常、高效运作的重要保证。港口设备的安全管理就是港口企业为实现安全生产而实施的对港口设备安全决策、计划、组织、预防、控制、监督和协调的全部职能活动。

1. 港口设备安全管理的任务

港口设备安全管理的主要任务是建立适应港口生产的设备安全管理体制，实施综合管理，预防事故的发生，不断改善和提高设备的安全性能和人员素质，充分发挥设备效能，确保设备安全高效的运行，保护劳动者的安全与健康。促进企业经济效益的不断提高。

2. 港口设备安全管理的主要内容

（1）贯彻执行国家和行业有关安全管理的法律法规，按企业负责、行业管理、国家监察、群众监督、劳动者遵章守纪的原则，建立健全本企业各级港口设备安全管理体制和安全管理监督机构。

（2）坚持安全第一，预防为主的指导思想，制定本企业安全管理各项规章制度，落实各级岗位安全职责，责任到人。

（3）组织港口安全生产检查、分析及评估，督促安全隐患的整改。

（4）开展安全宣传教育活动，组织安全培训教育。

（5）研究推广安全技术。

（6）主持或参与安全事故的调查、分析、处理、上报等工作，做到事故处理“三不放过”。

3. 港口设备安全管理的主要措施

（1）“三级”安全教育，新员工的集团级安全教育、分公司级安全教育、班组级安全教育。

（2）“三同时”，新建设项目、新产品、新工艺、新技术、劳动保护设施与主体工程同时设计审查、同时施工、同时验收投产。

（3）“五同时”，在计划、布置、检查、总结、评比生产工作的时候，同时计划、布置、检查、总结、评比安全工作。

（4）“三不放过”，事故因素没找到不放过，事故责任者和群众没受到教育不放过，没有制定出防范措施不放过。

（5）“六查”，查思想、查制度、查管理、查隐患、查整改、查安全设施。

附：港口设备安全管理

一、制定安全操作规程

港口装卸作业潜伏着许多不安全的因素，因操作失误而引起的各类港口设备事故时有发生，制定港口设备安全操作规程，对专业作业的每个工序、每个操作环节做出具体规定。具体规定对预防事故的发生具有重要意义，制定安全操作规程时，必须符合国家有关劳动保护政策与法规，切合本企业的实际，具有可操作性。

1. 安全操作规程的构成

（1）适用范围：根据港口设备的机型、结构形式、工作环境条件编写相应的操作规程。

（2）主要内容：包括操作前检查、操作方法方式、操作顺序先后、操作过程、注意事项、操作者的职责和权限、交接班前保养、交接班记录等安全操作规程的贯彻执行、培训规程颁布后，对操作人员进行宣讲培训，使其掌握规程的内容和方法。实施操作人员要严格遵守安全操作规程。

（3）检查：有关管理人员检查督促操作人员遵守安全操作规程。根据规程制定相应的考核办法，对遵守者进行奖励，对违反者进行处罚。

2. 特殊装卸作业的安全管理

重大件货物、危险品、军事物资等的装卸作业具有较高的安全风险，均属于特殊装卸作业。其组织实施应当成立专门作业组织，负责特殊装卸作业的实施，解决、协调作业过程中的问题。装卸作业前对作业物品进行认真的调查分析，研究，制定详细的装卸工艺方案、安全措施以及突发事故处置预案。

3. 设备使用的安全培训

（1）“三级”安全教育。

“三级”安全教育是指对新进港职工进行集团（总）公司级教育、分公司级教育和班组级的现场岗位教育。

① 集团（总）公司级教育。由安全技术部门进行安全教育，主要内容：安全生产的重要性，安全生产的方针、政策、法规等；企业生产特点以及安全生产的经验和教训；安全生产的一般规定以及防火、防爆、防机械伤害常识等。

② 分公司级的教育。新职工或企业内部调整岗位的职工，分配到分公司后所进行的安全教育，主要内容有：分公司的生产特点、分公司的安全规章制度、分公司的机械设备状况、危险区域，以及防毒和有害作业的情况，分公司的安全生产情况及预防事故的措施。

③ 班组级现场岗位教育。指新职工或企业内部调动岗位的职工的安全检查教育，主要内容有：本岗位的安全生产状况、工作性质和职责范围；本岗位的安全规章制度和注意事项：本岗位各种工具、器具及安全装置的性能和使用方法；本岗位发生过的事故及教训；本岗位劳动用品的使用和保管方法。

“三级”教育后都必须进行考试，安全技术部门将各级教育的考试成绩记入职工安全教育考核档案备查。

（2）经常性的安全教育。

经常性的安全教育贯穿于生产活动的全过程，通常采用安全会议、分公司大会、班组会、座谈、黑板报、简报、安全活动日、安全考试、安全知识竞赛、事故分析会等多种形式。

① 安全生产知识：国家有关安全生产的法律、法规和标准、规范；本企业的规章制度；本岗位的安全操作规程；防火、防爆知识及消防器材的使用方法；防台风、防潮知识、防台风措施和防台风装置的使用方法；特殊装卸作业（重大件作业、有毒、易燃）的安全操作；《起重吊运指挥信号》（GB 5082—1985）和有关安全标志；港内交通规则。

② 起重安全技术知识：港口设备的构造、性能和工作原理；港口设备电气、液压基本知识。

港口设备主要零部件的原理、结构、调整、维护保养及报废标准；港口设备常见故障的判断与排除；一般货物的重量计算和绑挂知识；起重作业所需的基本力学知识；常用工属具的性能、使用方法、维护保养及报废标准；一般货物的起重吊点选择原则。

（3）安全管理人员安全教育培训。

① 安全管理政策教育：树立“安全第一、预防为主”和“管生产必须管安全”的思想；树立安全工作放在生产经营活动的首位，安全第一的观念；生产必须安全，安全促进生产效益的观念；尊重人、关心人、爱护人的人道主义观念；有法可依、有法必依、执法必严、违法必究的法治观念；解放思想、去旧图新的改革创新观念；树立以身作则、热爱安全工作，

热爱劳动者的高度责任心。

② 安全管理法规教育：学习《中华人民共和国安全生产法》《中华人民共和国劳动法》《国务院关于特大安全事故行政责任追究的规定》《生产安全事故报告和调查处理条例》《女职工劳动保护规定》《违反劳动法行政处罚办法》《关于加强安全生产工作的通知》等法律、法规，依法建立监察体系和确立安全生产管理机制。

③ 安全管理组织教育：劳动保护安全生产责任制和规章制度的建立与监督；安全教育培训与考核；安全技术措施的编制和审查；组织安全检查，监督隐患的整改；安全事故的登记、统计、调查、分析、建档；安全生产奖惩。

④ 安全管理知识教育：在总结传统安全管理的基础上，积极学习和运用国内外先进的安全管理方法和技术，如：全面安全管理（全面安全目标管理，全员安全管理，全生产过程安全管理和全部工作安全管理的综合管理），安全系统工程（运用系统工程的方法，分析、评价、并控制人一机一环境系统可能发生的事故，使系统发生的事故减少到最低限度），人一机工程学（使机器设计符合人的心理、生理特点和环境条件，既提高劳动效率又保证人的安全），安全心理学（以减少安全事故为目的的人的心理活动规律）。

⑤ 港口设备安全使用知识教育：港口设备安全使用的性能、参数，适应范围，安全操作规程；港口设备的安全作业工况和装卸工艺规程；安全保护装置的性能要求；符合港口设备特点的防台风措施；防高温、防冻、防毒、防爆和职业病控制。

二、港口设备的现场安全管理

1. 港口设备安全检查的内容

（1）查思想认识。检查设备操作、维护和管理人员对安全工作的认识，对相关的安全法律制度、安全操作规程、安全维修检验规程等理解、熟悉和贯彻的情况。

（2）查管理。检查港口设备安全管理制度健全与落实情况，如岗位职责、安全管理规定检查制度、交接班制度、工前会制度、现场安全教育制度。

（3）查隐患。深入现场，检查设备操作和维修过程中是否存在人的不安全行为（即违章指挥、违章操作、违反劳动纪律），设备、设施、工属具、现场环境等是否符合安全要求，尤其是以下零部件。

① 钢丝绳和滑轮组：钢丝绳规格、型号是否符合要求；断丝、磨损、锈蚀、变形是否达到或超过报废标准，绳端部固定是否符合要求。滑轮运转是否正常，磨损是否超过报废标准，是否有裂纹或边缘破碎。

② 安全保护装置：超载限制器、极限位置限制器、联锁保护装置、幅度指示器、缓冲器、安全阀、紧急开关、短路保护、过流保护、失压保护、零位保护、失磁保护、超速保护等是否可靠。

③ 制动器：动作是否灵活可靠，制动轮是否有缺陷、制动衬带磨损是否超标；制动距离是否符合有关标准。

④ 金属结构件：臂架、拉杆、人字架、转台、配重平衡梁、底盘、支承台车等主要受力构件的重要部位，是否有明显裂纹、脱焊、塑性变形、锈蚀。

⑤ 转向系统：转向是否过重或失灵，转向传动机构间隙是否过大，轮胎气压和磨损情况

是否正常。

⑥ 液压系统：叉车起升及倾斜油缸动作是否同步，货叉的自然下滑量和门架自倾角是否符合有关标准。流动起重机械支腿伸缩是否自如，锁定是否可靠，液压变幅油缸和支腿油缸的活塞杆回缩量是否正常。

⑦ 电气线路：灯光、信号、喇叭、仪表是否齐全有效。各类压力、温度等报警装置是否正常。控制器、接触器、继电器动作是否灵活可靠。

（4）查整改。对已发现的安全隐患、不安全因素及设备事故，是否按照规定的期限和要求采取有效措施进行了整改，是否已经按“三不放过”的原则进行了处理。

2. 港口设备安全检查的要求

（1）建立由分管领导负责、有关人员参加的各级安全检查组织，有明确的检查目的、要求和具体计划。

（2）检查工作要做到“严、细、实”。“严”就是要求严格检查、严格管理、严格监督。“细”就是要求检查深入细致，努力发现每一个环节、每一个部位的不安全因素，不放过任何一个安全隐患。“实”就是要求检查责任落实到人，检查内容落实到位，检查结果实事求是。

（3）检查项目和内容要做到标准化、具体化、表格化，记录详细准确。

（4）做好日常性检查（日检）、定期检查（定检）和专业检查（专检）。

（5）对于发现的安全隐患要求及时消除。由于某些因素而不能立即整改的隐患，需有严格的管理措施来防备，并做到“三定”：定具体负责人、定措施办法、定整改时间，不允许有严重隐患的港口设备带病作业。

3. 现场安全检查的组织形式

港口设备的现场安全检查，应根据港口设备数量、现场分布、工作任务等情况，决定检查的具体组织形式。

（1）日检。

日检即操作人员的日常检查，包括以下方面：

① 交接班检查。交接班时，交班人向接班人介绍情况，共同检查各类安全装置性能，有关零部件的安全技术状况，接班人阅读运行日志，并作好详细记录。

② 作业中检查。作业过程中，司机应随时注意、检查设备及工属具安全技术状态的变化，发现问题，立即采取相应措施。

（2）定检。

定检即定期检查，包括以下方面：

① 周检。在日检基础上，增加金属结构、各工作机构和发动机工作情况的检查。电班组长组织实施，设备分管技术人员参加。

② 月检。在周检基础上，起重机械重点检查安全装置、电器控制设备、制动器、离合器、钢丝绳、滑轮组、吊钩、抓斗等有无异常，液压保护装置、管道连接是否正常；流动机械重点检查发动机工作、行驶、制动和转向各系统的工作状况与性能。由基层公司设备部组织实施，设备分管技术人员参加。

③ 季检。与当月月检结合进行，对重点设备的重点部位进行检查，由分公司设备副经理

组织、相关技术人员参加。

（3）专项安全检查。

① 季节性安全检查，如港口设备的防台风检查。

② 超龄使用的港口设备的安全检查与监测。

③ 有针对性地对重点设备或关键部位进行检查，防止事故的发生。

④ 政府职能部门强制性检查。

根据《特种设备安全监察条例》《起重机械安全监察规定》，列入《特种设备目录》的港口设备，按其规定，由有关行政部门实行强制检测，港口设备使用、管理人员应予配合

4. 安全检查制度的执行与监督

（1）各级管理部门必须制订港口设备安全检查制度的执行与监督办法。

（2）日检主要由司机实施，设备分管技术人员指导和监督。周检由班组长组织实施，设备分管技术人员参加。月检由基层公司设备部组织实施，设备分管技术人员参加。季检由分公司设备副经理组织、相关技术人员参加。专项检查由各级管理人员实施。

（3）实行专业监督与群众监督相结合，做到级级落实，层层监督，上级对下级监督，群众对领导监督。

（4）各级安全检查人员在现场检查时，对违反港口设备安全技术操作规程者，有权制止作业，待整改后方可继续作业。

（5）对应该查出来的安全隐患而未发现的相关责任者给予经济、行政处罚，对查出来的安全隐患整改不及时或拒不整改者，加重处罚。

（6）开展港口设备的检查评比，促进管、用、养、修水平的全面提高。

三、装卸作业现场安全检查

1. 装卸作业前的现场安全教育

（1）对司机的安全要求。

装卸作业前，必须召开班前会，对即将作业的司机进行以下的安全要求。

① 作业环境的安全要求。向司机介绍现场作业的环境情况（如天气、道路、温度、粉尘缺氧等）以及作业中需注意的事项。

② 作业工艺的安全要求，包括货物种类、作业要求、设备配合、人机配合等安全要求。

③ 设备操作规程的安全要求，比如重大件货物、危险品等的特殊操作规程。

④ 监督司机遵守港口司机作业安全守则，如：必须穿戴符合规定的劳保用品，严禁穿拖鞋、高跟鞋和赤脚工作；严禁酒后驾驶，严禁作业中看书、闲谈和打瞌睡；严格遵守港区规章制度，各种车辆必须按规定路线和车速行驶；不得疲劳作业。

（2）对相关人员（装卸工人、指挥手等）的安全要求。

① 对装卸工人的要求。装卸作业前，必须召开班前会，对即将作业的装卸工人进行以下的安全要求：防人身伤害，包括防中毒、防腐蚀、防灼伤、防溺水、防跌伤、防击伤、防中暑、防职业病等防货损，包括整、错、散、漏、破等；防设备损坏，包括机械、工具、船具、建筑设施等；各种危险品的防火防爆。

② 对指挥手的要求。装卸作业前，必须召开班前会，对即将作业的指挥手进行以下的安全要求：必须遵守港口的安全操作规程；按统一规定进行正确、清楚、准确的指挥；作业时严格执行“五不起吊”“三不准”“两不松”“三注意”。

“五不起吊”即无指挥手不起吊；货码上有人不起吊；货码重量不明不起吊；货码有散落；危险的不起吊；不拖码起吊。

“三不准”即包装货物不准抛码；不准拖码起吊；不准货码在人头上经过。

“两不松”即货码摆动、打转及位置不当不松；货码下有人不松。

“三注意”即舱底操作要注意躲避；舱面操作要注意站稳；注意站在安全位置。

2. 装卸作业现场安全检查内容

（1）工属具的状况检查。

港口装卸用工属具按其装卸货物类别分为：网络类、吊索类、桶装货类、吊钩类、五金专用工具类、车辆吊具类、纸张专用工具类、板架吊架类及抓斗类等。

对港口装卸工属具的检查分为工属具收发检查、现场作业前和作业中检查、日检、周检、月检和专检等。

（2）载荷情况的检查。

在装卸作业中，必须检查弄清货物重量及重心位置，最好使用适应各种不同货物重量及其特点的专用吊具，特别注意货物的吊挂方法、起升、降落等每个操作环节，小心操作。绝对禁止超负荷作业。

（3）现场环境的检查。

① 在装有煤、硫化矿物、粮食、饲料等船舱里作业时，须测定舱内空气的含氧浓度，确认安全后方可下舱作业，并确保通风。

② 确保设备安全距离，避免发生相撞事故。清除路障行驶时，应有专人指挥。

③ 有架空输电线路通过的场所作业，应防止触电事故。

④ 臂架下及回转范围内不得站人，摘、挂钩人员在挂好钩后应站到安全位置。

⑤ 夜间作业，要有足够照明度。

5.2　港口起重安全事故类型

港口起重安全事故类型

一、概述

港口设备在运行、维护、修理、吊运或者停放过程中遭受非正常损坏，造成停机或性能下降甚至报废时，视为港口设备损坏事故，简称为机损事故。发生事故的原因是多方面的，一般有以下几种。

（1）设计的原因：

港口设备的结构、机构、电液及控制系统中，设计的结构、尺寸、技术条件、安全裕度、材料、元件等选择不合理，安全装置设置不完善等。

（2）制造的原因：

港口设备零件、结构件在加工、焊接、锻（铸）造、热处理、装配过程中，工艺质量不符合设计要求。

（3）安装的原因：

港口设备在安装过程中，主要精度指标不能满足要求，调整不当。

（4）使用的原因：

港口设备在使用中长期超载荷；使用作业条件不符合设计要求；技术管理不当：操作不熟练或误操作；操作者违章作业或责任心不强、缺乏应有的安全知识；对事故的发生存有侥幸心理和冒险心理；主观预见能力有限；过度疲劳与精力不集中。

（5）保养维修的原因：

在使用过程中，缺乏保养或失修；备件质量不合格；局部改进不合理；修理计划不周全；技术管理不当；润滑不良；液压系统元器件或设备零部件失灵。

（6）环境方面的原因：

气候、光线、粉尘与噪声、复杂的交叉作业环境等。

机损事故一般分为 4 级：轻微事故、一般事故、重大事故、特大事故。其中特大事故须按国务院特大安全事故处理规定执行。

二、港口设备事故调查与分析

1. 事故调查与分析人员的组成

（1）轻微及一般机损事故，由发生事故单位设备分管部门和同级安全部门组成调查组，进行调查和分析。

（2）重大机损事故，应由集团（总）公司设备分管部门组织同级安全等有关部门和发生事故单位的设备、安全等有关部门组成调查组，进行调查和分析。

（3）特大机损事故，按国家有关规定，由政府有关部门组织调查、分析。

（4）机损事故造成人身伤害时，按国务院《生产安全事故报告和调查处理条例》处理。

2. 事故现场的保护

（1）机损事故发生后，如有人员受伤，必须先抢救受伤者，并采取措施制止事故蔓延扩大。

（2）凡与事故有关的物体、痕迹、状态不得破坏。

（3）为抢救受伤人员需移动机械或其他物体时，必须做好现场标志。

（4）事故发生单位，应对现场进行保护。

3. 事故的调查

（1）现场物证收集。

① 现场物证包括：设备状态、货码、工属具、作业现场、破损部件、碎片、残留物、飞溅物等，所有物证应保持原样。

② 现场搜集到的所有物证均应贴上标签，注明地点、时间、管理者等（一般及以上机损事故必做）。

（2）事实材料的搜集。

① 与机损事故鉴别、记录有关的材料。

发生事故的单位、时间、地点、设备名称和编号。

肇事者姓名、性别、年龄、文化程度、职业（工种）、技术等级、工龄、健康状况、接受安全教育情况、接受技术培训情况。

肇事者开始工作时间、发生事故时间、工作内容、至发生事故时工作总量、作业程序、操作时的动作或位置。

② 与机损事故相关的资料。

机损事故发生前机械设备的性能和质量记录（包括：运行日志、修理记录、履历册上有关摘录）。

损坏部位材料的质量资料，必要时对损坏部位的材料进行物理或化学实验分析。

有关机械的设计和工艺方面的文件、工作指令和规章制度方面的资料及执行情况。

关于事故现场工作环境方面的状况，包括：气象资料、照明、通风、声响、道路、地面状态等。

其他可能与事故有关的细节或因素。

③ 证人材料的搜集。

事故调查组要尽快找被调查者（肇事者、在现场的工作人员、目击者）搜集材料。根据证人的口述材料填写事故调查记录表。

④ 现场摄影或录像。

重大或特大机损事故，以及机损事故导致伤人的事故，采用摄影或录像显示事故现状、损坏部位、可能被清除或被践踏的痕迹、刹车痕迹、地面和建筑物的伤痕、事故现场全貌等信息内容。

⑤ 事故图。

一般及一般以上的机损事故应附有事故图。事故图应包括了解事故情况所需的信息，如事故现场示意图、作业流程图等。

4. 事故的分析

（1）通过对机损事故全面调查，分析其直接和间接原因，确定事故责任人。

（2）根据调查情况分析事故的因素。

（3）以事故分析会形式审定调查分析的结果。

三、港口设备事故处理

1. 对事故责任人的追究

（1）有下列情况之一者，应追究有关领导人的责任。

① 新购（造）及大修后的港口设备未按规定验收，擅自使用

② 缺乏管理，无证操作或操作设备与证件标注不符。

③ 港口设备有不安全的隐患或缺陷，而又未及时采取措施消除。

④ 违章指挥。

⑤ 报废的港口设备继续使用。

⑥ 缺乏安全技术操作规程或操作规程不健全。

⑦ 严重失修或超负荷运转。

⑧ 安全措施不当。

（2）有下列情况之一者，应追究有关人员责任。

① 冒险作业、违章操作。

② 港口设备无安全保护装置。

③ 不按维修工艺规程、修理标准进行保养修理。

④ 对港口设备作出错误的技术鉴定。

⑤ 违反劳动纪律，擅离岗位。

⑥ 玩忽职守或违反装卸工艺规程。

⑦ 安全措施不当。

2. 整改

所谓整改，就是通过事故暴露出来的问题，检查出企业安全思想上的死角和安全管理上的漏洞以及设备上的缺陷，一一加以改正。按事故的“三不放过”的处理原则，把处理一宗事故作为提高企业安全管理水平的新起点。对属于劳动纪律、工艺和作风上的问题进行整顿，对设备自身存在的问题进行改进或改造，从而堵住安全管理上的漏洞和消除设备上的事故隐患。

抓好整改工作，除了事故单位受到教育外，还有全局性的指导意义，可起到“别人吃一堑，自己长一智”的作用。为此，应根据事故的类别，在一定的范围内进行通报，并在一定的专业会议上进行讨论，使相应的单位和相关的部门从中受益，采取相应的预防措施，从而使集团（总）公司在总体的安全管理水平得到提高。

3. 事故调查处理的报告

（1）轻微事故于每月 5 日前填报《机损事故统计月报表》，报集团（总）公司设备分管部门。

（2）一般机损事故自发生之日起，由事故单位在 15 日内填写《机损事故处理报告》一式三份，分别报集团（总）公司设备分管部门（二份）、安全分管部门（一份）并由集团（总）公司报上级分管部门。

（3）重大机损事故自发生之日起，由事故单位在 30 日内写出书面报告，一式四份分别报集团（总）公司设备分管部门、安全部门，并由集团（总）公司报上级分管部门。

（4）特大机损事故，按国家有关规定办理。

四、港口设备的安全管理工作评价

1. 概述

港口企业生产中，由于船舶到港的不平衡以及为抢生产进度而影响设备检查与维护，会带来一定的安全隐患。过分强调安全而忽视港口生产的不平衡性和时效性，会使企业失去生产良机。港口设备事故的发生具有较大的偶然性和必然性，过度的安全投入不会必然降低事故频率，通过对港口设备的安全技术状态、使用环境、基础设施技术状况、规章制度、操作维护人员素质做出定性或定量的评价，就能比较好地解决这一问题。

2. 港口设备的安全管理工作评价

（1）资料管理工作评价。

港口设备安全运行积累的资料，包括投产调试报告（技术参数）、技术操作规程、安全操作规程、运行日志、维修工卡、设备履历册、隐患及整改记录、机损事故报告和安委会会议纪要等。这是实现设备安全管理目标、改善港口设备安全技术状况、制定企业规章制度的重要依据，对港口设备寿命期内充分发挥其最大效益有着十分重要的参考价值。

① 投产调试报告（技术参数）：新设备购置后所进行的空载、重载及超载调试的原始数据，包括金属结构变形量、机构的安全能力、各电机的特性数据及安全保护装置的性能参数。

② 技术操作规程：港口设备用户手册所提供的操作技术要求，要求操作者熟练掌握。

③ 安全操作规程：根据港口设备的技术要求而编写的安全注意事项，要求操作者熟记。

④ 运行日志：设备的技术状况检查、当班运行情况及故障发生情况等的记录。

⑤ 维修工卡：是维修工进行故障维修或保养的派工单，记有维修项目及安全注意事项等，完工后由负责人签名确认。

⑥ 设备履历册：每台机一册，记有设备维修、检测、改造等详细事项，有关人员能从中清楚了解该设备的历史及现状，

⑦ 设备隐患及整改记录：港口设备的各种检查存在问题的记录，包括隐患类别、内容、整改方法、整改部门、项目负责人、完成期限、实际完成时间、验收等。

⑧ 机损事故报告：记录设备事故发生的单位、时间、地点、责任人、事故经过、事故因素分析、造成的损失、整改、预防措施等。

⑨ 特种设备档案：包括产品合格证、图纸、安装使用说明书、质量证明书等资料；日常使用、保养、维修、变更、检查、试验验收记录。

⑩ 安委会会议纪要：安全生产委员会会议讨论决定与生产及设备有关的安全管理问题。

（2）安全技术措施计划评价。

安全技术措施计划是港口企业生产技术、财务、计划的重要组成部分。它对有计划地改善劳动条件、保证生产安全，防止发生工伤事故和职业病，提高劳动生产率，都有重要的作用。

① 在港口设备更新、改造资金中提取一定数量的资金作为安全技术措施的经费。安全技术措施包括以改善劳动条件、防止工伤和预防职业病为主要目的的一切技术、组织措施。如安全技术和劳动卫生措施、生产辅助设施和安全生产教育措施等。

② 制订防暑、防汛、防火、防台风的工作计划与应急预案。

③ 在“计划、布置、检查、总结、评比”生产的时候，同时“计划、布置、检查、总结、评比”安全工作。

④ 在新建、改建、扩建项目中做到劳动安全设施与主体工程同时设计，同时施工，同时验收并投产。

⑤ 生产、操作、维护、检查过程中为协调与安全而配置的通信设备，应良好有效。

⑥ 对现场生产的职工进行定期的身体检查。

⑦ 对粉尘污染较大或有毒害工作环境中工作的职工定期换岗，以防职业病。

（3）安全生产教育评价。

通过安全生产教育，使职工熟悉和掌握劳动保护法规、制度和安全生产方面的技术知识，

树立安全生产的思想，遵守安全生产规章制度。安全生产教育的内容主要有安全法治教育、安全知识教育、安全技能教育和安全态度教育等方面。

（4）事故处理评价。

为防止事故的重复发生，每一项事故处理都要本着“三不放过”的原则。

（5）基础设施技术状态评价。

① 码头结构应完整，其承载和靠泊能力明确。未经批准，严禁在码头上打洞、凿眼或安装任何固定设备，以保证码头结构的安全完整。每逢暴雨、洪水、台风前后，各有关部门应派人对所属重要港口设施进行检查，发现问题及时处理。码头被撞，需经专业人员鉴定、修复后才能继续使用。

② 码头护舷及锚固件应完好，撞坏或松动应及时修理或更换，保证船舶靠泊安全和维修人员安全。

③ 作业场地应整齐，无下沉，无严重凹、凸现象，有围栏或划线标志，承载能力明确；货物堆放应定位、集中、整齐、安全、符合标准，不妨碍机械设备操作和通行，并应有良好的排水性装卸场地和堆场应保持装卸人员装卸机械和车辆有足够的活动范围和必要的安全距离。

④ 港区交通出入口至少分设两处，实现人货分流。港区道路平坦、畅通，有足够的照明。道路急弯，陡坡或交叉处有明显的警告和信号装置。港区内生产需要的坑、壕、池、走台、升降口等应有盖板或围栏。所有排水系统、明沟、暗沟需通畅，沟内无易燃易爆物，亦不得随意开挖。港区内设机动车停车场，在港区内行驶的车辆须慢速。

⑤ 设备轨道应完好并符合标准，轨道上不许有异物，对轨道的平行度、波浪度、连接、固定应定期检查、鉴定、维护、调整，并做好全面记录。局部拆除或调整轨道时，须做安全方案，防止设备出轨。

⑥ 所有生产性建筑物必须按规范要求设置防雷设施，其接地电阻值应符合规范要求。防雷装置（地网）应定期检查测试，试验记录应齐全。港口基础设施和机械设备还应按规定配备充分的消防设施，防台风设施应充分有效。

（6）设备技术状况评价。

① 港口设备的生产适应性评价。港口设备的技术状况、工作能力若不能满足生产要求，就会有一定的危险性。在特殊情况下不得已而投入使用，必须有相应的技术和管理措施，以确保安全。同时，还应关注其适应性变化，以防事故发生。

② 港口设备防护装置的评价。起升高度限制器应能保证起重机的起升、下降范围符合规定要求。

起重机必须设有超载保护装置并正常有效，动作时必须自动切断电源并发出声光报警信号，此时起升机构仅能作下降运转。

起重机在每个运行方向应设行程限位开关，与地面连续输送机械相配合的斗轮堆取料机、装船机的回转平台也须设置回转行程限位开关，行程限位开关与撞块位置的确定应充分考虑机械运动的惯性，保证机械在正确的位置能制动停车。

港口设备运行台车外端处应安装缓冲器。当设备与轨道末端挡架相撞或设备之间相撞时，必须保证两边缓冲器能同时起作用。

起重机变幅机构工作行程终端处亦应安装缓冲装置，缓冲装置必须保证起重机变幅至极限位置能停止变幅运动而不产生造成设备损坏的猛烈冲击。

港口设备防台风安全装置应有效、可靠，符合国家标准规定。

港口设备所有电气设备、正常不带电的金属外壳、电缆金属外皮、安全照明变压器等均必须可靠接地或接零。在轨道上工作的港口设备，一般可以通过车轮和轨道接地。行车轨道一般均由若干根轨道连接而成，在轨道的连接处，应该用跨接线连接起来，以保证轨道接地可靠有效。设备最高位置应设避雷针。

港口设备制动器常用常闭块式制动器（旋转机构常采用常开脚踏操纵式制动器），制动摩擦力应确保安全的支持载荷。有些机构制动前，还应有不同性质类别的电气制动来配合（例如能耗制动、涡流制动等）使制动更平稳有效。

③ 电气保护装置的评价。

短路保护。其主要有熔断器、自动空气开关和过电流继电器保护。在电动机控制线路中，多数采用熔断器和自动空气开关两种短路保护；过电流继电器通常用于变电所的短路保护，但有时也用于电动机的过电流保护。熔断器必须符合规格，有质量合格证。熔体管上部应有熔断指示器，当熔断丝被熔断时，指示器即跳出，便于检查发现。

热保护。热继电器是利用电流热效应，使发热元件发热到某一数值时，接通或断开被控制对象的继电器，用来防止电动机长期超载。通常使用热继电器的电流整定值为电动机的额定电流的 1.0～1.1 倍，对于大功率电动机，可以把热继电器的发热元件接在电流互感器的二次回路中。

缺相保护。电动机缺相会导致其余两相绕组烧坏，缺相保护常用热继电器和零序电压继电器作保护。三相电压平衡时，Y 形接法电动机定子绕组的星点对地之间的电压，从理论上来分析应为零，而缺相或三相电压失去平衡时就会产生零序电压和电流，因此可用这些参数或热效应的监测，对电动机加以保护。

失压保护。电网电压过低时会烧坏电气设备。采用按钮-接触器联锁控制线路，零电压继电器作失压保护。失压时，带失压脱扣机构的自动空气开关将自动跳开。

零励磁保护。直流他励、并励、复励等电动机励磁电路千万不能断开，需要可靠的保护支持，否则，对于空载的电动机来说，转速会急剧上升而出现飞车危险；对于重载电动机来说，则电枢电流迅速增加而烧毁电动机绕组；刚开始启动的电机则由于转矩太小而不能启动，同样会引起电枢电流剧增而烧毁电机绕组。

过电流保护和过电压保护。电气设备长期过负荷运行会使绝缘加速老化或破坏。过负荷保护装置可在一定的时限范围内自动切断电源。

限位开关。港口设备的工作机构及其他附属机构、机上危险通道，都相应装设了各种限位开关，保证设备安全运行，但也是故障多发处，所以必须定期检查、精心维护，使其保持完好状态。港口设备的限位开关是经过系统设计的，不得随意更改或取消。对于夜间或应急临时处理（短接）的限位开关，应告知有关人员并建立专用记录本，以便及时彻底处理。对于投入使用的设备（包括新购设备）应建立单机限位开关表格卡片，作为安全装置评价的一项内容。

继电控制。对于继电器、接触器要保证安全性、可靠性、时间性、经济性。灭弧装置要有效可靠。触头要定期进行修磨调整，以防止粘连的故障发生。控制线路应有自锁、互锁。继电控制要综合考虑安全性、经济性，对这一矛盾寻求最佳结合点。港口机械采用先进的 PLC 技术、可控硅控制技术、变频调速技术，具有先进的技术性和安全性。在技术改造及设备引进中，视具体条件综合考虑选择。

5.3 港口起重机械安全事故案例

港口起重机械安全事故案例

一、港口起重机械起重安全事故类型

1. 港口起重机械作业特点

港口起重机械主要是对物品进行起重、输送、装卸或安装等作业的机械设备。因此港口起重机械和起重作业方式本身具有以下安全特点：势能高、动能大、能量积聚、货种繁多、形态各异。金属结构体形高大，工作机构构造复杂，四大机构多维运动，庞大结构整体移动，拥有大量形状不一、运动各异的可动零部件，全系统危险点多而分散，增加了安全防护难度。长时间带重载覆盖作业场地、设施和人员，空间移动范围大，加大危险的影响范围。机上、机下群体作业，多道工序顺次组合，多人参与协调工作，动作信息交流困难，相互配合难度很大，无论哪个环节出问题，都可能发生意外。相关作业人员直接接触暴露的活动部件，潜在许多偶发的危险因素。作业环境复杂多变，地面设备多而杂乱，人员集中、场地限制、气候影响以及现场多伴有热、电、燃、爆等多种危险因素，都对设备和作业人员形成较大的安全威胁。

2. 港口起重机械起重安全事故类型

重物坠落，主要有重物超载、吊具破坏、绳扣断裂、物件捆绑不牢、挫钩不当、意外脱钩、电磁吸盘突然失电、起升（变幅）机构主要零部件故障或损坏都可能引发重物坠落的危险事故。另外，处于系统高位置的无防护、非固定物体以及系统零部件破坏后掉落等，也可能引发重物坠落的危险事故。

金属结构破坏、垮塌、失稳倾覆，一种是由于操作不当，支腿未找平或地基沉陷等原因，使倾覆力矩增大，导致起重机倾覆；一种是由于风载荷或坡度载荷等作用，起重机械沿倾斜路面或轨道发生不应有的位移；还有一种是使用不当，如超载、运动干涉、相关安全防护装置失效，以及安装过程失稳等，会导致金属结构破坏、坠臂、倒杆或支腿垮塌等。

夹挤和碾轧，由于起重机械可运动部分与其他固定物之间缺少足够的安全距离，使所吊重物及运行或回转的金属结构对人员造成夹挤；运行机构操作失误或制动器失灵引起车对人员造成碾轧伤害等。

人员高处坠落，起重机械自身高度大多超过安全防护临界高度（2 m），相关安全防护装置缺失（或不当）以及违规操作等，都可能使相关人员在正常操作、高处维护检修、拆装以及安全检查等环节面临从距离地面 2 m 以上的高处坠落的危险。

触电，在输电线附近作业的起重机械，其任何组成部分或吊物，若与高压带电体距离过近感应带电或触碰带电物体等，都可引发触电伤害。另外，电动起重机械上的相关人员也有可能发生触电事故。

其他机械危险，相关人员身体与起重机械运动零部件接触引起的绞、碾、戳等伤害，液压起重机械液压元件破坏形成高压液体喷射所造成的伤害，系统运动中飞出物件的打击伤害以及起重机碰撞等。

由物料导致的危险损害，搬运高温及液体金属，易燃易爆、毒化、腐蚀性以及其他有害物等危险品时，由于物料的物理、化学特性可能会导致相关人员烫伤、腐蚀、粉尘、有毒物等的伤害。

二、港口起重机械起重安全事故

案例 2018年1月24日，某港口门机司机操作4号门机作业的3号舱，在21:10左右，发生卷钢掉落砸坏货车拖板事件。

当时，门机司机吊卷钢至码头货车，在装第三件卷钢时，由于对吊装卷钢下降的高度估计不足，在吊钩下降过程中，所吊卷钢的下部，压在已装车的两件卷钢上，一件卷钢的海侧边缘，致使C型钩受力重心改变，导致所吊装的卷钢在离货车拖板1.5 m左右的高度脱钩，致使货车的后拖板变形。

原因分析：

（1）操作司机在作业过程中对装卸高度估计不准确，造成误操作；司机操作技能不娴熟，对公司机械的性能、特性不够熟悉；

（2）指挥手没有给司机发出正确的作业指令，指挥手和门机司机的配合存在问题；

（3）卷钢内圈有霜，导致作业时容易出现使用的工索具发生打滑情况；

预防措施：

（1）相关部门应加强对门机司机理论培训和实际操作方面的指导；

（2）门机司机应从不同渠道去了解和熟悉门机操作；

（3）相关单位或部门应对指挥手进行强化训练；

（4）强化交接班制度，让一线作业人员知道作业现场的实际情况，了解作业环境；

（5）相关部门应对现场人员进行现场安全的培训；

（6）工前会要从实际情况出发，进行相关安排。

经验教训：

（1）安全站位—在起重作业中，有些位置十分危险，如吊杆下、吊物下、被吊物起吊前区等等，如果处在这些位置上，一旦发生危险，极不易躲开。所以，起重作业人员的站位非常重要，不但自己要时刻注意，还需要相互提醒、检查落实，以防不测。

（2）吊索具安全系数小—起重作业中，对吊索具安全系数理解错误，选用往往以不断为使用的依据，致使超重作业总是处在危险状态。

（3）绑扎不牢—高空吊装拆除时，对被吊物未采取“锁”的措施，而用“兜”的方法；对被吊物的尖锐棱角未采取“垫”的措施，成束材料垂直吊送捆缚不牢，致使吊物空中一旦颤动、受刮碰即失稳坠落。

（4）吊装工具或吊点选择不当—选吊装工具或借助结构等作吊点吊物，靠经验估算的吊装工具，结构吊物承载力、局部承载力不够，一处失稳，导致整体坍塌。

（5）空中悬吊物较长时间没有加挂安全保险绳—有的设备或构件由于安装工艺程序要求，需要先悬吊空中后就位固定，而有的悬吊物在空中停留时间较长，如果没有安全保险绳，一旦受到意外震动、冲击或焊把线等伤害，将造成悬吊物坠落的严重后果。

（6）误操作。

（7）交接不清或有漏洞。

（8）使用带有“毛病”的设备或吊具。

5.4 港口起重安全事故管理

一、事故等级

根据2007年国务院令第493号《生产安全事故报告和调查处理条例》中有关规定，按照造成的人员伤亡或者直接经济的损失，安全生产事故分为以下四个等级：

（1）特别重大事故是指造成30人以上死亡，或者100人以上重伤，或者一亿元以上直接经济损失的事故。

（2）重大事故是指造成十人以上30人以下死亡，或者50人以上100人以下重伤，或者五千万元以上一亿元以下直接经济损失的事故。

（3）较大事故。是指造成三人以上十人以下死亡，或者十人以上50人以下重伤，或者一千万元以上五千万元以下直接经济损失的事故。

（4）一般事故是指造成三人以下死亡或者十人以下重伤，或者一千万元以下直接经济损失的事故。

二、事故报告

2007年中华人民共和国国务院令第493号《生产安全事故报告和调查处理条例》和2009年国家安全生产监督管理总局第21号令《生产安全事故信息报告和处置办法》对安全生产事故的报告均做了相关要求规定。

1. 事故的报告程序

事故发生后，事故现场有关人员应当立即向本单位负责人报告；单位负责人接到报告后，应当于1h内向事故发生地县级以上人民政府安全生产监督管理部门和负有安全生产监督管理职责的有关部门报告。情况紧急时，事故现场有关人员可以直接向事故发生地县级以上人民政府安全生产监督管理部门和负有安全生产监督管理职责的有关部门报告。

2. 事故报告内容

具体应当包括下列内容：

（1）事故发生单位概况。

事故发生单位概况应当包括单位的全称、所处地理位置、所有制形式和隶属关系、生产经营范围和规模、持有各类证照的情况、单位负责人的基本情况以及近期的生产经营状况等。当然，这些只是一般性要求，报告的内容应该根据实际情况来确定，但应当以全面、简洁为原则。

（2）事故发生的时间、地点以及事故现场情况。

报告事故发生的时间应当具体，并尽量精确到分钟。报告事故发生的地点要准确，除事故发生的中心地点外，还应当报告事故所波及的区域。报告事故现场的情况应当全面，不仅应当报告现场的总体情况，还应当报告现场人员的伤亡情况、设备设施的毁损情况；不仅应当报告事故发生后的现场情况，还应当尽量报告事故发生前的现场情况，以便于前后比较，分析事故原因。

（3）事故的简要经过。

事故的简要经过是对事故全过程的简要叙述，核心要求在于“全”和“简”“全”是要全过程描述“简”是要简单明了。需要强调的是，对事故经过的描述应当特别注意事故发生前作业场所有关人员和设备设施的一些细节，因为这些细节可能就是引发事故的重要原因。描述要前后衔接、脉络清晰、因果相连。

（4）事故已经造成或者可能造成的伤亡人数和初步估计的直接经济损失。

对于人员伤亡情况的报告，应当遵守实事求是的原则，不做无根据的猜测，更不能隐瞒实际伤亡人数。对直接经济损失的初步估计，主要指事故所导致的建筑物的毁损、生产设备设施和仪器仪表的损坏等。由于人员伤亡情况和经济损失情况直接影响事故等级的划分，并因此决定事故的调查处理等后续重大问题，所以在报告这方面情况时应当谨慎细致，力求准确。

（5）已经采取的措施。

已经采取的措施主要是指事故现场有关人员、事故单位负责人、已经接到事故报告的安全生产管理部门为减少损失、防止事故扩大和便于事故调查所采取的应急救援和现场保护等具体措施。

（6）其他应当报告的情况。

对于其他应当报告的情况，根据实际情况具体确定。对于突发安全生产事故，使用电话快报，应当包括下列内容：

① 事故发生单位的名称、地址、性质；

② 事故发生的时间、地点；

③ 事故已经造成或者可能造成的伤亡人数（包括下落不明、涉险的人数）。

事故具体情况暂时不清楚的，负责事故报告的单位可以先报事故概况，随后补报事故全面情况。事故报告后出现新情况的，应当及时补报。自事故发生之日起 30 日内，事故造成的伤亡人数发生变化的，应当及时补报。

三、事故处理

1. 事故现场处置

根据中华人民共和国国务院令第 493 号《生产安全事故报告和调查处理条例》规定，事故发生单位负责人接到事故报告后，应当立即启动事故相应应急预案，或者采取有效措施，组织抢救，防止事故扩大，减少人员伤亡和财产损失。

事故发生后，应救护受伤害者，采取措施制止事故蔓延扩大。有关单位和人员应当妥善保护事故现场以及相关证据，凡与事故有关的物体、痕迹、状态，不得破坏，任何单位和个人不得破坏事故现场、毁灭相关证据。

因抢救人员、防止事故扩大以及疏通交通等原因，需要移动事故现场物件的，应当做出标志，绘制现场简图并做出书面记录，妥善保存现场重要痕迹、物证。

2. 事故调查处理

事故调查处理不完全是为了处罚肇事单位，追究事故责任人的责任，处理事故当事人，其主要目的是通过对事故的调查，查清事故发生的经过，科学分析事故原因，找出发生事故的内外关系，总结事故发生的教训和规律，提出有针对性的措施，防止类似事故的再度发生。这是事故调查处理的真正目的，也是事故调查处理的重要意义所在。事故调查与事故处理，是两个相对独立而又密切联系的工作。事故调查的任务，主要是查明事故发生的原因和性质，分清事故的责任，提出防范类似事故的措施；事故处理的任务，主要是根据事故调查的结论，对照国家有关法律、法规，对事故责任人进行处理，落实防范重复事故发生的措施，实现贯彻“四不放过”的原则要求。所以，事故调查是事故处理的前提和基础，事故处理是事故调查目的之实现和落实。

事故调查处理，是事故预防工作的延伸。对事故不依法进行调查处理，一切事故预防的责任制就很难坚持执行。安全生产事故是客观存在的。要搞清事故的真相，唯一的办法是客观、公正地调查。坚持重证据，重调查研究，没有调查就没有发言权。只有通过调查分析，在充分掌握事故发生和发展过程中大量事实依据的基础上，才能进行严密、科学的逻辑推理、鉴定和确认，正确认识并找出导致事故发生诸多因素的内在联系和因果关系，从而才能最终做出事故原因、性质和责任的正确结论。

3. 事故调查处理程序

（1）成立事故调查组。

接到事故报告后，事故发生地县级以上人民政府、安全生产监管部门和负有安全生产监管职责的部门的负责人，应立即赶赴事故现场，组织抢险救援，通知事故发生单位保护好事故现场，同时组织事故调查组开展事故调查取证工作。

（2）开展事故调查。事故调查应按下列程序进行：

① 现场勘察、拍照、摄像，搜集物证；

② 调查询问有关人员，查阅有关安全生产管理文件资料；

④ 分析研究，确定事故经过，找出事故发生的直接原因和间接原因；

⑤ 确定事故性质，分析认定事故责任；

⑥ 形成事故调查报告，提供对事故责任单位和责任人的处理建议和防范整改措施，报请组织事故调查的县级以上人民政府做出事故处理决定。

（3）事故处理。

按照负责事故调查处理的人民政府对事故调查报告的批复，落实对事故责任单位、责任人的处理、处罚。

4. 事故调查处理的分工规定

（1）轻伤、重伤事故，由企业负责人或指定人员组织生产、技术、安全等有关人员及工会成员参加的事故调查组进行调查。对一次重伤 3 人以上（含 3 人）的重伤事故，安全生产监督综合管理部门视情况进行调查。

（2）一般死亡事故，由企业主管部门会同企业所在地设区的市（或者相当于设区的市一级）安全生产监督综合管理部门、纪检监察部门、公安部门、工会组成事故调查组，进行调查。县（区）等以下企业发生死亡事故，地市一级安全生产监督综合管理部门可视情况，委托县（市）一级安全生产监督综合管理部门参加事故调查。上级安全生产监督综合管理部门委托下级安全生产监督综合管理部门参加调查时，原则上是委派下一级。

（3）重大死亡事故，按照企业的隶属关系由省、自治区、直辖市企业主管部门或者国务院有关主管部门会同同级安全生产监督综合管理部门、公安部门、纪检监察部门、工会组成事故调查组，进行调查。对一次死亡 3 人以上事故，省安全生产监督管理部门和有关部门可授权市（地）安全生产监督管理部门和有关部门调查报省级安全生产监督管理部门批复结案。

（4）特别重大事故，按照事故发生单位的隶属关系，由省、自治区、直辖市人民政府参与，国家安全生产监督管理局会同行业有关主管部门成立特大事故调查组，负责事故的调查工作。国务院认为应由国务院调查的特大事故，由国务院或者国务院授权的部门组织成立国务院特大事故调查组。

（5）按照规定参加调查组的单位，因故不能参加事故调查时，已组成的调查组可继续进行调查工作。

（6）对重大死亡事故的调查，可邀请有关部门的专家参加。聘请有关方面的专家组成专家组，参与重大伤亡事故调查，提供技术支持。

5. 事故调查处理的原则

（1）实事求是，尊重科学的原则。

事故调查是行政执法行为，调查结论是事故处理的依据，事故调查结果将对后续工作产生直接影响。因此必须严肃认真对待，不得有丝毫疏漏。

（2）公平、公正的原则。

事故调查必须以事实为依据，以法律为准绳。事故发生原因、事故定性和责任分析务求准确、科学，事故调查组成员如与事故单位及有关人员有利害关系的应当回避。事故调查处理结果要在一定范围内公布，以达到吸取教训、教育群众和尽最大可能挽回社会影响，并引起全社会对安全生产工作更加重视的目的。

（3）“四不放过”的原则。

即事故原因未查清不放过，事故责任未受到处理不放过，整改措施未落实不放过，有关人员和群众未受到教育不放过。

（4）从严处理的原则。

对事故责任人和责任单位的处理，要在实事求是的前提下，依照国家有关法律、法规和党纪、政纪的规定，给予严肃的党纪、政纪处分和处罚。对涉嫌犯罪的事故责任人，要及时移交司法机关依法追究刑事责任。

（5）分级管理的原则。

各级人民政府及其有关部门要按照事故调查处理分级管理的原则，组织开展事故调查和做出处理决定。事故发生地有关地方人民政府应当支持、配合上级人民政府或者有关部门的事故调查工作，并提供必要的便利条件。

（6）属地管理的原则。

无论是中央还是省属在地方的企业，凡发生生产安全事故，原则上均由企业所在地人民政府按事故级别组织调查处理。

四、事故责任

《中华人民共和国安全生产法》第 13 条明确规定："国家实行生产安全事故责任追究制度，依照本法和有关法律、法规的规定，追究生产安全事故责任人员的法律责任。"

1. 事故责任分类

为了准确地实行处罚，必须根据事故调查所确认的事实，分清事故责任。

（1）直接责任者：指其行为与事故的发生有直接关系的人员。

（2）主要责任者：指对事故的发生起主要作用的人员。

有下列情况之一时，应由肇事者或有关人员负直接责任或主要责任：

① 违章指挥或违章作业、冒险作业造成事故的。

② 违反安全生产责任制和操作规程，造成伤亡事故的。

③ 违反劳动纪律、擅自开动机械设备或擅自更改、拆除、毁坏、挪用安全装置和设备，造成事故的。

（3）领导责任者：指对事故的发生负有领导责任的人员。

有下列情况之一时，有关领导应负领导责任：

① 由于安全生产责任制、安全生产规章和操作规程不健全，职工无章可循，造成伤亡事故的。

② 未按规定对职工进行安全教育和技术培训，或职工未经考试合格上岗操作造成伤亡事故的。

③ 机械设备超过检修期限或超负荷运行，或因设备有缺陷又不采取措施，造成伤亡事故的；

④ 作业环境不安全，又未采取措施，造成伤亡事故的。

⑤ 新建、改建、扩建工程项目的尘毒治理和安全设施不与主体工程同时设计、同时施工、同时投入生产和使用，造成伤亡事故的。

根据事故责任的大小，对事故责任者进行不同程度的处罚，处罚的形式有行政处罚、经济处罚和刑事处罚。

2. 安全生产实行责任追究的基本规定

（1）《中共中央关于加强安全生产的通知》（中发〔1970〕71 号）第 4 条规定："严格组织纪律，今后对一切违反安全生产制度，不遵守劳动纪律，工作不负责任，以致造成的重大事故，必须分别情况，追究责任，情节严重的以党纪国法论处"。

（2）《中华人民共和国安全生产法》第 13 条规定："国家实行生产安全事故责任追究制度，依照本法和有关法律、法规，追究生产安全事故责任人员的责任"。

（3）《中华人民共和国刑法》第 134 条规定："工厂、矿山、林场、建筑企业或者其他企业、事业单位的职工，由于不服管理、违反规章制度，或者强令工人违章冒险作业，因而发生大伤亡事故或者造成其他严重后果的，处 3 年以下有期徒刑或者拘役；情节特别恶劣的，处 3 年以上 7 年以下有期徒刑"。

（4）《中华人民共和国刑法》第 397 条规定："国家机关工作人员滥用职权或者玩忽职守，致使公共财产、国家和人民利益遭受重大损失的，处 3 年以下有期徒刑或者拘役；情节特别严重的，处 3 年以上 7 年以下有期徒刑。本法另有规定的，依照规定执行”。

（5）《生产安全事故报告和调查处理条例》（中华人民共和国国务院令第 493 号）规定：事故发生单位主要负责人有下列行为之一的，处上一年年收入 40%～80%的罚款；属于国家工作人员的，并依法给予处分；构成犯罪的，依法追究刑事责任：

① 不立即组织事故抢救的；

② 迟报或者漏报事故的；

③ 在事故调查处理期间擅离职守的。

事故发生单位及其有关人员有下列行为之一的，对事故发生单位处 100 万元以上 500 万元以下的罚款；对主要负责人、直接负责的主管人员和其他直接责任人员处上一年年收入 60%～100%的罚款；属于国家工作人员的，并依法给予处分；构成违反治安管理行为的，由公安机关依法给予治安管理处罚；构成犯罪的，依法追究刑事责任：

① 谎报或者瞒报事故的；

② 伪造或者故意破坏事故现场的；

③ 转移、隐匿资金、财产，或者销毁有关证据、资料的；

④ 拒绝接受调查或者拒绝提供有关情况和资料的；

⑤ 在事故调查中作伪证或者指使他人作伪证的；

⑥ 事故发生后逃匿的。

事故发生单位对事故发生负有责任的，依照下列规定处以罚款：

① 发生一般事故的，处 10 万元以上 20 万元以下的罚款；

② 发生较大事故的，处 20 万元以上 50 万元以下的罚款；

③ 发生重大事故的，处 50 万元以上 200 万元以下的罚款；

④ 发生特别重大事故的，处 200 万元以上 500 万元以下的罚款。

事故发生单位主要负责人未依法履行安全生产管理职责，导致事故发生的，依照下列规定处以罚款；属于国家工作人员的，并依法给予处分；构成犯罪的，依法追究刑事责任：

① 发生一般事故的，处上一年年收入 30%的罚款；

② 发生较大事故的，处上一年年收入 40%的罚款；

③ 发生重大事故的，处上一年年收入 60%的罚款；

④ 发生特别重大事故的，处上一年年收入 80%的罚款。

有关地方人民政府、安全生产监督管理部门和负有安全生产监督管理职责的有关部门有下列行为之一的，对直接负责的主管人员和其他直接责任人员依法给予处分；构成犯罪的，依法追究刑事责任：

① 不立即组织事故抢救的；

② 迟报、漏报、谎报或者瞒报事故的；

③ 阻碍、干涉事故调查工作的；

④ 在事故调查中作伪证或者指使他人作伪证的。

事故发生单位对事故发生负有责任的，由有关部门依法暂扣或者吊销其有关证照；对事故发生单位负有事故责任的有关人员，依法暂停或者撤销其与安全生产有关的执业资格、岗位证书；事故发生单位主要负责人受到刑事处罚或者撤职处分的，自刑罚执行完毕或者受处分之日起，5 年内不得担任任何生产经营单位的主要负责人。为发生事故的单位提供虚假证明的中介机构，由有关部门依法暂扣或者吊销其有关证照及其相关人员的执业资格；构成犯罪的，依法追究刑事责任。

五、特种设备监督管理

特种设备要按照特种设备的监督管理规定加强管理。港口起重机械属于特种设备，特种设备的安全如同生产安全一样，所有的工作都是将安全放在第一位，其中人的生命更是重中之重。负责特种设备安全监督管理的部门依照本法规定对特种设备生产、经营、使用单位和检验、检测机构实施监督检查。依照本法和其他有关法律、行政法规规定的条件和程序以及安全技术规范的要求进行审查，不符合规定的，不得许可。在办理本法规定的许可时，其受理、审查、许可的程序必须公开，并应当自受理申请之日起三十日内，做出许可或者不予许可的决定，不予许可的，应当书面向申请人说明理由。对依法办理使用登记的特种设备应当建立完整的监督管理档案和信息查询系统，对达到报废条件的特种设备，应当及时督促特种设备使用单位依法履行报废义务。

在依法履行监督检查职责时，可以行使下列职权：

（1）进入现场进行检查，向特种设备生产、经营、使用单位和检验、检测机构的主要负责人和其他有关人员调查、了解有关情况。

（2）根据举报或者取得的涉嫌违法证据，查阅、复制特种设备生产、经营、使用单位和检验、检测机构的有关合同、发票、账簿以及其他有关资料。

（3）对有证据表明不符合安全技术规范要求或者存在严重事故隐患的特种设备实施查封、扣押。

（4）对流入市场的达到报废条件或者已经报废的特种设备实施查封、扣押。

（5）对违反本法规定的行为做出行政处罚决定。

在依法履行职责过程中，发现违反本法规定和安全技术规范要求的行为或者特种设备存在事故隐患时，应当以书面形式发出特种设备安全监察指令，责令有关单位及时采取措施予以改正或者消除事故隐患。紧急情况下要求有关单位采取紧急处置措施的，应当随后补发特种设备安全监察指令，发现重大违法行为或者特种设备存在严重事故隐患时，应当责令有关单位立即停止违法行为、采取措施消除事故隐患，并及时向上级报告。接到报告的上级应当采取必要措施，及时予以处理。对违法行为、严重事故隐患的处理需要当地人民政府和有关部门的支持、配合时，应当报告当地人民政府，并通知其他有关部门，当地人民政府和其他有关部门应当采取必要措施，及时予以处理。

安全监察人员应当熟悉相关法律、法规，具有相应的专业知识和工作经验，取得特种设备安全行政执法证件。忠于职守、坚持原则、秉公执法。实施安全监督检查时，应当有两名以上特种设备安全监察人员参加，并出示有效的特种设备安全行政执法证件。对特种设备生产、经营、使用单位和检验、检测机构实施监督检查，应当对每次监督检查的内容、发现的问题及处理情况做出记录，并由参加监督检查的特种设备安全监察人员和被检查单位的有关负责人签字后归档。被检查单位的有关负责人拒绝签字的，特种设备安全监察人员应当将情况记录在案。

实训任务　灭火器使用演练

1. 目的

增强全体师生的消防意识，提高校师生对火灾扑救的处理能力，学会正确使用灭火器。

2. 组织建议

邀请消防人员一起参加，选择空旷的操场或空地进行演练。

3. 演练程序（由现场指挥负责实施）

（1）火灾现场如何逃生讲解。

（2）讲解灭火器的灭火原理及使用范围。

干粉灭火器内充装的是干粉灭火剂。干粉灭火剂是用于灭火的干燥剂且易于流动的微细粉末，由具有灭火效能的无机盐和少量添加剂经干燥、粉碎、混合而成微细固体粉末组成。它是一种在消防中得到广泛应用的灭火剂，且主要用于灭火器中。除扑救金属火灾的专用干粉化学灭火剂外，干粉灭火剂一般分为 BC 干粉灭火剂和 ABC 干粉灭火剂两大类。干粉灭火剂主要通过在加压气体作用下喷出的粉雾与火焰接触、混合时发生的物理、化学作用灭火。另外，还有部分稀释氧和冷却的作用。

干粉灭火器适用于扑救石油及其制品、可燃液体、可燃气体、可燃固体物质的初期火灾，也可扑灭电器设备的火灾。

（3）讲解灭火器构造

灭火器是由筒体、器头、喷嘴等部件组成，借助驱动压力将所充装的灭火器喷出，达到灭火的目的。灭火器由于结构简单，操作方便，轻便灵活，适用面广，是扑灭初期火灾的重要消防器材。

（4）讲解及演示灭火器的使用方法。

干粉灭火器最常用的开启方法为压把法。选择上风口，将灭火器提到距火源 5 ~ 6 m 处，先上下颠倒几次，使桶内的干粉松动，然后让喷嘴对准燃烧最猛烈处，拔去保险销，压下压把，灭火剂便会喷出灭火。

4. 事项安排

（1）首先将即将过期的灭火器运至西侧空地。

（2）组织好师生到操场西侧空地集中。

（3）各班主任维持好秩序，并由总指挥讲解火灾现场如何逃生和灭火器使用方法。

（4）由学生自主操作，在使用不当之处给予指出并纠正。

知识拓展　港口设备的防台风安全管理

一、概述

港口设备一般形体较大且靠近江、海、河、湖面，常遭台风侵袭。如遇到台风，对港口生产设备安全构成很大威胁，还可能造成人员伤亡。搞好港口设备防台风安全管理工作，对保障港口生产与设备安全，具有十分重要的意义。港口设备及其所处的场所，应当设置锚定装置和系缆装置，定期进行检查和维护，确保其完好有效。轨道式港口设备应当设置防滑制动装置轨道两端设置与基础紧固在一起的挡块，确保在台风作用下，设备不发生滑移。

二、防台风安全管理组织

1. 防台风指挥中心

港口集团（总）公司应成立由总经理或分管安全生产的副总经理、各有关处室（部门）主要领导组成的防台风指挥中心，并在调度部门设立防台风办公室，其主要职责如下：

（1）认真贯彻上级有关防台风工作的指示精神，严格执行国家有关安全生产规定，当风力达七级以上时，下令停止现场作业，并通知各有关单位和部门做好防台风准备工作。

（2）台风登陆前 48 h 内，主持召开集团（总）公司防台风会议，通报台风情况，布置、检查、督促各防台风指挥分部及防台风专业组做好防台风的各项准备工作。

（3）从台风登陆前 24 h 开始指挥部门领导轮流值班，及时召开紧急防台风会议，检查落实各项防台风准备工作。

（4）加强与上级防台风指挥部门的联系，及时传达贯彻上级对防台风工作的指示，汇报台风工作情况。

（5）抗台风期间负责全港抗台风的指挥工作。

（6）总结经验，并向上级分管领导和有关部门汇报。

2. 防台风领导小组

集团（总）公司下属各港埠公司（分公司）根据需要成立由安全第一责人或分管安生产副经理任组长，安全科、技术（设备）科等部门主要领导组成的防台风领导小组并设立防台风办公室与专业防台风工作小组，其主要职责如下：

（1）加强与集团（总）公司总调度室和防台风指挥中心的联系，在接到台风预报后，应当迅速组织防台风的人力和物资，部署防台风的措施。

（2）在接到台风警报和紧急警报后，组织检查和落实本公司各个作业区的防台风措施，并落实 24h 专人值班制度。

（3）遭受台风袭击时，应当积极组织抢险救灾，把台风损失降到最低限度。

（4）台风过后，应当进行认真总结，并向集团（总）公司防台风指挥中心汇报防台风工作情况，不断改进和完善防台风工作。

3. 防台风措施

集团（总）公司及其下属各港埠公司（分公司）安全技术和设备管理部门，应当结合本港口的具体情况，针对不同类型的港口设备，研究出相应的最有效的防台风组织措施和技术装置，提出符合港口实际情况的防台风具体措施并组织实施，履行如下职责：

（1）台风登陆前，组织人员对所有机电设备做好防台风加固工作并进行安全检查，特别是对港口大型装卸机械防台风措施进行认真检查，严格按照“谁分管、谁负责”的原则落实防台风措施。

（2）在抗台风期间，发现港口设备有紧急情况，要及时处理或组织抢救。

（3）台风过后，检查各类港口设备的完好情况，对受损设备，组织力量检修并上报。

（4）向集团（总）公司防台风指挥中心汇报机电设备的防台风情况。

集团（总）公司属下各港埠公司（分公司）的调度部门应当加强与集团（总）公司总调度室、防台风指挥中心和本单位防台风领导小组的联系，掌握气象信息，并提前通知本单位的防台风领导小组，以便于其组织部署预防工作。

集团（总）公司下属各港埠公司（分公司）应视需要，设立如物资后勤保障等防台风专业小组，主管各项防台风专业工作，履行防台风的相关义务。

三、防台风装置及其基础设施的管理

（1）加强对港口设备防台风装置的检查和维护，并对检查过程中所发现的问题限期整改。

（2）在台风季节到达前，对所有防台风装置进行一次全面的检查，确保其完好。

（3）检查和矫正轨道，清理、疏通轨道两旁、锚定坑和系缆坑的出水孔，以防积水及锈蚀。

（4）润滑各锚定装置和系缆装置中的活动部位、连接件螺纹等，以保证其活动度。

（5）负责单位。维修港口设备的防台风工作由承修单位负责，但随机专用的防台风器具由机械所属单位提供。已报废尚未处理的港口设备防台风工作由原机械使用部门负责。

（6）港口设备防台风措施需经批准后才能实施。

（7）明确管理和维护职责，落实到人并建立奖惩制度。

四、防台风安全措施

1. 大型港口设备的防范措施

所有港口设备，除切断机上总电源（窗操室机房、电气房等）外，还应分别做好如下工作：

（1）门座起重机。

使用相应的防滑制动装置同时将起重机锚定，盖好各种电机和行走齿轮的防护罩，拴牢机房顶盖。旋转机构允许自由转动的门座起重机之间安全距离应当大于 50 m，臂架摆放幅度小于最大幅度的 2/3，锁紧变幅制动器，吊钩起升到最高位置。旋转机构不允许自由转动的门座起重机之间的安全距离应当大于 15 m。

（2）岸边集装箱起重机。

将装卸桥锚定，锁定小车，扬起前大梁并固定在安全钩上，用防台插销锁定大梁，确认防滑制动装置处于锁紧状态；使用专用的锚定环，用拉杆或者钢丝绳分别在轨道内、外侧垂直地拉装卸桥的四条门腿，如不能垂直布置也可以成八字形布置；装卸吊具起升至设计规定位置，用钢丝绳拉紧并捆绑在自身门框或者设备的其他部位。吊具设有防摆钢丝绳的，应当将吊具的四条防摆钢丝绳拉紧；关好全部门窗，切断操作电源。

（3）轨道式龙门起重机（参照装卸桥）。

（4）吸粮机。

相互间安全距离大于 30 m，将吸粮机锚定，采取防滑制动措施。把臂架旋转至轨道平行，吸嘴放至地面，固定臂架和吸嘴。盖好并拴牢电机和齿轮箱防护，清理走廊和楼梯口的杂物。

（5）装船机。

参照门座起重机的同时，对溜筒采取捆绑加固措施（机身可回转的，溜筒应落地），将出料皮带机降低至支承位置，捆扎好输送带，卷好电缆，盖好并拴牢防雨、防潮的部件。

（6）轮胎式集装箱龙门起重机。

将起重机固定在防台风系缆（拉杆）地锚或系缆墩柱上，锁紧制动装置，塞上轮胎防滑块；将集装箱吊具与着地重箱联结并收紧吊具钢丝绳，密盖各种箱罩。

（7）斗轮堆取料机。

参照门座起重机的同时，将悬臂放低，使斗轮搁在料堆上或者固定在支承架上；在尾车与地面皮带过渡处用绳索把输送带捆在机架上。

（8）露天固定式带式输送机。

用绳索把无罩盖式输送带捆在机架上，检查输送带罩盖和挡风板的紧固情况，对薄弱部位进行加固（特别是与码头、引桥等的连接部位），盖好并拴牢开关箱和配电箱。

（9）轮胎起重机。

将起重机停放到指定地点，臂架前端着地，锁定旋转机构和行走制动器。固定旋转部位，收拢输油臂并使之固定。

2. 流动机械设备的防范措施

（1）当接到台风预报时：

① 把机械整齐地摆放在机械库场或不妨碍交通的地方。

② 臂架前端着地。

③ 收紧转盘制动和行车制动，关好机房门窗。

（2）平时作业完毕后：

① 轮胎式起重机，汽车式起重机等停车时，停车制动器必须上闸。

② 各操作手柄及液压控制手柄都要复位（零位），制动器应上闸，回转机构要锁紧。

③ 轮胎气压要达到额定气压，在每个轮胎处相向塞上轮胎防滑块，并关好门窗。

消防灭火演练记录

	演练日期	演练地点
	小组成员名单	任务分配
1		
2		
3		
4		
5		
使用的灭火设备		灭火器特点
1		
2		
3		
初始火源类型		灭火方法描述
1	固体物质	
2	液体或可燃气体	
3	电气设备	
4	其他	
灭火用时记录		
1	从发现火源到开始灭火的时间：___min	
2	总灭火用时：___min	
演练效果评估		
优秀	所有火源迅速被扑灭，人员配合默契，操作规范	
良好	大部分火源被及时扑灭，个别环节有小失误，但不影响整体效果	
一般	灭火过程中存在明显不足，部分火源控制不够迅速	
待提高	灭火效果不理想，存在多处失误，需加强培训和演练	
存在问题与改进		
1	问题：	改进建议：
2	问题：	改进建议：
3	问题：	改进建议：

参考文献

[1] 李谷音. 港口起重机械[M]. 北京：人民交通出版社，2009.

[2] 张树海，戚翠芬. 起重运输设备选用与维护[M]. 北京：冶金工业出版社，2018.

[3] 郭燕，颜彬. 港口起重机械[M]. 武汉：武汉理工大学出版社，2013.